毛詩古音考
屈宋古音義

(明)陳第　著　　康瑞琮　點校

中 華 書 局

圖書在版編目(CIP)數據

毛詩古音考　屈宋古音義/(明)陳第著;康瑞琮點校. —2 版. —
北京:中華書局,2011. 10(2023. 11 重印)
(音韻學叢書)
ISBN 978-7-101-07904-3

Ⅰ. 毛…　Ⅱ. ①陳…②康…　Ⅲ. ①詩經-音韻學-研究②楚辭-音韻學-研究　Ⅳ. H111

中國版本圖書館 CIP 數據核字(2011)第 055323 號

書　　名	毛詩古音考　屈宋古音義
著　　者	〔明〕陳　第
點 校 者	康瑞琮
叢 書 名	音韻學叢書
責任編輯	陳　喬
責任印制	陳麗娜
出版發行	中華書局 (北京市豐臺區太平橋西里 38 號　100073) http://www.zhbc.com.cn E-mail:zhbc@zhbc.com.cn
印　　刷	北京建宏印刷有限公司
版　　次	2008 年 6 月第 1 版 2011 年 10 月第 2 版 2023 年 11 月第 3 次印刷
規　　格	開本/700×1000 毫米　1/16 印張 19½　插頁 2　字數 260 千字
印　　數	4001-4400 册
國際書號	ISBN 978-7-101-07904-3
定　　價	68.00 元

音韻學叢書出版説明

我國古代音韻學的研究源遠流長，自漢末魏晉始，各個歷史時期都留下了不同類型的音韻學文獻。這些文獻既包括古人分析和描寫古漢語語音的韻書、韻圖，也包括系統研究古漢語語音狀況的古音學專著，可謂彌足珍貴。二十世紀以後，隨著西方語言學理論的引入，音韻學在研究方法和研究材料上都有較大突破，出現了一批經典著作，成爲進一步開展音韻學研究的出發點。

自二十世紀五十年代起，中華書局出版了一系列音韻學古籍、研究專著和論文集，内容涵蓋了上古音、中古音、近代音和等韻學等音韻學的主要研究領域，對促進音韻學研究的發展，起到了積極的作用。但由於出版時間不一，這些書籍的出版體例未能統一，所收書的種類亦不能完全滿足學界的需要，因此我們決定重新編輯出版一套音韻學叢書。

這套音韻學叢書將以整理我國音韻學古籍爲主要内容，遵循工具性、資料性和權威性的原則，力求爲音韻學研究提供版本可靠、校勘精良、使用方便、全面系統的文獻資料。主要收録：音韻學傳世和出土文獻及其整理校勘成果，主要包括各個歷史階段出現的韻書、韻圖，此外還將適當選收與音韻學關係密切的佛典音義、域外對音等古籍文獻；清代及清代以前學者的音韻學研究著作及其點校整理本。此外，由於二十世紀以來某些現代學者具有標誌性的音韻學研究專著和文集已經成爲音韻學研究的經典著作，音韻學叢書也將酌情收入。

中華書局編輯部

二〇一〇年二月

再版説明

毛詩古音考、屈宋古音義，明陳第著，是研究古音學的重要著作。本次修訂，對正文標點和索引等進行了校訂、調整。對於一些具體問題，採取如下辦法處理。如原文誤的，即用圓括弧（　）圈起；更正文字，則加方括弧［　］。以上情況不再另出校記。

此次再版，我們請中華書局編審劉尚榮先生對全書内容進行了審讀，並納入音韻學叢書重新排版，以便於讀者使用。

中華書局

二〇一一年三月

目　　次

前言

陳第,字季立,號一齋,福建連江人。生於明嘉靖十九年(1540 年),萬曆時爲諸生。陳第少年聰穎,博學自負,頗喜談兵,曾投筆從戎,受知於名將譚綸、俞大猷、戚繼光。後譚死戚罷,邊事隤廢,遂絶意仕進。

陳第精通五經,尤長於詩、易,一生撰著頗富,有毛詩古音考、屈宋古音義、伏羲先天圖贊、尚書疏衍、寄心集、一齋詩集、五嶽兩粤遊草等。其中毛詩古音考和屈宋古音義二書在古音研究上,佔有極其重要的地位。

南北朝時期,人們讀詩經,發現一些韻脚不和諧,便將這些字臨時改讀以求押韻,稱爲"叶韻"。唐、宋時,"叶韻"之説泛濫,竟有爲求"叶韻"而改動古書文字者,使得先秦兩漢之書幾不可讀。宋人吴棫、明人楊慎都曾對"叶韻"説表示懷疑,但始終不敢斷然否定。第一個敢於徹底否定"叶韻"説的就是陳第,毛詩古音考的出現,動摇了"叶韻"説的統治地位。

陳第在毛詩古音考和屈宋古音義中列舉了大量的材料,證明詩經用韻,與大致同時代的"左、國、易象、離騷、楚辭、秦碑、漢賦以至上古歌謡、箴銘、贊誦"基本相合。由此推斷,詩經的用韻是以當時的實際語音爲基礎的,以今音讀古詩之所以不諧,並非古無定音,而是語音演變的必然結果。陳第認爲古有定音,尖鋭地指出"叶韻"説之荒謬:"注詩者一則曰叶,再則曰叶,……胡爲以今之讀爲正,而以古之正爲叶也? 是以楷書爲正字,篆隸爲模楷而作矣! 顛倒古今,反覆倫類,莫此甚也!"陳第通過大量的對比研究,提出了他那個著名的論點:"時有古今,地有南北,字有更革,音有轉移,亦勢所必至。"他看到了共時語音的相同,也看到了"時有古今"而引起的語音演變,甚至還考察了某些字演變的大致年代,這是漢語語音史歷時研究的初步;同時他也注意到了"地有南北"造成的語音差異。這種既重視横的共時研究,又兼及縱的歷時演變的觀點和方法,爲古音學的深入研究奠定了基礎,標誌着古音學研究進入了一個新的階段。

然而陳第的觀點並不爲當時的學術界所理解,正如四庫全書提要所説:"第初作此書，自焦竑以外，無人能通其説。”爲此，陳第於萬曆四十一年(1613年)完成了另一部古音學著作——屈宋古音義，進一步闡述了自己的古音學觀點，以其作爲毛詩古音考的補充，“使天下後世篤信古音而不疑”。屈宋古音義以屈宋辭賦爲研究對象，通過分析比較，印证楚辭音與詩、易乃至周秦漢魏之詩賦歌謡等有韻之作往往相和，從而得出“古音原與今異，凡今之所謂叶音，皆古人之本”的結論，與毛詩古音考互相印证。如離騷：“耿吾既得此中正。”朱熹注：“正，叶音征。”陳第注：“正，古音征。”陳第通過對屈宋辭賦所反映出來的語音現象的分析，進一步闡明了“古音非叶”的道理。在屈宋古音義的第二、三卷中，側重於屈宋辭賦的詞義與内容的詮釋，更進一步把古音韻與訓詁結合起來研究，從而修正了旧注的某些不妥之處。

陳第之所以用屈宋辭賦研究作爲毛詩古音考的補充，是由於楚辭去風人未遠，亦古音之遺，另一方面則是出於對屈原的人格抱負的敬佩和對其不幸命運的同情，聯繫到自身的遭遇，産生出强烈的共鳴。

陳第在研究古音上不僅有正確的觀點，也有他成功的方法：在體例上，每字先注音講解，後列本證，以求古音，再列旁證，加强論據。“本證者，詩自相證，以探古音之源；旁證者，他經所載，以及秦漢以下去風雅未遠者，以競古音之委。鈎稽參驗，本末秩然。”有了本證、旁證，某字在上古時與哪些字押韻便一目瞭然，古讀爲何也就顯而易見了。其實這種利用韻語排比以察古音的方法並非陳第發明，但陳第用的材料豐富，排比清楚，這就使他的論點很有説服力。材料豐富是毛詩古音考和屈宋古音義的一個突出特點，陳第在安排這些材料上更有他的獨到之處：在衆多的旁證材料中，他最重視與詩經同時代的易，把易置於旁證之首，可見他頭腦中共時的觀念是很强的。陳第還十分重視口語材料，旁證中不僅有文士之作，還收有許多上古時的歌謡、民諺、卜辭，他認爲：“彼其閭巷贊毁之間，夢寐卜筮之頃，何暇屑屑模擬，若後世吟詩者之限韻邪?”陳第能認識到這些材料與文學作品相同，都是當時當地的真實語音的反映，使他比之前人高明了許多。

陳第很重視前人研究的成果，書中引用了上自漢代，下至明代的鄭玄、揚雄、劉熙、許慎、高誘、徐邈、沈約、蕭該、張守節、陸德明、顔師古、吴棫、楊慎等十幾家所注的古讀，可以説，陳第所獲得的成功大大得力於前輩的啟發。但陳第也並非盲目信從，他對前人的謬誤，則另作評價。陳第對説文解字尤爲重視，他特别注意到漢字“同諧聲者音相近”這一特點，並很有見地地利用這一特點來探討古音，如卷四：“匐音必。……畐，古讀必，故福、榀、幅、輻、偪、葍之類悉從此音。”用諧聲探討古音的方法，後來也爲清人段玉裁所採用，並創立了“同諧聲者必同部”的著名理論。

經史典籍中的異文也是陳第研究的對象，他説：“音有相通，不妨其字之異也；義有可解，不妨其音之殊也。”正因爲陳第對音與義之間的關係有着正確的認識，才能充分利用這些異文，從中找出造成差異的語音因素，並以此證實他的古音學説。

方言材料則是陳第在古音研究上佔有的優勢。陳第是福建人，却在北方生活過多年，他遊歷又廣，因而對於南北方音頗富感性知識。這爲他的語音研究提供了很大方便，使他能運用古今方音的比較以考求古音。如饗，音鄉。鄉聲今讀上聲，古讀平聲。北人之音大都平多於仄，古今皆然。毛詩古音考中還注有一些當時活的方言材料，如卷三：“玉，……谷，一音裕，北京有平谷縣，北人讀玉亦同裕。”這是今天我們考察古方音及明代不同地域的語音情況的重要材料，遺憾的是這些材料太少了。

陳第的思想方法和研究手段對清代學者在音韻學、訓詁學研究方面有着不可低估的影響。特别是對同諧聲者古音相同或相近的語音現象，陳第已有了較爲明確的認識。在毛詩古音考和屈宋古音義中，陳第運用了大量的諧聲字注古音，這無疑是清代學者的“同諧聲者必同部”理論的先驅。

陳第的觀點及方法爲後世學者進行古音研究打下了基礎，開創了古音學研究的新路。但正因其是開創者，他的工作就不可能是完美無缺的。儘管他對古音的考查做了大量的工作，却没有也不可能像清代學者那樣，將古音歸納爲若干韻部，構成完整的系統。由於他對於語音内部的互相關係缺乏系統的瞭解，不能正確分析認識通韻、合韻、陰入通押等現象，所以對有些韻例不能正確識别，甚至會有“一字數音”的錯誤出現。尤爲遺憾的是，陳第的某些優點同時也是其缺點：他搜集了大量材料作爲旁證，使他的立論得到有力的支持；但材料收得過雜，有些材料離詩經時代甚遠，如唐之韓愈、杜甫、張籍、韋應物等人的詩，已不再能作爲詩經的共時語音材料，使用這些材料反而影響到立論的準確性。陳第熟悉南北方音固是一長處，但有時不免受方音影響，特别是某些古注、古讀與自己的方音不相符時，也不能作客觀的分析。儘管如此，陳第的這些缺點比起他對古音學研究的貢獻來仍是微不足道的。陳第否定“叶音説”，使古音研究進入新的階段，他的科學的論點和方法爲後人奠定了古音研究的基礎。正如焦竑所説：“寥寥千古，至季立始有歸之論，其功可勝道哉！”清代的學者正是在他打下的基礎上，進一步總結前人的經驗，闡發科學的觀點，使用先進的研究方法，才在古音研究上取得了巨大的成功。“陳氏創始之功，顧不偉哉！”

毛詩古音考用渭南嚴氏刻本標點，參照毛詩正義、詩集傳、毛詩傳箋通釋等。屈宋古音義的標點是以渭南嚴氏刻本爲底本，參照楚辭章句、楚辭補注、楚辭集注、全上古三代秦漢三國六朝文等。書中明顯錯字徑改不注。書中引文很多，所用版本與現在的通行本多有不同，多是異體字或異文，如非訛誤，不再一一出校。爲了方便讀者，將毛詩古音考、屈宋古音義二書所出現的字頭分别按音序和筆畫編製索引，以便查檢。由於學力和水平所限，不免疏漏和錯誤，敬請讀者批評指正。

康瑞琮

二〇〇七年六月

毛詩古音考

毛詩古音考總目

欽定四庫全書提要

毛詩古音考四卷，明陳第撰。第有伏羲圖贊，已著録。言古韻者自吴棫，然韻補一書，龐雜割裂，謬種流傳，古韻乃以益亂。

國朝顧炎武作詩本音，江永作古韻標準，以經證經，始廓清妄論。而開除先路，則此書實爲首功。大旨以爲古人之音，原與今異，凡今所稱叶韻，皆即古人之本音，非隨意改讀，輾轉牽就。如母必讀米，馬必讀姥，京必讀疆，福必讀偪之類。歷考諸篇，悉截然不紊。又左、國、易象、離騷、楚辭、秦碑、漢賦，以至上古歌謡、箴、銘、頌、贊，往往多與詩合，可以互證。於是排比經文，參以羣籍，定爲本證、旁證二條。本證者，詩自相證，以探古音之源；旁證者，他經所載，以及秦、漢以下去風、雅未遠者，以竟古音之委。鉤稽參驗，本末秩然，其用力可謂篤至。雖其中如素音爲蘇之類，不知古無四聲，不必又分平仄；家又音歌，華又音和之類，不知爲漢、魏以下之轉韻，不可以通三百篇，皆爲未密。然所列四百四十四字，言必有徵，典必探本。視他家執今韻部分，妄以通轉古音者，相去蓋萬萬矣。初第作此書，自焦竑以外，無人能通其説，故刊版旋佚。此本及屈宋古音義，皆建寧徐時作購得舊刻，復爲刊傳。雖卷帙無多，然欲求古韻之津梁，舍是無由也。

毛詩古音考序

詩必有韻，夫人而知之。至以今韻讀古詩，有不合，輒歸之於叶，習而不察，所從來久矣。吴才老、楊用修著書始一及之，猶未斷然盡以爲古韻也。余少讀詩，每深疑之。迨見卷軸浸多，彼此互證，因知古韻自與今異，而以爲叶者謬耳。故筆乘中，閒論及此，不謂季立俯與余同也。甲辰歲，季立過余，曰："子言古詩無叶，誠千載篤論，如人之難信何？"及觀古音考一書，取詩之同類者，而臚列之爲本證，已取老、易、太玄、騷賦、參同、急就、古詩謡之類，臚列之爲旁證，令讀者不待其畢，將啞然失笑之不暇，而古音可明也。噫！季立之用心可謂勤矣。韻之於經所關若淺鮮，然古韻不明，至使詩不可讀；詩不可讀，而正得失、動天地、感鬼神之教或幾於廢，此不可謂之細事也。乃寥寥千古，至季立始有歸一之論，其功豈可勝道哉！世有通經嗜古之士，必以此爲津筏。而簡陋自安者，至以好異目君，則不學之過矣！蓋余嘗言季立有三異，而或者之所言不與焉。身爲名將，手握重兵，一旦棄去之，缾鉢蕭疎，野衲不若，一異也；周遊萬里，飄飄若神仙，不可羈紲，而辭受硜硜，不以秋毫自點，二異也；貫串馳騁，著書滿家，其涉獵者廣博矣，而語字畫聲音，至與繭絲牛毛争其猥細，三異也。若夫爲今詩從今韻，以古韻讀古詩，所謂各得其所耳，奚異焉！余爰繫其語於簡端，有不知君者，亦可得其爲人之大略云。

萬曆丙午夏，秣陵焦竑弱侯書於所居恬愉館中。

毛詩古音考自序

夫詩，以聲教也，取其可歌、可咏、可長言嗟嘆，至手足舞蹈而不自知，以感竦其興、觀、羣、怨。事父事君之心，且將從容以紬繹，夫鳥獸草木之名義，斯其所以爲詩也。若其意深長而於韻不諧，則文而已矣。故士人篇章，必有音節；田野俚曲，亦各諧聲，豈以古人之詩而獨無韻乎？蓋時有古今，地有南北，字有更革，音有轉移，亦勢所必至。故以今之音讀古之作，不免乖剌而不入，於是悉委之叶。夫其果出於叶也？作之非一人，采之非一國，何母必讀米？非韻杞、韻止，則韻祉、韻喜矣；馬必讀姥？非韻組、韻黼，則韻旅、韻土矣；京必讀疆？非韻堂、韻將，則韻常、韻王矣；福必讀偪？非韻食、韻翼，則韻德、韻億矣。厥類實繁，難以殫舉。其矩律之嚴，即唐韻不啻，此其故何耶？又左、國、易象、離騷、楚辭、秦碑、漢賦，以至上古歌謠、箴、銘、贊、誦，往往韻與詩合，寔古音之證也。或謂三百篇，詩辭之祖，後有作者，規而韻之耳。不知魏晉之世，古音頗存，至隋唐澌盡矣。唐、宋名儒，博學好古，閒用古韻，以炫異耀奇，則誠有之。若讀垤爲姪，以與日韻，堯誡也；讀明爲芒，以與良韻，皋陶歌也。是皆前於詩者，夫又何故？且讀皮爲婆，宋役人謳也；讀邱爲欺，齊嬰兒語也；讀户爲甫，楚民閒謠也；讀裘爲基，魯朱儒謔也；讀作爲詛，蜀百姓辭也；讀口爲苦，漢白渠誦也。又，家，姑讀也，秦夫人之占；懷，回讀也，魯聲伯之夢；旂，斤讀也，晉滅虢之徵；瓜，孤讀也，衛良夫之譟。彼其閭巷贊毁之閒，夢寐卜筮之頃，何暇屑屑模擬，若後世吟詩者之限韻邪？愚少受詩家庭，竊嘗留心於此。晚年獨居海上，慶弔盡廢。律絶近體，既所不嫻，六朝古風，企之益遠。惟取三百篇，日夕讀之，雖不能手舞足蹈，契古人之意，然可欣、可喜、可戚、可悲之懷，一於讀詩洩之。又懼子姪之學詩而不知古音也，於是稍爲考據，列本證、旁證二條：本證者，詩自相證也；旁證者，采之他書也。二者俱無，則宛轉以審其音，參錯以諧其韻，無非欲便於歌咏，可長言嗟嘆而已矣。蓋爲今之詩，古韻可不用也；讀古之詩，古韻可不察乎？嗟夫！古今一意，古今一聲，以吾之意而逆古人之意，其理不遠也；以吾之聲而調古人之聲，其韻不遠也。患在是今非古，執字泥音，則支離日甚，孔子所删，幾於不可讀矣。愚也聞見孤陋，考究未詳，姑藉之以請正明達君子。

閩三山陳第季立題。

徐時作序

毛詩古音考乃前明福州連江陳第季立先生所撰，書久傳世，博雅家多引重之。予時以未得誦讀爲恨。長孫家恒於邑明經席作舟家得抄本，三復不已，嘆其别開手眼，證據淵博，大有功於詩教云。先生與吾邑比部主政李公皡如友善。李官金陵，解任作詩名旅言。先生叙之曰："旅之道，易備之矣。"爲疏旅卦剛柔義以廣之。謂"皡如善詩，第請以易進。"予重刻李公元居集，讀其叙，情深而文明，知其所藴蓄者深也。按先生少稟異質，博極羣書，倜儻自負，喜談兵。嘉靖壬午[1]，戚繼光征倭至連，即與定平倭策。應俞大猷聘，以邊事上書。大司馬譚綸奇而薦之。起家京營，守古北口，歷遊擊將軍，屢立戰功。以忤巡撫拂衣歸，時年五十。絶意仕進，六經皆有撰述。金陵焦太史弱侯嘆服，稱其異人者三。出遊五嶽，足跡幾遍天下。生平著作甚富，古音考特其一也，其義例，詳載自序及焦太史序與讀詩拙言中。讀之可以增長人神智，愈知詩之教有益於人者大且深也。因付梓以廣其傳，爰序其得書本末以弁首云。

乾隆二十七年壬午歲仲夏月，濰川徐時作書於崇本山堂。

① "嘉靖壬午"，誤。按嘉靖壬午爲1522年，此時陳第尚未出生。戚繼光在嘉靖壬戌年（1562年）到連江，嘉靖癸亥年（1563年）於平海擊敗倭寇。故此應爲嘉靖壬戌年。

重刊毛詩古音考序

自唐顔師古、章懷太子注兩漢書，始有合均之説。後之治毛詩者，踵襲其誤，均所不諧，則概以叶命之，而三百篇暨三代、兩漢之古書，殆於不可讀矣。其後吴棫、楊慎之徒，稍稍窺見涯涘，頗寤古今音讀之殊，然卒未有能深探本原，洞曉其旨趣者。陳氏季立乃始力闢扃奥，爲毛詩古音考一書，於是古音之説炳若日月。國朝諸大儒益因其舊，推擴而精求之，引申觸類，旁推交通，匪獨音均之學大明，三百篇暨古有均之書可得而讀而已。六書之旨，象形、象事、會意而外，形聲、轉注、假借三者，其本皆原於聲音。是故必明乎古音而後訓詁明，訓詁明而後六經之説可得而知。我朝經學度越前古，實陳氏有以啟之，雖其後顧、江諸賢之書，宏博精密，益加於前時，然陳氏創始之功，顧不偉哉！有明一代，蔑弃古學，譌謬相循，沈霾遺籍，傑出元解，陳氏一人而已。且今世之士，承康、雍、乾、嘉以來諸儒之遺緒，搜采逸文，考定古義，譬之駕輕車就熟路，人皆得勉焉。陳氏生富有明之季，舉世汩於浮遊膚陋妄庸之學，獨刻意稽古，覃精冥悟，卓爲百代之先覺，斯至難能者耳！今觀其所爲本證、旁證及所附讀詩拙言，旁羅雜襲，究極幽渺，可不謂好學深思心知其意者歟？嘗以謂古今學術與世風尚轉移，當其標幟所樹，舉天下之人賓敬而奔趨，雷同而響應，景附而猋合，雖有高明之才，不能不爲所震駭，俛焉以從之。一旦風會遷變，棄其舊而新是圖。曏時之所尊尚澌焉，有若腐柿漂梗，隨雰埃以俱盡。夫惟特立之君子高蹈遠覽，不與時俗遷貿，獨爲絶學於舉世不爲之日，深造自得而卓然不謬於古人，夫然後獨立於百世而不可磨滅。孟子所以稱豪傑之士者此也。

陳氏是書刊於萬曆丙午。乾隆中，濰川徐氏嘗重梓以行，而傳本蓋少。往在京師，友人李君士棻購得此書，肅寧苗仙麓先生聞，乃再拜求之，其難得如此。余嘉陳氏有功於古，懼其書之遂泯，使後之治古音者無以考其朔也，於是爲付諸梓人以廣其傳焉。屈宋古音義，陳氏所以左右是書者也，並付刊於其後云。

光緒六年春二月，武昌張裕釗書。

毛詩古音考正文目録

卷 一

服音逼采音泚友音以樂音撈喈音基斁音約母音米行音杭懷音回觥音光
振音真華音敷家音姑逵音求有音以泳如字馬音姥尾音倚子音止角音録
居音倨事音始降音洪下音虎敗音備夜音裕牙音翁訟音公皮音婆蛇音沱
革音亟哉音資三音森昴音留悔音喜脱音兑車音姑發音廢訧音怡風孚金切
野音暑南音寧淵音因顧音古霾音貍來音釐思音西兵音邦老音柳信音伸
軌音九怒上聲死音洗違皆怡弟音底救音求葛音結節音即久音几謀音迷
衛音越干音堅言音延泉音錢歎音天門音民艱音斤遺音韋邪音徐貽去聲
鮮音洗景音養上聲　害音係儀音俄天音汀道音島宜音俄晳音制顔音研
上平聲麥音密北音必兄音荒京音疆田音陳千音親命音名相鼠解義爲音譌
俟音矣驅音邱反音顯蝱音盲尤音怡百音博

卷 二

青音菁邱音欺媒音迷垣音延關音堅耽音沈爽平聲德音的反音販右音以
甲音結厲音賴瓜音孤括音潔渴音竭其音記許音甫乾音堅難音年脩音束
罹音羅覺音教憂音要父音甫涘音矣蕭音修艾音義歲音試穴音絡麻音磨
嗟音磋施音沱國音役館音貫蓆音芍畏音威園音延好音丑好音休去聲
阜音否彭音滂旁音滂英音央陶音由濡音柔侯音胡加音歌來音釐將音鏘
餐音千士音始阪音顯晦音喜佩音皮達他悦切雲音銀存音秦員音云娱音吴

願上聲明音芒夢音民還音旋閒音堅茂音牡素音蘇闥他悦切發音歇顛音真
令平聲雙音菘畝音米怛音鐵鰥音矜夕音芍正音征貫音眷　亂音戀偕音几
閑瑚涓切外音意輻音逼苗音毛除音宁邁音厲慆音由愉音偷樞音邱榆音由
婁音閭栲音糗考音糗保音剖繡音嘯水音準朋音鵬隅音魚侯切户音虎
者音渚姓平聲怙音古巔音真碩音芍獲音霍中音蒸邑音匼葭音孤梅音迷
裘音箕澤音鐸戟音角簋音九飽音浮上聲湯音傷樂音療斯音其訊音誶
予音與鷊音逆糾音矯劉音柳慘音懆卷音權膏音告結音吉猗儺俱平飄音漂
祋音示年音寧火音喜烈音厲耜音以庚音剛宇音廡子音止稻音島壽上聲
圃去聲稼音姑去聲饗音鄉垤音姪至音即嘉音歌錡音阿瑕音胡

卷　三

鳴音芒不音夫務音侮生音星舅音久咎音糾愆音遣暇音甫享音鄉福音偪
作音詛故平聲來音力戒音急哀音噫牧音密載音即近音記時音始來音利
又音意臺音題菜音黎耇音古後音虎寫音暑泥音瀰豈如字晛音荒載音際
喜去聲憲音軒衡音杭旅音魯馳音駝禱音斗兕音豕寡音古宅音鐸驕音高
晣音制煇音薰旂音斤海音喜牙音吾客音恪玉音珏山音仙西音先裼音啻
議音俄池音沱具音臼雄音盈殆音以仕音始届音記闋音氣定平聲政平聲
誦音宗邦音崩口音苦厲音冽姒音以威音血輔音甫意音憶沼音召伏音偪
囂枵嗷二音夜音裕出音吹去聲血音絡用音庸底音脂集音讐謀音迷富音係
負音恃上聲似音以梓音滓在音止嘒音意威音畏盟音芒樹音暑厚音甫
階音基禍音虎舍音舒易音施翩音彬幡音掀怨宜音威視音始東音當契音挈
試音西夏音虎濁音獨賢音刑疷當作痕戚音促僭音侵雅音伍祀音乙慶音羌
炙音灼庶音鵲格音閣孫音申愆音傾備音畢告音骼奏音族盡上聲徹音赤
甸音陳祜音古秄音只敏音米覃音剡白音博左七何切屏音丙翰瑚涓切
秣音迷柏音博奕音約懌音弱怲音方仰音昂抗音岡的音灼能音泥反音番
郵音移出音赤史音始怠音以地音沱幅音逼平音駢讓平聲取音楚屬音注
瘵音祭臻音秦髮方結切詹音儋牛音疑愛音緯遐音何茅音侔燔瑚涓切

巚音軒卒音萃

卷　四

躬音金臭平聲孚音浮集音雜龜音箕伉音岡附上聲趣音湊婦音喜男音寧
斁音妬季音魚對反喪平聲君音均安音煙孝音臭祀音以育音益副音鬩
匐音必叟音搜句音彀主音祖斗音堵沙音娑繁音軒宣音先巘音掀刀音刁
依音倚溉音既使音始大音地笑音消終音真晝音注羹音岡舊音几撥音撇
世音泄疾音祭酒才笑反刑音杭尚音常虞音豫逝音折報音滮去聲射音約
昭音照藐音貌填音真泯音民往音汪疑音仡溺音弱瞻音章迪音鐸垢音古
赫音壑歌音箕臨音隆助音祖川音春遯平聲去音庫宰音滓蕃音軒伯音博
寶音補嘽音顛茹音汝解音係譽讀如字完音延蠻音眠貊音莫江音工緒音渚
業音岳騷音搜驚音姜誨音戲鞏音古苴音阻訓音馴震平聲耦音擬造音走
吳如字才音嗤繹音約逆音博楅音逼尺音綽舄音鵲昔音錯平音旁爭音真
何如字圍音怡龍寵平聲動上聲伐音歇嚴音莊丸音延

毛詩古音考卷一

服音逼。徐蕆曰："服，見於詩者凡十有六，皆當爲蒲北切，而無與房六叶者。"愚按：不特詩，凡易、古辭皆此音。

本證關雎求之不得，寤寐思服。悠哉悠哉，輾轉反側。

有狐有狐綏綏，在彼淇側。心之憂矣，之子無服。

葛屨要之襋之，好人服之。

蜉蝣蜉蝣之翼，采采衣服。心之憂矣，於我歸息。

候人維鵜在梁，不濡其翼。彼其之子，不稱其服。

采薇四牡翼翼，象弭魚服。豈不日戒？玁狁孔棘！

六月六月棲棲，戎車既飭。四牡騤騤，載是常服。

又比物四驪，閑之維則。維此六月，既成我服。

又有嚴有翼，共武之服。共武之服，以定王國。

采芑方叔率止，乘其四騏。四騏翼翼，路車有奭。簟笰魚服，鉤膺鞗革。

文王商之孫子，其麗不億。上帝既命，侯于周服。

下武媚兹一人，應侯順德。永言孝思，昭哉嗣服。

文王有聲自南自北（音必），無思不服。

蕩曾是彊禦，曾是掊克，曾是在位，曾是在服。

旁證易謙二三鳴謙貞吉，中心得也。勞謙君子，萬民服也。

豫彖天地以順動，故日月不過，而四時不忒。聖人以順動，則刑罰清而民服。

成王冠頌令月吉日，王始加元服。去王幼志，心衮職。

儀禮令月吉日，始加元服。棄爾幼志，順爾成德。

范蠡壽辭四海咸承，諸侯賓服。觴酒既升，永受萬福。

離騷謇吾法夫前修兮，非世俗之所服。雖不周於今之人兮，願依彭咸之遺則。

又步余馬於蘭皋兮，馳椒丘且焉止息。進不入以離尤兮，退將復修吾初服。

秦泰山刻石三句一韻皇帝臨位，作制明法，臣下修飭。廿有六年，初并天下，罔不賓服。

漢天馬歌天馬徠兮從西極，經萬里兮歸有德，承靈威兮降外國(音役)，涉流沙兮四夷服。

魏繁欽定情詩日夕兮不來，躑躅長歎息。遠望涼風至，俯仰正衣服。

采音泚。凡采皆此音。

本證關雎參差荇菜，左右采之。窈窕淑女，琴瑟友(音以)之。

芣苢采采芣苢，薄言采之。采采芣苢，薄言有(音以)之。

蒹葭蒹葭采采，白露未已。所謂伊人，在水之涘(音倚)。

旁證荀卿禮賦此夫文而不采者與？簡然易知而致有理者與？

楚辭懷沙文質疏内兮，衆不知余之異采。材樸委積兮，莫知余之所有(音以)。○漢杜篤論都賦食不二味，衣無異采。賑人以農桑，率下以約己。

友音以。徐蕆曰："友字見於詩者，皆當作羽軌切，而無作云九切者。"

本證關雎見上。

匏有苦葉招招舟子，人涉卬否(音鄙)。人涉卬否，卬須我友。

六月飲御諸友，炰鼈膾鯉。侯誰在矣？張仲孝友。

沔水鴥彼飛隼，載飛載止。嗟我兄弟，邦人諸友。

雨無正云不可使，得罪于天子(音止)。亦云可使，怨及朋友。

車舝雖無好友，式燕且喜。

假樂之綱之紀，燕及朋友。

抑惠于朋友，庶民小子。

旁證九章橘頌願歲并謝，與長友兮。淑離不淫，梗有理兮。

漢天馬歌體容與，迣萬里，今安匹，龍爲友。

焦氏易林需之損曳綸汀洲，釣掛魴鯉。公孫得利，以享仲友。

後漢崔駰達旨游不倫黨，苟以循己。汗血競時，利合而友。

樂音撈。北方至今有此音。

本證關雎參差荇菜，左右芼之。窈窕淑女，鐘鼓樂之。

溱洧且往觀乎？洧之外，洵訏且樂。維士與女，伊相其謔，贈之以勺藥。

旁證楚辭九辯獨耿介而不隨兮，願慕先聖之遺教。處濁世而顯榮兮，非余心之所樂。

東方朔七諫願無過之設行兮，雖滅没之自樂。痛楚國之流亡兮，哀靈修之過到。

馮衍顯志賦游精神於大宅兮，抗玄妙之常操。處清静以養志兮，實吾心之所樂。

潘岳西征賦收罟課獲，引繳舉效。鰥夫有室，愁民以樂。

喈音基。太玄衆首："躆戰喈喈，若熊若螭。"螭音癡。

本證葛覃維葉萋萋。黄鳥于飛。集于灌木，其鳴喈喈。

風雨風雨淒淒，雞鳴喈喈。既見君子，云胡不夷？

出車春日遲遲，卉木萋萋。倉庚喈喈，采蘩祁祁。

鼓鐘鼓鐘喈喈，淮水湝湝（音希）。○卷阿菶菶萋萋，雝雝喈喈。

烝民四牡騤騤，八鸞喈喈。仲山甫徂齊，式遄其歸。

旁證徐幹齊都賦磬管鏘鏘，鐘鼓喈喈。制度之妙，非衆所奇。

陸雲鳴鶴章鳴鶴在陰，其鳴喈喈。垂翼蘭沼，濯清芳池。

斁音約，厭也。一音妒，見後。

本證葛覃維葉莫莫，是刈是濩，爲絺爲綌，服之無斁。

魯頌駉思無斁，思馬斯作。

泮水戎車孔博，徒御無斁。

旁證枚叔七發誠不必悔，決絶以諾。貞信之色，形於金石（音芍）。
　　高歌陳唱，萬歲無斁。

母音米。凡父母之母，詩皆音米，無有如今讀者。豈音隨世變邪？

本證葛覃害澣害否，歸寧父母。
　　蝃蝀朝隮于西，崇朝其雨。女子有行，遠兄弟父母。
　　葛藟終遠兄弟，謂他人母。
　　將仲子將仲子兮，無踰我里，無折我樹杞。豈敢愛之？畏我父母。
　　陟岵陟彼屺兮，瞻望母兮。
　　四牡翩翩者鵻，載飛載止，集於苞杞。王事靡盬，不遑將母。
　　杕杜陟彼北山，言采其杞。王事靡盬，憂我父母。
　　南山有臺南山有杞，北山有李。樂只君子，民之父母。
　　沔水嗟我兄弟，邦人諸友。莫肯念亂，誰無父母？
　　泂酌泂酌彼行潦，挹彼注兹，可以餴饎。豈弟君子，民之父母。
　　周頌雝綏我眉壽，介以繁祉。既右烈考，亦右文母。
　　閟宫魯侯燕喜，令妻壽母。

旁證漢遠夷慕德歌涉危歷險，不遠萬里。去俗歸德，心歸慈母。
　　淮南子以天爲父，以地爲母。陰陽爲經，四時爲紀。
　　易林屯之觀莊公築館，以尊主母，歸於京師，季姜悦喜。
　　參同契六五坤承，結括終始。韞養衆子，世爲類母。
　　蔡邕崔夫人誄昔在敬姜，陪臣之母。勞謙紡績，仲尼是紀。
　　會稽童謡城上烏鳴哺父母，府中諸吏皆孝友。

行音杭。釋名："行，伉也，伉足而前也。"伉，古平聲。今有杭、形兩音，古則絶無形音也。

本證卷耳采采卷耳，不盈頃筐。嗟我懷人，置彼周行。
　　雄雉百爾君子，不知德行。不忮不求，何用不臧。
　　北風北風其涼，雨雪其雱。惠而好我，攜手同行。

大叔于田叔于田，乘乘黄。兩服上襄，兩驂雁行。

丰衣錦褧衣，裳錦褧裳。叔兮伯兮，駕予與行。

鴇羽肅肅鴇行，集于苞桑。

七月女執懿筐，遵彼微行。

東山町畽鹿場，熠燿宵行。

六月織文鳥章，白旆央央。元戎十乘，以先啓行。

沔水念彼不蹟，載起載行。心之憂矣，不可弭忘。

大東糾糾葛屨，可以履霜。佻佻公子，行彼周行。

十月之交日月告凶，不用其行。四國無政，不用其良。

北山或息偃在牀，或不已于行。

何草不黄何草不黄？何日不行？何人不將，經營四方？

大明乃及王季，維德之行。大任有身，生此文王。

緜迺立應門，應門將將。迺立冢土，戎醜攸行。

公劉弓矢斯張，干戈戚揚，爰方啓行。

蕩小大近喪，人尚乎由行。内奰于中國，覃及鬼方。

抑其維哲人，告之話言，順德之行。

崧高王命召伯，徹申伯土疆。以峙其粻，式遄其行。

旁證易坤彖牝馬地類，行地无疆。柔順利貞，君子攸行。

師六五長子帥師，以中行也。弟子輿尸，使不當也。

姤彖天地相遇，品物咸章也。剛遇中正，天下大行也。

左傳載夏書有此冀方，今失其行，亂其紀綱，乃滅而亡。

離騷靈氛既告余以吉占兮，歷吉日乎吾將行。折瓊枝以爲羞兮，精瓊爢以爲粻。

又陟陞皇之赫戲兮，忽臨睨夫舊鄉。僕夫悲余馬懷兮，蜷局顧而不行。

曹植夏桀贊夏道既衰，生此桀王。婉孌是嘉，政遠五行。

懷音回。釋名："懷，回也。本有去意，回來就已。"今音淮，少異矣。

本證卷耳陟彼崔嵬，我馬虺隤。我姑酌彼金罍，維以不永懷。

終風曀曀其陰，虺虺其雷。寤言不寐，願言則懷。

揚之水懷哉懷哉！曷月予還歸哉？

南山南山崔崔，雄狐綏綏。魯道有蕩，齊子由歸。既曰歸止，曷又懷止？

常棣死喪之威，兄弟孔懷。

旁證左傳聲伯之歌濟、洹之水，贈我以瓊瑰。歸乎歸乎！瓊瑰盈吾懷乎。

楚辭東君長太息兮將上，心低回兮顧懷。羌聲色兮娱人，觀者憺兮忘歸。

又河伯日將暮兮悵忘歸，惟極浦兮寤懷。

漢房中歌大海蕩蕩水所歸，高賢愉愉民所懷。

張衡東京賦辨方位而正則，五精帥而來摧。尊赤氏之朱光，四靈懋而允懷。

魏文帝苦寒行延頸長歎息，遠行多所懷。我心何怫鬱，思欲一東歸。

陸雲寒蟬賦簡嘉蹤於皇心，冠神景於紫微。咏清風以慷慨，發哀歌以慰懷。

觥音光。酒器。説文："觵，黄聲。"又曰："俗觵從光。"今音弓。

本證卷耳陟彼高岡，我馬玄黄。我姑酌彼兕觥，維以不永傷。

七月稱彼兕觥，萬壽無疆。

旁證漢孔宙碑豐年多黍，稱彼兕觥。帝賴其勳，民斯是皇。

曹子建車渠椀賦俟君子之閒宴，酌甘醴於斯觥。既娱情而可貴，故永御而不忘。

劉楨魯都賦承彝執羃，納觶授觴。引滿輒釂，滴瀝受觥。

振音真。沈約有此音，今亦間讀爲真。太玄少首："次四貧貧，或妄之振；次八貧不貧，人莫之振。"古音可知。

本證螽斯螽斯羽，詵詵兮，宜爾子孫，振振兮。

旁證左傳晉滅虢謡丙之晨，龍尾伏辰，袀服振振。

陸機挽歌昔爲七尺軀，今成灰與塵。金玉素所佩，鴻毛今不振。

陸雲詩今我聖宰，實蕃斯仁。凌淵龍躍，披林鳳振。

華音敷。郭璞曰："江東讀華爲敷。"陸德明曰："古讀華如敷，不特江東也，至魏、晉轉爲和音。"嵇康贈秀才入軍詩："雖有好音，誰與清歌？雖有姝顏，誰與發華？"陸機吴趨行亦以華與波、羅爲韻。豈敷轉爲和，和轉爲今音邪？

本證桃夭桃之夭夭，灼灼其華。之子于歸，宜其室家。

有女同車有女同車，顏如舜華。將翺將翔，佩玉瓊琚。彼美孟姜，洵美且都。

山有扶蘇山有扶蘇，隰有荷華。不見子都，乃見狂且。

出車昔我往矣，黍稷方華。今我來思，雨雪載塗。

旁證易大過九五枯楊生華，老婦得其士夫。

九歌大司命折疏麻兮瑶華，將以遺兮離居。老冉冉兮既極，不寖近兮愈疏。

漢齊房歌玄氣之精，回復此都。蔓蔓日茂，芝成靈華。

參同契故鉛外黑，内懷金華。被褐懷玉，外爲狂夫。

漢光武語仕宦當作執金吾，娶妻當得陰麗華。

家音姑。漢曹大家讀作姑，後轉而音歌。雉朝飛操："我獨何命兮未有家，時將莫兮可奈何？"魏程曉嘲熱客詩亦以家與過、何爲韻。陸機前緩聲歌以家與歌、波爲韻。今乃音加，聲之遞變也。

本證桃夭見上。

萇楚隰有萇楚，猗儺其華。夭之沃沃，樂子之無家。

鴟鴞予口卒瘏。曰予未有室家。

常棣宜爾室家，樂爾妻帑。是究是圖，亶其然乎！

我行其野昏姻之故，言就爾居。爾不我畜，復我邦家。

雨無正謂爾遷于王都，曰予未有室家。

緜乃召司徒，俾立室家。

旁證左傳晉伯姬之占姪其從姑，六年其逋，逃歸其國，而棄其家。

又引虞箴武不可重用，不恢於夏家。獸臣司原，敢告僕夫。

離騷羿淫遊以佚田兮，又好射夫封狐。固亂流其鮮終兮，浞又貪夫厥家。

易林師之損解衣毛羽，飛入大都。晨門戒守，鄭忽失家。

揚雄酒箴出入兩宫，經營公家。由是言之，酒何過乎？

十八侯銘入軍討敵，頂定天都。佩雀雙印，百里爲家。

逵音求。説文本作馗，九逵道也。沈約亦收尤韻。黄公紹、吴才老讀作求，並證王粲詩。

本證兔罝肅肅兔罝，施於中逵。赳赳武夫，公侯好仇。

旁證王粲從軍詩館宅充鄽里，士女滿莊馗。自非賢聖國，誰能享斯休。

李善注引韓詩肅肅兔罝，施於中馗。

有音以。凡詩皆此音。囿以有得聲，故封禪頌以韻喜。洧亦以有得聲，故褰裳篇以韻士，音洗。

本證芣苢見采韻。

葛藟謂他人母，亦莫我有。

魚麗魚麗於罶，鰋鯉。君子有酒，旨且有。

吉日瞻彼中原，其祁孔有。儦儦俟俟，或羣或友。

四月滔滔江、漢，南國之紀。盡瘁以仕，寧莫我有。

公劉止基迺理，爰衆爰有。

有駜自今以始，歲其有。君子有穀，詒孫子。

旁證漢司馬相如叙傳文豔用寡，子虚烏有，寓言淫麗，託諷終始。

封禪頌馳我君輿，帝用享祉，三代之前，蓋未嘗有。

漢遠夷慕德歌寒温時適，部人多有。涉危歷險，不遠萬里。

易林坎之无妄獐鹿羣走，自然燕喜。公子好遊，他人多有。

漢傅毅明帝誄璇璣所建，靡不奄有。貢篚納賦，如歸父母。正朔永昌，冠帶儋耳。

蔡邕胡廣碑銘亮皇聖於六世，嘉庶績於九有。窮生民之光寵，享黄耇之遐紀。

漢故民吴仲山碑惟公德美，布惠州里。遠近假求，不言無有。

泳説文："潛行水中也，从水永聲。"永，説文："長也，象水巠理之長。"詩曰："江之永矣。"方，説文："併船也。"禮"大夫方舟"據此，則"漢之廣矣，不可泳思；江之永矣，不可方思"皆如字讀。此章以思爲韻。休息之息，韓詩外傳作思。

馬音姥。説文："馬，武也，怒也。"史記索隱："音姥。"古莽亦音姥。漢有馬何羅者，明德皇后惡其先有叛，以莽易馬，改字不改音。屈原賦"草木莽莽"與"汩徂南土"爲韻，是其證也。後馬轉爲母果音。潘岳西征賦："野蒲變而成脯，苑鹿化以爲馬。假讒逆以天權，鉗衆口而寄坐。"繆襲挽歌詩："白日入虞淵，懸車息駟馬。造化雖神明，安能復存我。"可以觀聲之變矣。

本證漢廣翹翹錯薪，言刈其楚。之子于歸，言秣其馬。

擊鼓爰居爰處，爰喪其馬。于以求之，于林之下（音虎）。○大叔于田叔于田，乘乘馬。執轡如組，兩驂如舞。

東山倉庚于飛，熠燿其羽。之子于歸，皇駁其馬。

四牡四牡騑騑，嘽嘽駱馬。豈不懷歸？王事靡盬。

吉日吉日庚午，既差我馬。

十月之交聚子内史，蹶維趣馬。

采菽雖無予之，路車乘馬。又何予之？玄衮及黼。

崧高王遣申伯，路車乘馬。我圖爾居，莫如南土。

有客有客有客，亦白其馬。有萋有且，敦琢其旅。

旁證離騷世溷濁而不分兮，好蔽美而嫉妒。朝吾將濟於白水兮，登閬風而緤馬。

九歌國殤霾兩輪兮縶四馬，援玉枹兮擊鳴鼓。

漢郊祀歌靈之下，若風馬。左倉龍，右白虎。

上林賦蒙鶡蘇，絝白虎。被斑文，跨野馬。

七發誠奮厥武，如振如怒。沌沌渾渾，狀如奔馬。

參同契燕雀不生鳳，狐兔不乳馬。水流不炎上，火動不潤下。

易林鼎之夬東行西走，喪其犬馬。南求騂騮，失駒林下（音虎）。○太玄童牛角馬，不今不古。

尾音倚，北方皆倚音，南方皆委音。

本證汝墳魴魚頳尾，王室如燬(音喜)。雖則如燬，父母孔邇。

狼跋狼跋其胡，載疐其尾。公孫碩膚，赤舄几几。

旁證左傳鄭子家引畏首畏尾，身其餘幾。

急就章鳳爵鴻鵠鴈鶩雉，鷹鷂鴇鴰翳鶡尾。

易林臨之困履危不止，與鬼相視。驚恐失氣，如騎虎尾。

子音止。古子有二讀：與紙叶者，聲近濟水之濟；與語叶者，如今讀耔、梓一類。凡詩悉止音，晉、宋時猶此音，如阮籍詠懷，潘岳悼亡，謝靈運會吟行，曹攄思友人，皆可考而知也。

本證麟之趾麟之趾，振振公子。

何彼襛矣何彼襛矣，華如桃李。平王之孫，齊侯之子。

旄丘瑣兮尾兮，流離之子。叔兮伯兮，褎如充耳。

衡門豈其食魚，必河之鯉。豈其取妻，必宋之子。

六月我服既成，于三十里。王于出征，以佐天子。

文王亹亹文王，令聞不已。陳錫哉周，侯文王孫子。

皇矣既受帝祉，施于孫子。

假樂之綱之紀，燕及朋友。百辟卿士，媚于天子。

抑投我以桃，報之以李。彼童而角，實虹小子。

又匪面命之，言提其耳。借曰未知，亦既抱子。

閟宫周公之孫，莊公之子，龍旂承祀，六轡耳耳。

旁證左傳衛禮至銘余掖殺國子，莫余敢止。

又魯人歌我有圃生之杞乎？從我者子乎？去我者鄙乎？

禮孔子閒居無體之禮，施及四海(音喜)。無服之喪，施於孫子。

楚辭天問吴獲迄古，南嶽是止。孰期去斯，得兩男子。

易林坤之噬嗑稷爲堯使，西見王母。拜請百福，賜我嘉子。

梁甫吟問是誰家墓？田疆古冶子。力能排南山，文能絶地紀。

郭璞遊仙詩借問此何誰？云是鬼谷子。翹迹企潁陽，臨河思洗耳。

謝朓酬德賦與伐木於友生，咏承筐於君子。矧景行之在斯，方寄言於同恥。

角音録。説文："象獸角也。"漢有角里先生，其實字形不異。後讀角爲各，以甪爲録，是失古音又改字形矣。

本證麟之趾麟之角，振振公族。

行露誰謂雀無角？何以穿我屋？

旁證東方朔傳臣以爲龍又無角，謂之爲蛇又有足。

易林隨之蒙東龍見獨，與石相觸，摧折兩角。

太玄捝嘖以牙者童其角，擢以翼者兩其足。

仲長統詩騰蛇棄鱗，神龍喪角。至人能變，達士拔俗。

南都賦拔象齒，戾（音折）犀角。鳥鎩翮，獸廢足。

蘇伯玉妻盤中詩今時人，知四足。與其書，不能讀。當從中央周四角。

郭璞山海經贊有獸如豹，厥文維縟。閭善躍嶮，騂馬一角。

居音倨，處也。又，居居，懷惡不相親比貌。周禮："神位以奠鬼神，使之居。"郅都傳："條侯至貴居。"皆讀去聲。

本證鵲巢維鵲有巢，維鳩居之。之子于歸，百兩御之。

蟋蟀無已大康，職思其居。好樂無荒，良士瞿瞿。

羔裘羔裘豹袪，自我人居居。豈無他人？維子之故。

魚藻魚在在藻，依於其蒲（去聲）。王在在鎬，有那其居。

旁證易雜卦傳屯見而不失其居，蒙雜而著。

楚辭招魂招具該備，永嘯呼（去聲）些。魂兮歸來！反故居些。

易林井之復明月作晝，大人失居。衆星宵亂，不知所據。

漢韋玄成戒子孫詩昔我之隊，畏不此居。今我度茲，戚戚其懼。

事音始。古聲上，今聲去，亦幾希之間。

本證采蘩于以采蘩，于沼于沚。于以用之，公侯之事。

北山偕偕士子，朝夕從事。王事靡盬，憂我父母。

崧高亹亹申伯，王纘之事。于邑于謝，南國是式（上聲）。

旁證石鼓詩丞徒徨止，其奔我以，阻其乃事。

韓子[1]因而任之,使自事之。因而予之,彼將自舉之。

又使雞司夜,令狸執鼠。皆用其能,上乃無事。

降音洪,宜屬東韻。沈約入江韻,如今讀。然東方朔七諫:"忠臣貞而欲諫兮,讒諛毁而在旁。秋草榮其將實兮,微霜下而夜降。"音之變有自來矣。

本證草蟲未見君子,憂心忡忡。亦既見止,亦既覯止,我心則降。

出車未見君子,憂心忡忡。既見君子,我心則降。

旱麓瑟彼玉瓚,黄流在中。豈弟君子,福禄攸降。

鳧鷖鳧鷖在潨,公尸來燕來宗。既燕于宗,福禄攸降。

旁證離騷帝高陽之苗裔兮,朕皇考曰伯庸。攝提貞於孟陬兮,惟庚寅吾以降。

九歌雲中君靈皇皇兮既降,猋遠舉兮雲中,覽冀州兮有餘,横四海兮焉窮?思夫君兮太息,極勞心兮忡忡。

宋玉風賦故其清涼雄風,則飄舉升降,乘凌高城,入於深宫。

下音虎。陸德明云:"當讀如户。"魏了翁云:"六經凡下皆音虎。舍亦音暑。"不特六經,古音皆然。

本證采蘋于以奠之,宗室牖下。誰其尸之?有齊季女。

殷其雷殷其雷,在南山之下。何斯違斯,莫或遑處。

凱風爰有寒泉,在浚之下。有子七人,母氏勞苦。

采苓采苦采苦,首陽之下。

宛丘坎其擊鼓,宛丘之下。

東門之枌東門之枌,宛丘之栩(音甫)。子仲之子,婆娑其下。

四牡翩翩者鵻,載飛載下,集于苞栩。

北山溥天之下,莫非王土。

緜古公亶父,來朝走馬。率西水滸,至于岐下。

鳧鷖爾酒既湑,爾殽伊脯。公尸燕飲,福禄來下。

烝民天監有周,昭假于下。保兹天子,生仲山甫。

---

[1] 韓非子揚榷。

有駜振振鷺，鷺于下。鼓咽咽，醉言舞。

旁證易乾象潛龍勿用，陽在下也。見龍在田，德施普也。

又潛龍勿用，下也。見龍在田，時舍(音暑)也。

井初六象井泥不食，下也。舊井无禽，時舍也。

禮運粢醍在堂，澄酒在下。陳其犧牲，備其鼎俎。

離騷覽相觀於四極兮，周流乎天余乃下。望瑶臺之偃蹇兮，見有娀之佚女。

九歌湘君朝騁騖兮江皋，夕弭節兮北渚。鳥次兮屋上，水周兮堂下。

九章惜誦矰弋機而在上兮，罻羅張而在下。設張辟以娱君兮，願側身而無所。

又懷沙變白而爲黑兮，倒上以爲下。鳳皇在笯兮，雞鶩翔舞。

高唐賦旦爲朝雲，暮爲行雨。朝朝暮暮，陽臺之下。

淮南王安八公操煌煌上天照下土兮，知我好道公來下兮。

參同契循環璇璣，升降上下。周流六爻，難可察覩。

敗音備，破也。釋名："敗，潰也。"古今皆去聲，微有不同。

本證甘棠蔽芾甘棠，勿翦勿敗，召伯所憩。

小旻或肅或艾，如彼泉流，無淪胥以敗。

民勞無縱詭隨，以謹醜厲。式遏寇虐，無俾正敗。

旁證武王筆銘馬不可極，民不可劇。馬極則躓，民極則敗。

荀卿蠶賦篇功立而身廢，事成而家敗。棄其耆老，收其後世。

賈誼鵩鳥賦彼吴彊大兮，夫差以敗。越棲會稽兮，句踐霸世。

又賈誼旱雲賦獨不聞唐虞之積烈兮，與三代之風氣。時俗殊而不還兮，恐功久而壞敗。

杜篤論都賦一卒舉礧，千夫沈滯。一人奮戟，三軍阻敗。

夜音裕。宜在御韻，沈約入禡韻内，今之所讀也。

本證行露厭浥行露，豈不夙夜？謂行多露。

東方未明不能晨夜，不夙則莫。

葛生夏之日，冬之夜。百歲之後，歸於其居。

雨無正正大夫離居，莫知我勩。三事大夫，莫肯夙夜。

蕩式號式呼，俾晝作夜。

振鷺庶幾夙夜，以永終譽。

旁證離騷吾令鳳皇飛騰兮，繼之以日夜。飄風屯其相離兮，率雲霓而來御。

易林節之噬嗑乾侯野井，昭公失居，與彼作期，不覺至夜。

陸雲歲暮賦揮促節於短日兮，振脩策於長夜。運悠悠其既周兮，歲冉冉而告暮。

牙音翁。牙見於詩者二，在祈父者音吾，有可引證。此以角、屋韻例之，雖無證也，當讀爲翁，音韻和諧亦其證也，若以墉、訟相韻。此不必拘，則當讀爲吾矣。吾證見後。

訟音公。漢高后紀："未敢訟言誅之。"訟讀作公。説文："争也，从言公聲。"一曰歌訟。

本證行露誰謂鼠無牙，何以穿我墉。誰謂女無家，何以速我訟。

雖速我訟，亦不女從。

旁證三略佞臣在上，一軍皆訟。無進無退，苟然取容。

易林大畜之无妄不宜杜公，與我争訟。媒伯無禮，自令塞壅（平聲）。○太玄從首從不淑，禍不可訟也。從徽徽，後得功也。

潘岳關中詩既徵爾辭，既蔽爾訟。當乃明實，否則證空。

皮音婆。説文波、坡、頗、跛皆以皮得聲。徐蒧曰："當爲蒲禾切，不當爲蒲糜音。"此古今之别也。

本證羔羊羔羊之皮，素絲五紽。

相鼠相鼠有皮，人而無儀。

旁證左傳華元荅役者歌牛則有皮，犀兕尚多，棄甲則那。

役者又歌從其有皮，丹漆若何？

蛇音駝。"委蛇"，行貌。沈約入歌韻，又入支韻。今亦兩讀之。

本證羔羊羔羊之皮，素絲五紽。退食自公，委蛇委蛇。

旁證王褒九懷鵾鵬開路兮，後屬青蛇。步驟桂林兮，超驤卷阿。

揚雄反騷既亡鸞車之幽藹兮，駕八龍之委蛇。臨江濱而掩泣兮，何有九招與九歌？

劉向九歎云服陰陽之正道兮，御后土之中和。佩蒼龍之蚴虬兮，帶隱虹之逶蛇。

張衡西京賦感河馮，懷湘娥，驚蝄蜽，憚蛟蛇。

郭璞流沙贊經帶西極，頹塘委蛇。注於黑水，永溺餘波。

陸機答賈謐我求明德，濟同以和。魯公莅止，衮服委蛇。

革音亟。說文：急也。本作悈，从革亟聲。徐曰："束物之急莫若革。"今文省作革。禮記："夫子之病革矣。"又兵也。

本證羔羊羔羊之革，素絲五緎。委蛇委蛇，自公退食。

采芑簟茀魚服，鉤膺鞗革。

斯干如矢斯棘，如鳥斯革。

旁證易乾文言或躍在淵，乾道乃革。飛龍在天，乃位乎天德。

秦瑯邪刻石節事以時，諸産繁殖。黔首安寧，不用兵革。

安世房中歌蠻夷竭歡，象來致福。兼臨是愛，終無兵革。

易林需之蒙三塗五嶽，陽城大室。神明之保，獨無兵革。

參同契或興太平，或造兵革。四者之來，由乎胸臆。

哉音資。史記引詩"鼐鼎及哉"，正義云："哉音資。"沈約入哈韻。

本證殷其雷振振君子，歸哉歸哉。

北門已焉哉！天實爲之，謂之何哉！

氓反是不思，亦已焉哉！

黍離悠悠蒼天，此何人哉？

君子于役君子于役，不知其期。曷至哉？雞栖于塒。

旁證曲禮儼若思，安定辭，安民哉。

楚辭惜誓黄鵠後時而寄處兮，鴟梟羣而制之。神龍失水而陸居兮，爲螻蟻之所裁（音擠）。夫黄鵠神龍猶如此兮，況賢者之逢亂世哉！

漢武柏梁詩和撫四夷不易哉，刀筆之吏臣執之。

三音森。“摽有梅，其實三兮。求我庶士，迨其今兮。”吴棫讀。

昴音留，西方之宿。漢志作留，言陽氣之稽留也。“嘒彼小星，維參與昴。肅肅宵征，抱衾與裯。寔命不猶。”音義皆順。楊用修依徐邈，昴讀旒，裯讀條，猶讀謡，引檀弓“陶斯咏，咏斯猶”爲證，又是一説。

悔音喜。吴才老云：“今聲濁，叶隊，古聲清，叶志。”即晦明之晦亦此音。

本證江有汜江有汜，之子歸，不我以。不我以，其後也悔。

皇矣比于文王，其德靡悔。既受帝祉，施于孫子。

抑于乎小子，告爾舊止。聽用我謀，庶無大悔。

旁證離騷既替余以蕙纕兮，又申之以攬茝（音止）。亦余心之所善兮，雖九死其猶未悔。

又阽余身而危死節兮，覽余初其猶未悔。不量鑿而正枘兮，固前修以葅醢（音起）。○修成歌[1]日崔隤，時不再。願棄軀，死無悔。

嵇康贈秀才入軍身貴名賤，榮辱何在（音止）？貴德肆志，縱心無悔。

脱音兑。説文：“从肉兑聲。”

本證野有死麕舒而脱脱兮，無感我帨兮，無使尨也吠。

旁證北山移文亭亭物表，皎皎霞外。芥千金而不眄，屣萬乘其如脱。

車音姑，後轉韻歌。程曉詩：“平生三伏日，道路無行車。閉門避暑卧，出入不相過。”再轉而韻麻。韻魚，後世音也。

本證何彼襛矣何彼襛矣，唐棣之華。曷不肅雝，王姬之車。

北風莫赤匪狐，莫黑匪烏。惠而好我，攜手同車。

采薇彼爾維何？維常之華。彼路斯何？君子之車。

旁證易睽上九睽孤。見豕負塗，載鬼一車，先張之弧，後説之弧。

---

① 見漢書卷五十三景十三王傳。

漢小麥謡丈夫何在西擊胡。吏買馬，君具車。請爲諸君鼓嚨胡。

揚雄酒箴盡日盛酒，人復借酤。常爲國器，託於屬車。

曹植應詔詩肅承明詔，應會皇都。星陳夙駕，秣馬脂車。

發音廢。又“鱣鮪發發”音潑，馬融曰：“魚尾著網潑潑然。”又“發言盈庭”。焦弱侯曰：“發，讀聒。”愚按：發可音廢，廢亦可音發。漢郊祀歌：“含秀垂穎，續舊不廢。”顔師古曰：“廢，音發。”蓋發、廢古通音也。一音歇，見後。

本證騶虞彼茁者葭，壹發五豝。

七月一之日觱發。

吉日發彼小豝，殪此大兕。

賓之初筵射夫既同，獻爾發功。

旁證易坤六三象含章可貞，以時發也。或從王事，知光大(音地)也。

桓麟七説騁不失蹤，滿不虚發。彈輕翼於高冥，窮疾足於方外。

訧音怡。説文：“从言尤聲。”尤古音怡，見後。

本證緑衣緑兮絲兮，女所治兮。(治音持。凡未治而理之皆平聲，已理而有效則去聲。大學：“先治其國。”治平聲。“家齊而後國治。”治去聲。孟子：“治人不治。”上平下去，經史皆然。)我思古人，俾無訧兮。

旁證太玄傒首傒禍介介，與禍期也。禍不禍，非厥訧也。

風孚金切。古與心、林、音、淫爲韻，似在今之侵部，今則寘東部。莊子：“蚿憐蛇，蛇憐風。風憐目，目憐心。”亦此音。楚辭：“涉丹水而馳騁兮，右大夏之遺風。鴻鵠之一舉兮，知山川之紆曲，再舉兮睹天地之圜方。”又似陽韻矣。

本證緑衣絺兮綌兮，淒其以風。我思古人，實獲我心。

晨風鴥彼晨風，鬱彼北林。未見君子，憂心欽欽。

何人斯彼何人斯？其爲飄風。胡不自北？胡不自南？

烝民吉甫作誦，穆如清風。仲山甫永懷，以慰其心。

旁證屈原哀郢登大墳以遠望兮，聊以舒吾憂心。哀州土之平樂兮，悲江介之遺風。

又涉江乘鄂渚而反顧兮，欸秋冬之緒風。步余馬兮山皋，邸余車兮方林。

長門賦廓獨潛而專精兮，天飄飄而疾風。登蘭臺而遥望兮，神怳怳而外淫。

枚乘七發梧桐并閭，極望成林。衆芳芬鬱，亂於五風。

蔡邕答對元式詩君子博文，貽我德音。辭之集矣，穆如清風。

馮衍顯志賦摛道德之光耀兮，匡衰世之眇風。褒宋襄於泓谷兮，表季札於延陵。

杜篤論都賦即詔京兆，乃命扶風。齋肅致敬，告覲園陵。

王粲詩烈烈寒日，肅肅淒風。潛鱗在淵，歸鴈載軒。

野音暑，與墅同。徐鍇曰："墅，經典只用野。"

本證燕燕燕燕於飛，差池其羽。之子于歸，遠送于野。

叔于田叔適野，巷無服馬。

葛生葛生蒙楚，蘞蔓于野。

株林駕我乘馬，説于株野。

七月六月莎雞振羽，七月在野。

東山蜎蜎者蠋，烝在桑野。

鶴鳴鶴鳴于九皋，聲聞于野。魚潛在淵，或在于渚。

小明明明上天，照臨下土。我征徂西，至于艽野。

何草不黄匪兕匪虎，率彼曠野。

公劉京師之野，于時處處。

旁證穆天子傳答謡萬民平均，吾顧見女。比及三年，將復而野。

説苑載逸詩緜緜之葛，在於曠野。良工得之，以爲絺紵。

龍蛇歌龍返其淵，安其壤土。四蛇入穴，皆有處所。一蛇無穴，號於中野。

左傳鸜鵒謡鸜鵒之羽，公在外野，往饋之馬。

離騷女嬃之嬋媛兮，申申其詈余（上聲）。曰鮌婞直以亡身兮，終然殀乎羽之野。

司馬相如賦出乎椒丘之闕，行乎洲淤之浦。經乎桂林之中，過乎泱漭之野。

參同契上九亢龍，戰德於野。用九翩翩，爲道規矩。

揚雄逐貧賦揚子遁世，離俗獨處。左鄰崇山，右接曠野。

南音寧。古與音、心爲韻。沈約屬之覃矣。

本證燕燕燕燕於飛，下上其音。之子于歸，遠送于南。

凱風凱風自南，吹彼棘心。

株林胡爲乎株林？從夏南。匪適株林，從夏南。

何人斯胡不自北？胡不自南？胡逝我梁？祇攪我心！

鼓鐘笙磬同音，以雅以南。

卷阿有卷者阿，飄風自南。豈弟君子，來遊來歌，以矢其音。

泮水桓桓于征，狄彼東南。

旁證楚辭招魂目極千里兮傷春心，魂兮歸來哀江南。

司馬相如長門賦孔雀集而相存兮，玄猿嘯而長吟。翡翠脅翼而來萃兮，鸞鳳飛而北南。

易林姤之小畜公孫争之，彊入委禽。不悦於心，乃適子南。

晉陸機贈馮文羆有命集止，翻飛自南。出自幽谷，及爾同林。

陸雲喜霽賦朱明啟候，凱風自南。復火正之舊司，黜后土於重陰。

韋蘇州詩[①]月滿秋夜長，驚烏號北林。天河横未落，斗柄當西南。

淵音因。

本證燕燕仲氏任只，其心塞淵。終温且惠，淑慎其身。

定之方中匪直也人，秉心塞淵。

鶴鳴鶴鳴于九皋，聲聞于天。魚在于渚，或潛在淵。

小旻戰戰兢兢，如臨深淵。

---

① 此詩指韋應物之擬古詩十二首。

四月匪鶉匪鳶，翰飛戾天；匪鱣匪鮪，潛逃于淵。

旱麓鳶飛戾天，魚躍于淵。

商頌那鞉鼓淵淵，嘒嘒管聲。

旁證楚辭招魂豺狼從目，往來侁侁些。懸人以娭，投之深淵些。

七諫甂甌登於明堂兮，周鼎潛乎深淵。自古而固然兮，吾又何怨乎今之人。

班固東都賦恥纖靡而不服，賤奇麗而不珍。捐金於山，沈珠於淵。

漢蕩陰令張君碑利器不覿，魚不出淵。國之良幹，垂愛在民。

陸雲贈顧尚書積簣爲山，納流成淵。扶翹布華，養物作春。

顧音古。徐邈讀。

本證日月乃如之人兮，逝不古處。胡能有定，寧不我顧。

碩鼠碩鼠碩鼠，無食我黍。三歲貫女，莫我肯顧。

雲漢赫赫炎炎，云我無所。大命近止，靡瞻靡顧。

旁證曹植文帝誄如何奄忽，摧身后土。俾我煢煢，靡瞻靡顧。

漢韋孟諷諫詩穆穆天子，照臨下土。明明羣司，執憲靡顧。

潘岳西征賦探隱伏於難明，委讒賊之趙虜。加顯戮於儲貳，絶肌膚而不顧。

霾音貍，雨土也。説文："貍聲。"釋名："風而雨土曰霾。"霾，晦也，言如物塵晦之色也。

本證終風終風且霾，惠然肯來。

旁證顏延年和謝靈運雖慚丹雘施，未謂玄素睽。徒遭良時詖，王道奄昏霾。

來音釐。儀禮"來女孝孫"注云："來，讀爲釐。"釋名："往，歸於彼也，故其言之昂頭以指遠也。來，使之入也，故其言之低頭以招之也。"劉向傳："貽我來牟"，作"飴我釐麰"。又有力、利二音，見後。

本證終風莫往莫來，悠悠我思。

雄雉瞻彼日月，悠悠我思。道之云遠，曷云能來？

君子于役日之夕矣，牛羊下來。君子于役，如之何勿思！

子衿青青子佩，悠悠我思。縱我不往，子寧不來。

頍弁爾酒既旨，爾肴既時。豈伊異人，兄弟具來。

旁證易益上九莫益之，偏辭也，或擊之，自外來也。

又既濟九五東鄰殺牛，不如西鄰之時也。實受其福，吉大來也。

黄庭經萬歲照照非有期，外本三陽物自來。

楚辭九歌望夫君兮未來，吹參差兮誰思？

漢武柏梁詩日月星辰和四時，驂駕駟馬從梁來。

參同契知白守黑，神明自來。白者金精，黑者水基。

易林睽之艮思願所之，今乃逢時，洗我故憂，拜我歡來。

匡衡歌無説詩，匡鼎來，匡説詩，解人頤。

陸機挽歌周親咸奔湊，友朋自遠來。翼翼飛輕軒，駸駸策素騏。

思音西。凡詩之思皆讀西。

本證終風詩見上。

雄雉詩見上。

君子于役詩見上。

子衿詩見上。

園有桃心之憂矣，其誰知之，其誰知之，蓋亦勿思。

旁證易咸九四憧憧往來，朋從爾思。

屈原九歌乘赤豹兮從文狸，辛夷車兮結桂旗。被石蘭兮帶杜蘅，折芳馨兮遺所思。

又屈原九章惜往日云蔽晦君之聰明兮，虚惑誤又以欺。弗參驗以考實兮，遠遷臣而弗思。

古詩攀條折其榮，將以遺所思。馨香盈懷袖，路遠莫致之。

易林剥之謙三婦同夫，忽不相思。志恒不愁，顔色不怡。

鮑照尺蠖賦動静必觀於物，消息各隨乎時。從方而應，何慮何思？

兵音邦。凡詩之兵皆讀邦。

本證擊鼓擊鼓其鏜，踴躍用兵。土國城漕，我獨南行。

無衣脩我甲兵，與子偕行。

抑灑掃廷内，維民之章。脩爾車馬，弓矢戎兵。

旁證左傳晉趙鞅占是謂沈陽，可以興兵，利以伐姜，不利子商。

荀卿佹詩志愛公利，重樓疏堂。無私罪人，憼革二兵。

枚乘七發其波涌而雲亂，擾擾焉如三軍之騰裝。其旁作而奔起也，飄飄焉如輕車之勒兵。

揚雄并州箴太上曜德，其次曜兵。德兵俱顛，靡不悴荒。

老音柳。釋名："老者，朽也。"史記："酉者，萬物之老也。"

本證擊鼓執子之手，與子偕老。

女曰鷄鳴宜言飲酒，與子偕老。

小弁假寐永嘆，惟憂用老。心之憂矣，疢如疾首。

泮水既飲旨酒，永錫難老。

旁證黄庭經經歷六府藏卯酉，轉陽之陰藏於九，常能行之不知老。

荀卿蠶賦此夫身女好而頭馬首者與？屢化而不壽者與？善壯而拙老者與？

信音伸。白虎通："高辛者，道德大信也。"韓信，信亦音伸。今有平、去二聲。

本證擊鼓于嗟洵兮，不我信兮。

蝃蝀大無信也，不知命(平聲)也。

揚之水終鮮兄弟，維予二人。無信人之言，人實不信。

節南山弗躬弗親，庶民弗信。

雨無正如何昊天，辟言不信。如彼行邁，則靡所臻。

巷伯緝緝翩翩，謀欲譖人。慎爾言也，謂爾不信。

旁證易繫辭尺蠖之屈，以求信也。龍蛇之蟄，以存身也。

曲禮執友稱其仁也，交遊稱其信也。

表記自獻其身，以成其信。

漢武悼李夫人賦仁者不誓，豈約親兮，既往不來，申以信兮。

馮衍顯志賦昔伊尹之干湯兮，七十説而乃信。皋陶釣於漁澤兮，賴虞舜而後親。

張衡綬笥銘懿矣兹笥，爰藏寶珍。金纓組履，文章日信。

又思玄賦彼無合其何傷兮，患衆僞之冒真，旦獲讟於羣弟兮，啓金縢而後信。

漢書序傳猗與元勳，包漢舉信，鎮守關中，足食成軍。

軌音九。説文："从車九聲。"後轉而爲几。班固幽通賦："嬴取威於伯儀兮，姜本支虖三趾。既仁得其信然兮，仰天路而同軌。"嵇康酒會詩："坐中發美讚，異氣同音軌。臨川獻清酤，微歌發皓齒。"張華遊獵篇以軌與履、美爲韻，又轉則今之音矣。

本證匏有苦葉濟盈不濡軌，雉鳴求其牡。

旁證參同契或臣邪佞，行不順軌。弦望盈縮，乖變凶咎（上聲）。○太玄永首永不軌，凶亡流於後。

潘勗册魏公九錫文袁譚、高幹，咸梟其首。海道奔迸，黑山順軌。

怒上聲。顔師古匡繆正俗曰："怒，古讀有二音，但知有去聲者，失其真也。今除'逢彼之怒'、'將子無怒'、'畏此譴怒'、'宜無悔怒'皆去聲，不録，録其上聲。"愚謂顔氏之言固善，然四聲之説，起於後世，古人之詩取其可歌、可詠，豈屑屑毫釐，若經生爲耶？且上、去二音，亦輕重之間耳。

本證谷風習習谷風，以陰以雨。黽勉同心，不宜有怒。

巧言君子如怒，亂庶遄沮。

皇矣王赫斯怒，爰整其旅。

桑柔憂心殷殷，念我土宇。我生不辰，逢天僤怒。

常武王奮厥武，如震如怒。

旁證龍蛇歌有龍矯矯，遭天譴怒。三蛇從之，一蛇割股；二蛇入國，厚蒙爵土；餘有一蛇，棄於草莽。

離騷忽奔走以先後兮，及前王之踵武。荃不揆余之中情兮，反信讒而齌怒。

漢衞皇后歌生男無喜，生女無怒。獨不見衞子夫霸天下？

賈偉節諺賈氏三虎,偉節最怒。

死音洗。説文:“死,澌也,人所離也。”集韻:“澌音西。”

本證谷風采葑采菲,無以下體。德音莫違,及爾同死。

相鼠人而無禮,胡不遄死?

旁證屈原天問天式從横,陽離爰死。大鳥何鳴?夫焉喪厥體。

成帝時燕燕童謡皇孫死,燕啄矢。

張華遊獵篇人生忽如寄,居世遽能幾?至人同禍福,達士等生死。

淵明讀山海經窫窳强能變,祖江遂獨死。明明上天鑒,爲惡不可履。

違音怡。違古音怡,今音韋。遺古音韋,今音怡。世有古今,聲有交錯,亦時勢之必然也。

本證谷風行道遲遲,中心有違。不遠伊邇,薄送我畿。

節南山君子如夷,惡怒是違。

長發帝命不違,至于湯齊。

旁證禮記孔子閒居無聲之樂,氣志不違。無體之禮,威儀遲遲。

揚雄長楊賦使農不輟耰,工不下機。婚姻以時,男女莫違。

又青州箴貢篚以時,莫怠莫違。昔在文、武,封吕於齊。

漢崔琦外戚箴無曰我能,天人爾違。患生不德,福有慎機。

蔡邕述行賦觀風化之得失兮,猶紛掌其多違。無亮采以匡世兮,亦何爲乎此畿?

王粲贈士孫文始宗守盪失,越用遁違,遷於荆楚,在漳之湄。

潘岳金谷詩王生和鼎實,石子鎮海沂。親友各言邁,中心悵有違。

顔延之秋胡詩燕居未及歡,良人顧有違。脱巾千里外,結綬登王畿。

弟音底。凡兄弟之弟,上聲;孝弟、豈弟之弟,去聲。此經史通例,詩則並音底。

本證谷風誰謂荼苦?其甘如薺(上聲)。宴爾新昏,如兄如弟。

泉水出宿于泲，飲餞于禰。女子有行，遠父母兄弟。

載驅四驪濟濟，垂轡濔濔。魯道有蕩，齊子豈弟。

常棣常棣之華，鄂不韡韡。凡今之人，莫如兄弟。

旱麓瞻彼旱麓，榛楛濟濟。豈弟君子，干禄豈弟。

旁證吴薛瑩獻詩嗟臣蔑賤，惟昆及弟。幸生幸育，託綜遺體。

潘岳晉武帝誄莫孝匪子，莫悌匪弟。化自外明，訓法以禮。

謝朓始出尚書省衰柳尚沈沈，凝露方泥泥。零落悲友朋，歡虞讌兄弟。

救音求。漢書"救之"作"俅之"。周禮："正日景以求地中。"鄭玄云："故書求爲救。"杜子春讀求。古音可見。

本證谷風何有何亡，黽勉求之。凡民有喪，匍匐救之。

旁證武王盥盤銘與其溺於人也，寧溺於淵。溺於淵猶可游也，溺於人不可救也。

三略使仇治仇，其禍不救。

左傳如川之滿，不可游也。鄭方有罪，不可救也。

魏文京洛行賢矣陳軫，忠而有謀。楚懷不從，禍卒不救。

葛音結。

本證旄丘旄丘之葛兮，何誕之節兮。叔兮伯兮，何多日也。

采葛彼采葛兮，一日不見，如三月兮。

旁證馬融圍碁賦乍急乍緩兮，上且未别。白黑未分兮，於約如葛。

節音即。説文："從竹即聲。"

本證旄丘詩見上。

旁證易家人九三象曰：家人嗃嗃，未失也。婦子嘻嘻，失家節也。

又蹇六四象曰：往蹇來連，當位實也。

九五象曰：大蹇朋來，以中節也。

又未濟六五象曰：君子之光，其暉吉也。飲酒濡首，亦不知節也。

參同契發號施令，順陰陽節。藏器俟時，勿違卦日。

易林臨之損秋蛇向穴，不失其節。夫人姜氏，自齊復入。

太玄爰首爰其膝，守其節。

後漢李尤七歎副以芋柘，豐宏誕節。纖液玉津，旨於飲蜜。

季布序傳季氏之詘，辱身毁節。信於上將，議臣震栗。

久音几。或曰：孔子傳易，方有糾音。"不可久也"，叶"天德不可爲首也"，並謂雜卦是孔子以前書。愚疑久有二音，不然何楚辭、秦刻皆讀几耶？又按説文："玖，石之次玉黑色者，从玉久聲"，"讀若芑"。"貽我佩玖"、"報之以瓊玖"，皆此音也。莊子引古語："美成在久，惡成不及改。"改音已。

本證旄丘何其處也？必有與也。何其久也？必有以也。

六月吉甫燕喜，既多受祉。來歸自鎬，我行永久。

蓼莪缾之罄矣，維罍之恥。鮮民之生，不如死之久矣。

旁證易雜卦傳咸，速也。恒，久也。渙，離也。節，止也。

楚辭招魂層冰峨峨，飛雪千里些。歸來歸來，不可以久些。

秦嶧山刻石[①]三句一韻迺今皇帝，一家天下，兵不復起。災害滅除，黔首康定，利澤長久。

易林師之既濟德教尚中，彌世長久。三聖與爲，多受福祉。

謀音迷。凡詩之謀，皆讀迷，無有與尤韻者。

本證泉水有懷于衛，靡日不思。孌彼諸姬，聊與之謀。

氓匪來貿絲，來即我謀。

皇皇者華我馬維騏，六轡如絲。載馳載驅，周爰諮謀。

十月之交抑此皇父，豈曰不時。胡爲我作，不即我謀。

巷伯哆兮侈兮，成是南箕。彼譖人者，誰適與謀。

旁證左傳萊人歌景公死乎，不與埋（音貍）。三軍之士乎，不與謀。師乎師乎，何黨之乎？

莊子披衣真其實知，不以故自持。媒媒晦晦，無心而不可與謀。

---

① 鄒嶧山碑。

荀卿成相篇聖知不用愚者謀，前車已覆後未知。

賈誼鵩賦天不可與慮，道不可與謀。遲速有命，烏識其時。

參同契古今道由一，談對吐所謀。學者加勉力，留念深思惟。

揚雄廷尉箴穆王耄荒，甫侯伊謀。五刑訓天，周以阜基。

漢冀州從事張表碑天挺留侯，應期佐治（平聲）。與漢龍興，誕發神謀。

衛音越，"有懷於衛"，宜此讀，雖非韻脚，可備古音。

旁證屈原遠遊路曼曼其悠遠兮，徐弭節而高厲（音列）。左雨師使徑侍兮，右雷公以爲衛。

范曄靈帝贊微亡備兆，小雅盡缺。麋鹿霜露，遂栖宫衛。

曹嘉贈石崇詩入仕於皇閣，出則登九列。疇昔謬同位，情至過魯、衛。

干音堅。

本證泉水出宿于干，飲餞于言。

伐檀坎坎伐檀（音田）兮，寘之河之干兮。

旁證參同契陽終於巳，中而相干。姤始紀緒，履霜最先。

又解化爲水，馬齒闌干。陽乃往和，情性自然。

王逸九思俛念兮子胥，仰憐兮比干。投劍兮脱冕，龍屈兮蜿蟤（音延）。○崔瑗東觀箴何以季世？咆哮不虔。在强奮矯，而戮彼逢干。

曹植善哉行慚無靈輒，以救趙宣。月没參横，北斗闌干。

言音延。魏、晉之時，皆與先韻，似甚順也。沈約置之元部。

本證泉水詩見上。

氓爾卜爾筮，體無咎言。以爾車來，以我賄遷。

皇矣臨衝閑閑，崇墉言言。

旁證九章吾聞作忠以造怨兮，忽謂之過言。九折臂而成醫兮，吾今而知其信然。

張衡東京賦招有道於側陋，開敢諫之直言。聘邱園之耿潔，旅束帛之戔戔。

漢童子逢盛碑胎懷正氣,生克自然。拊育孩嬰,弱而能言。

曹植怨歌行推心輔王室,二叔反流言。待罪居東國,泣涕嘗流連。

袁宏三國名臣贊仁者必勇,德亦有言。雖遇履虎,神氣恬然。

謝靈運酬從弟惠連傾想遲嘉音,果枉濟江篇。辛勤風波事,款曲洲渚言。

顔延之北使洛陰風振涼野,飛雲瞀窮天。臨途未及引,置酒慘無言。

泉音錢。周官"泉府",鄭司農云:"故書泉或作錢。"

本證泉水我思肥泉,茲之永嘆。

小弁莫高匪山(音先),莫浚匪泉。君子無易由言,耳屬於垣(音延)。

旁證漢樂章象載瑜,白集西(音先)。食甘露,歠榮泉。

易林乾之訟龍馬上山,絶無水泉,喉焦脣乾,舌不能言。

歎音天,今音灘。雖俱平聲,微有不同。

本證泉水詩見上。

旁證大家東征賦涉封邱而踐路兮,慕京師而竊嘆。小人性之懷土兮,自書傳而有焉。

王逸九思便旋兮中原,仰天兮增歎。菅蒯兮野莽,雚葦兮千眠。

又日瞥(音撇)瞥兮西没,道遐迥兮阻歎。志稸積兮未通,悵敞罔兮自憐。

門音民。太玄盛首:"小盛臣臣,大人之門。"聚首:"宗其高年,羣鬼之門。"年,古音寧,一韻臣,一韻年,古音可知。

本證北門出自北門,憂心殷殷。

旁證荀卿雲賦往來惽憊,通於大神。出入甚亟,莫知其門。

九章惜誦思君其莫我忠兮,勿忘身之賤貧。事君而不貳兮,迷不知寵之門。

參同契形體爲灰土，狀若明囪塵。擣治昇合之，持入赤色門。

易林蒙之明夷不虞之患，禍至無門。奄忽暴卒，痛傷我心。

揚雄誄大射饗飲，飛羽之門。綏宥耆幼，不拘婦人。

艱音斤。

本證北門終窶且貧，莫知我艱。

何人斯彼何人斯？其心孔艱。胡逝我梁，不入我門？

鳧鷖旨酒欣欣，燔炙芬芬。公尸燕飲，無有後艱。

旁證離騷長太息以掩涕兮，哀民生之多艱。余雖好修姱以鞿羈兮，謇朝誶而夕替(音親)。○崔駰大理箴昔在仲尼，哀矜罪人。子罕理刑，衛人釋艱。

曹植王粲誄宰臣專制，帝用西遷。君乃羈旅，離此阻艱。

陸機弔魏武當建安之三八，實大命之所艱。雖光昭於曩載，將稅駕於此年(音寧)。

遺音韋。鄭康成讀荀子引詩"莫肯下遺"，注："楊倞曰：遺，讀曰隨。"

本證北門王事敦我，政事一埤遺我。

谷風將恐將懼，寘予于懷。將安將樂，棄予如遺。

角弓雨雪瀌瀌，見晛曰消。莫肯下遺，式居屢驕。

雲漢周餘黎民，靡有孑遺。昊天上帝，則不我遺。

旁證三略使民如四肢，則策無遺。所適如肢體相隨。

曹植靈芝篇董永遭家貧，父老財無遺。舉假以供養，傭作致甘肥。責家填門至，不知何用歸。

吴薛瑩獻詩適兹樂土，無存孑遺。天啓其心，東南是歸。

陸機弔魏武摧羣雄而電擊，舉勍敵其如遺。指八極以遠略，必翦焉而後綏。

陸雲歲莫賦結隆思於朝日兮，綴永念於紀暉。表寸陰而貞吝兮，盼盈尺其若遺。

邪音徐。爾雅作徐。説文引詩作"其虚其邪"。史記曆書"歸邪於終"，以邪爲餘。及魏、晉轉而爲梭。曹植大魏篇："白虎戲西除，含利從辟邪。騏驥躡足舞，鳳皇拊翼歌。"潘岳河陽詩："依水類浮萍，寄松似縣蘿。朱博糾舒慢，楚風被瑯邪。"是其證。又轉則斜矣。

本證北風其虚其邪，既亟只且。

魯頌駉思無邪，思馬斯徂。

旁證尚書考靈曜陰氣相佐，德乃不邪。子助母收，母合子符。

參同契守禦固密，閼絶奸邪。曲閣相連，狀似蓬壺。

揚雄徐州箴降周任姜，鎮於瑯邪。姜氏絶苗，田氏攸都。

太玄法首正彼有辜，格我無邪。

班彪北征賦降几杖於藩國兮，折吴濞之逆邪。惟太宗之蕩蕩兮，豈曩秦之所圖。

班固王吸銘邑邑將軍，育養烝徒。建謀正直，行不匿邪。

貽去聲。黄公紹韻會云："詒與貽通，可平可仄。"今考楚辭，以詒爲去聲。貽亦有此音也。

本證靜女自牧歸荑，洵美且異。匪女之爲美，美人之貽。

旁證九章思美人高辛之靈盛兮，遭玄鳥而致詒。欲變節以從俗兮，媿易初而屈志。

鮮音洗，潔也。"新臺有泚，河水瀰瀰。燕婉之求，籧篨不鮮。"吴才老讀。雖無可證，音韻良是。

景音養，上聲讀。

本證二子乘舟二子乘舟，汎汎其景。願言思子，中心養養。

旁證夏侯湛抵疑九疑之從王化，猶洪聲之收清響。黎、苗之樂函夏，若游形之招惠景。

郭璞遊仙詩翘首望太清，朝雲無增景。雖欲思隨化，龍津未易上。

陸機贈弟存不阜物，没不增壤。生若朝風，死猶絶景。

害音係。三略："傷賢者，殃及三世。蔽賢者，自受其害。"淮南子："以神爲主者，形從而利。以形爲主者，神從而害。"皆此音。

本證二子乘舟二子乘舟，汎汎其逝。願言思子，不瑕有害。

閟宫俾爾耆而艾。萬有千歲,眉壽無有害。

旁證賈誼旱雲賦畎畝枯槁而失澤兮,壤石相聚而爲害。農夫垂拱而無聊兮,釋其鉏耨而下涕。

蔡邕述行賦濟西溪而容與兮,息鞏都而後逝。愍簡公之失師兮,疾子朝之爲害。

漢夏侯序傳疑殆匪闕,違衆忤世。淺爲尤悔,深作敫害。

儀音俄。洪适隸釋云:"周官注儀、義二字,古皆音俄。"愚按:漢孔耽神祠碑:"竭凱風以惆憀,惟蓼儀以愴悢。"又平都相蔣君碑:"感慕詩人,蓼蓼者儀。"又衛尉衡方碑:"感衛人之凱風,悼蓼義之劬勞。"是漢凡蓼莪之莪,皆作儀、義。古音可考矣。

本證柏舟汎彼柏舟,在彼中河。髧彼兩髦,寔惟我儀。

菁菁者莪菁菁者莪,在彼中阿。既見君子,樂且有儀。

既醉其告維何?籩豆靜嘉(音歌)。朋友攸攝,攝以威儀。

抑慎爾出話,敬爾威儀,無不柔嘉。

旁證穆天子傳黃澤謠黃之陀,其馬歕沙(音莎),皇人威儀。

九章穆眇眇之無垠兮,莽芒芒之無儀。聲有隱而相感兮,物有純而不可爲(音譌)。○太玄爭首陽氣氾施,不偏不頗。物與爭訟,各遵其儀。

劉向九歎舉霓旌之墆翳兮,建黃昏之總旄。躬純粹而罔愆兮,承皇考之妙儀。

天音汀。釋名曰:"豫、冀以舌腹言之。天,顯也,在上高顯也。青、徐以舌頭言之,天,坦也,坦然而高遠也。"蓋青、徐猶有古音,豫、冀則今之音。古音天與人韻,今則判之遠矣。

本證柏舟母也天只,不諒人只。

黍離悠悠蒼天,此何人哉。

綢繆綢繆束薪,三星在天。今夕何夕,見此良人。

黃鳥彼蒼者天,殲我良人。

雨無正凡百君子,各敬爾身。胡不相畏,不畏于天。

小宛宛彼鳴鳩，翰飛戾天。我心憂傷，念昔先人。

何人斯不媿于人，不畏于天。

巷伯蒼天蒼天，視彼驕人。

菀柳有鳥高飛，亦傅于天。彼人之心，於何其臻。

文王文王在上，於昭于天。周雖舊邦，其命維新。

棫樸倬彼雲漢，爲章於天。周王壽考，遐不作人。

旱麓鳶飛戾天，魚躍於淵。

假樂宜民宜人，受禄于天。

卷阿亦傅于天，藹藹王多吉人。

崧高崧高維嶽，峻極于天。維嶽降神，生甫及申。

瞻仰亂匪降自天，生自婦人。

旁證易乾九五飛龍在天，利見大人。

又乾文言時乘六龍，以御天也。雲行雨施，天下平也。

尚書大傳八伯歌明明上天，爛然星陳。日月光華，宏予一人。

九歌大司命乘龍兮轔轔，高馳兮沖天。結桂枝兮延竚，羌愈思兮愁人。

九章哀郢堯、舜之抗行兮，瞭杳杳而薄天。衆讒人之嫉妬兮，被以不慈之僞名。

史記三年不飛，一飛沖天，三年不鳴，一鳴驚人。

參同契熒惑守西，太白經天。殺氣所臨，何有不傾？

漢婁壽碑窮下不苟，知我者天。身没聲鬯，千載作珍。

漢博陵太守孔彪碑伊尹之休，格於皇天。惟我君績，表於丹青。

陸機答賈長淵乃眷三哲，俾乂斯民。啓土雖難，改物承天。

道音島。道德、道路之道，上聲。教道、引道之道，去聲，此經史通例。凡道見於詩者，皆上聲。

本證牆有茨牆有茨，不可埽也。中冓之言，不可道也。

宛邱坎其擊缶，宛邱之道。

何草不黄有芃者狐，率彼幽草。有棧之車，行彼周道。

生民誕后稷之穡，有相之道。

泮水順彼長道，屈此羣醜。

旁證易復五上敦復無悔，中以自考也。迷復之凶，反君道也。

又漸九三夫征不復，離羣醜也。婦孕不育，失其道也。

九章惜誦壹心而不豫兮，羌不可保。疾親君而無他兮，有招禍之道。

漢書文帝述我教如風，民應如草。國富刑清，登我漢道。

范曄光武贊神旌乃顧，遞行天討。金湯失險，車書共道。

孫楚別官屬詩晨風飄岐路，零雨被秋草。傾城遠追送，餞我千里道。

宜音俄。易傳宜與化叶。化古音譌。離騷："初既與余成言兮，後悔遁而有他。余既不難夫離別兮，傷靈修之數化。"九辯："專思君兮不可化，君不知兮可奈何。"哀時命："子胥死而感義兮，屈原沈於汨羅。雖體解其不變兮，豈忠信之可化。"知化之讀譌，證宜之讀俄也。化後轉而爲嘻，再轉而平聲，三轉而去聲。宜則一轉而疑矣。

本證君子偕老如山如河。象服是宜。

緇衣緇衣之宜兮，敝予又改爲（音譌）兮。

裳裳者華左之左（平聲）之，君子宜之。

鴛鴦鴛鴦於飛，畢之羅之。君子萬年，福禄宜之。

棫樸奉璋峩峩，髦士攸宜。

閟宫是饗是宜，降福既多。

旁證易繫神而化之，使民宜之。

儀禮字辭爰字孔嘉（音歌），髦士攸宜。

後漢太常箴匪愆匪忒，公尸攸宜。弗忮弗求，惟德之報（平聲）。

晢音制。

本證君子偕老象之揥也，揚且之晢也。胡然而天也，胡然而帝也。

旁證易大有四五匪其彭无咎，明辨晢也。厥孚交如，信以發志也。

顔音研。説文以彦得聲。彦古音平。陸雲陸公誄："和音嗣世，不晉碩彦，明監在下，降命上元。”今讀彦爲去聲，與古稍異矣。

本證君子偕老蒙彼縐絺，是紲袢（瑚涓切）也。子之清揚，揚且之顔也。

抑視爾友君子，輯柔爾顔，不遐有愆。

旁證陸機歎逝賦啓四體而深悼，懼兹形之將然。毒娱情之寡方，怨感目之多顔。

上平聲。

本證桑中期我乎桑中，要我乎上宫，送我乎淇之上矣。

大明明明在下，赫赫在上。天難忱斯，不易維王。

旁證易頤五上居貞之吉，順以從上也。由頤厲吉，大有慶（音羌）也。

王褒九懷臨淵兮汪洋，顧林兮思荒。修余兮袿衣，騎霓兮南上。

麥音密。

本證桑中爰采麥矣，沬之北矣。云誰之思，美孟弋矣。

載馳我行其野，芃芃其麥。控于大邦，誰因誰極？

閟宫黍稷重穋，稙穉菽麥，奄有下國，俾民稼穡。

旁證易林離之蠱早霜晚雪，傷害禾麥。損功棄力，饑無所食。

韋誕序志賦奉過庭之明訓，納微躬於軌則。勉四民之耕耘，遂能辨乎菽麥。

北音必，背亦以此得聲。行葦“黄耇台背”，桑柔“職涼善背”，皆此讀。

本證桑中詩見上。

巷伯豺虎不食，投畀有北。

旁證三略將有一則衆不服，有二則軍無式，有三則下奔北。

安世房中歌海内有姦，紛亂東北。詔撫成師，武侯承德（音的）。○上林賦左蒼梧，右西極。丹水更其南，紫淵徑其北。

更始時南陽童謡諧不諧，（音奚。周澤傳：“生世不諧，作太常妻。”）在赤眉。得不得（音的，與德同），在河北。

兄音荒。通論曰：“口儿爲兄。儿者，人也。人在口下，以口教其下也。下者，弟也。”釋名：“兄，荒也，荒，大也。”白虎通曰：“兄，況也，況，父法也。”故兄有況音。“倉兄填兮”、“職兄斯引”、“職兄斯宏”，注謂怳同，悲閔之意，是字同而義異也。愚按：漢樊毅華嶽廟碑云：“君舉必書，兄乃盛德。”亦以兄爲況。

本證鶉之奔奔鶉之奔奔，鵲之彊彊。人之無良，我以爲兄。

將仲子無踰我牆，無折我樹桑。豈敢愛之，畏我諸兄。

陟岵陟彼岡兮，瞻望兄兮。

皇矣因心則友，則友其兄，則篤其慶(音羌)。

旁證晉惠公時童謡恭太子更葬(平聲)矣，後十四年晉亦不昌。昌乃在兄。

易林比之賁兩火争明，雖鬭不傷。分離且忍，全我弟兄。

班固辟雍詩聖皇涖止，造舟爲梁。皤皤國老，乃父乃兄。

韓安國傳雖有親父，安知不爲虎。雖有親兄，安知不爲狼。

韓愈詩行行二月莫，乃及徐南疆。下馬步隄岸，上船拜吾兄。

京音疆，古皆此讀，亦音原。晉獻文子曰：“是全要領以從先大夫於九京。”讀原。

本證定之方中望楚與堂，景山與京。

下泉冽彼下泉，浸彼苞稂。愾我寤嘆，念彼周京。

正月民之訛言，亦孔之將。念我獨兮，憂心京京。

甫田曾孫之稼，如茨如梁。曾孫之庾，如坻如京。

文王侯服于周，天命靡常。殷士膚敏，祼將于京。

大明摯仲氏任，自彼殷商。來嫁于周，曰嬪于京。

皇矣依其在京，侵自阮疆。

下武下武維周，世有哲王。三后在天，王配于京。

文王[有聲]考卜維王，宅是鎬京。

公劉迺陟南岡，迺覯于京。

旁證左傳懿氏繇五世其昌，並於正卿(音羌)。八世之後，莫之與京。

梁鴻五噫歌陟彼北芒兮，噫！顧瞻帝京兮，噫！

易林蠱之歸妹下泉苞稂，十年無王。郇伯遇時，憂念周京。

揚雄雍州箴上帝不寧，命漢作京。隴山徂矣，列爲西羌。

班固東都賦遂綏哀牢，開永昌。春王三朝，會同漢京。

魏武薤露白虹爲貫日，已亦先受殃。賊臣執國柄，殺王滅宇京。

陸雲寒蟬賦華靈鳳之羽儀，睹皇都乎上京。跨天路於萬里，豈蒼蠅之尋常。

田音陳。說文："田，陳也。"古田、陳通音，故陳敬仲奔齊後改爲田。宋玉招魂："鄭衛妖玩，來雜陳些。激楚之結，獨秀先些。"是又以陳音田，益以見其相通也。

本證定之方中靈雨既零，命彼倌人。星言夙駕，説于桑田。

叔于田叔于田，巷無居人。

白華滮池北流，浸彼稻田。嘯歌傷懷，念彼碩人。

崧高王命召伯，徹申伯土田。王命傅御，遷其私人。

江漢告于文人，錫山土田。

旁證易乾九二見龍在田，利見大人。

國語佞之見佞，果喪其田。（佞平聲，夏侯湛抵疑："猗靡容悦，出入崎傾，逐巧點妍，嘔喁辨佞。"）

易林噬嗑之未濟邪徑賊田，惡政傷民。夫婦咒詛，太山覆巔（音珍）。○張衡南都賦開竇灑流，浸彼稻田。溝澮脈連，堤塍相輷。

千音親。

本證定之方中秉心塞淵，騋牝三千。

甫田倬彼甫田，歲取十千。

旁證宋玉招魂虎豹九關，啄害下人些。一夫九首，拔木九千些。

易林恒之鼎騋牝龍身，日取三千。南上蒼梧，與福爲婚。

漢靈帝時孔廟碑周流應聘，歎鳳不臻。自衛返魯，養徒三千。

劉劭趙都賦宫妾盈兮數百，食客過兮三千，越信孟之卑體，慕姬旦之懿仁。

命音名。左傳："異哉，君之名子。"又曰："今名之大，以從盈數。"史記皆作命。"孟子命世之才"，謂名世也。亡命，匿名也。

本證蝃蝀大無信也，不知命也。

揚之水我聞有命，不敢以告人。

采薇樂只君子，天子命之。樂只君子，福祿申之。

假樂保右命之，自天申之。

卷阿維君子命，媚于庶人。

江漢于周受命，自召祖命。

旁證易姤九五九五含章，中正(平聲)也。有隕自天，志不舍命也。

太玄勤首勞有恩，勤有諸情也。羈角之吾不得命也。

漢北海相景君銘帝嘉厥功，授以符命。守郡益州，路遐戀親。

魏武善哉行晏子平仲，積德兼仁。與世沈德，未必思命。

相鼠似鼠，頗大，能人立，見人則立，舉其前兩足，若拱揖然。愚於薊門山寺見之，僧曰："此相鼠也。"及檢埤雅，已有載矣。蓋見人若拱，似有禮儀，詩之所以起興也。今注曰："相，視也；鼠，蟲之可賤惡者。"意義索然。按說文引此詩，亦以相爲視。誤也久矣。

爲音譌。史記引書"南譌"字作爲，又考說文："譌，譌言也，從言爲聲。"據此見爲加言讀譌，去言亦讀譌，古之音也。後轉音怡，王延壽王孫賦："原天地之造化，實神偉而崛奇。道玄微以密妙，信無物而不爲。"再轉則今音。

本證相鼠人而無儀，不死何爲。

兔爰有兔爰爰，雉罹於羅。我生之初，尚無爲。

緇衣緇衣之宜兮，敝予又改爲兮。

抑白圭之玷，尚可磨也。斯言之玷，不可爲也。

旁證九章思美人獨歷年而離愍兮，羌憑心猶未化(音訛)。寧隱閔而壽考兮，何變易之可爲。

漁父歌日已夕兮予心憂悲，月已馳兮何不渡爲。事寖急兮將奈何。

楚辭哀時命知貪餌而近死兮，不如下遊乎清波。寧幽隱以遠禍兮，孰侵辱之可爲？

俟音矣。說文："矣聲。"或聲近始，史記："其德嶷嶷。"大戴禮作俟，以聲近而譌。

開元五經文字“儦儦俟俟”，音矣。

本證相鼠人而無止，不死何俟。

吉日儦儦俟俟，或羣或友。

旁證邯鄲淳答贈詩既庇西伯，永誓没齒。今也被命，義在不俟。

阮籍咏懷誰言焱炎久，遊没可行俟。逝者豈長生，亦去荆與杞。

驅音邱。説文：“从馬區聲。”區古讀邱。曲禮“禮不諱嫌名”注：謂若禹與宇，邱與區。禹、宇今音叶；邱、區則古音叶也。

本證載(驅)[馳]載馳載驅，歸唁衛侯。驅馬悠悠，言至于漕(音鄒)。

旁證陸雲賦袓愁心以自邁，肅榜人以曾驅。詔河馮以清川，命湘娥而安流。

反音顯，遠音演，詩皆此讀。又有去、平二聲，見後。

本證載馳既不我嘉，不能旋反。視爾不臧，我思不遠。

旁證荀卿雲賦忽兮其極之遠也。攭(音倮)兮其相逐而反也。卬卬兮天下之咸蹇也。

離騷悔相道之不察兮，延佇乎吾將反。回朕車以復路兮，及行迷之未遠。

九章哀郢羌靈魂之欲歸兮，何須臾而忘反？背夏浦而西思兮，哀故都之日遠。

楚辭惜誓惜余年老而日衰兮，歲忽忽而不反。登蒼天而高舉兮，歷衆山而日遠。

太玄疑首疑自反，孚不遠。

潘岳哀永逝文彼遥思兮離居，歎河廣兮永遠。今奈何兮一舉，邈終天兮不反。

蝱音盲，本作莔。説文：“貝母草也。”徐鍇繫傳曰：“貝母，一名莔，治目眩不得返顧，許夫人所以寄其思也。”今文作蝱。楊用修曰：“蝱，齧人蟲也。”豈可采耶？

本證載馳陟彼阿邱，言采其蝱。女子善懷，亦各有行。

尤音怡。

本證載馳大夫君子，無我有尤。百爾所思，不如我所之。

旁證易鼎九三鼎有實，慎所之也。我仇有疾，終无尤也。

九章惜往日信讒諛之溷濁兮，盛氣志而過之。何貞臣之無罪兮，被離謗而見尤。

太玄强首小人强梁，得位益尤也。克我强梁，大美無基也。

劉向九歎遭紛逢凶，蹇離尤兮。垂文揚采，遺將來兮。

韋元成自劾詩誰謂德難？厲其庶而。嗟我小子，于貳其尤。

百音博，雖非韻脚，可備古音。亦音陌，左傳："距躍三百，其義勵也。"

本證載馳百爾所思。

黄鳥人百其身。

思齊則百斯男。

旁證蜡祝土反其宅，水歸其壑，昆蟲毋作。豐年若土，歲取千百（此與禮記少異）。○楚人諺得黄金百，不如得季布諾。

易林兑之震營城洛邑，周公所作，世建三十，歷年八百。福祐盤結，堅固不落。

毛詩古音考卷二

青音菁。菁菁,茂盛也。鶴山云:"'緑竹青青。'鄭注:'訓菁。'今作丹青之青,非,不應緑又青也。"

邱音欺。

本證氓送子涉淇,至于頓邱。

巷伯楊園之道,猗于畝邱。寺人孟子,作爲此詩。

旁證左傳史蘇之占爲雷爲火,爲嬴敗姬。不利行師,敗於宗邱。

九章哀郢曼余目以流觀兮,冀一反之何時。鳥飛反故鄉兮,狐死必首邱。

田單攻狄嬰兒謡大冠若箕,修劍拄頤。攻狄不能下,壘枯邱。

易林履之巽蹇驢不材,駿驥失時。筋勞力盡,疲於沙邱。

媒音迷。説文注:"媒,謀也,謀合二姓。"凡詩謀皆讀迷,媒亦因之得聲。周官"媒氏",鄭氏云:"媒之言謀也。"

本證氓匪我愆期,子無良媒。

旁證離騷苟中情其好修兮,又何必用夫行媒。説操築於傅巖兮,武丁用而不疑。

九章抽思愁嘆苦神,靈遥思兮。路遠處幽,又無行媒兮。

參同契蘇秦遂言,張儀結媒。發辯利舌,奮舒美辭。

垣音延。

本證氓乘彼垝垣,以望復關。不見復關,泣涕漣漣。

文王有聲王公伊濯,維豐之垣。四方攸同,王后維翰。

板价人維藩,大師維垣。大邦維屏,大宗維翰。

旁證易林乾之困噂噂所言，莫如我垣。歡喜堅固，可以長安(音烟)。

○又訟之歸妹體重飛難，不得踰關。行坐憂愁，不離室垣。

揚雄甘泉賦崇崇圜丘，隆隱天兮。登降峛施，單埢垣兮。

魏明帝種瓜篇種瓜東井上，冉冉自踰垣。與君新爲婚，瓜葛相結連。

劉楨贈徐幹誰謂相去遠？隔此西掖垣。拘限清切禁，中情無由宣(音先)。

關音堅。

本證氓詩見上。

旁證樂府豔歌行妾當守空房，閉門下重關。若生當相見，亡者會黄泉。今日樂相樂，萬歲期延年。

劉歆遂初賦馳太行之嚴防，入天井之喬關。望庭燧之皦皦，飛旌旐之翩翩。

晉盧諶覽古詩藺生在下位，繆子稱其賢。奉辭馳出境，伏軾徑入關。

耽音沈。爾雅："妉，樂也。"疏云：毛詩鹿鳴"和樂且湛"，氓"無與士耽"。詩之作非一人，故有音義同而字形踳駮者。詩作湛、耽，而此妉音義皆同。

本證氓于嗟鳩兮，無食桑葚。于嗟女兮，無與士耽。

鹿鳴鼓瑟鼓琴，和樂且湛。

常棣妻子好合，如鼓瑟琴。兄弟既翕，和樂且湛。

賓之初筵百禮既至，有壬有林。錫爾純嘏，子孫其湛。

旁證楚辭九辯願賜不肖之軀而別離兮，放遊志乎雲中(音蒸)。乘精氣之摶摶兮，鶩諸神之湛湛。

晉鄭曼季南山詩錦衣尚褧，至樂是耽。興言永思，繫懷所欽。

張翰雜詩青條若總翠，黄華如散金。嘉卉亮有觀，顧此難久耽。

爽平聲。差也。老子："五味令人口爽。"肅爽，馬名，左傳唐公有兩肅爽。楚辭注："羹敗曰爽。"

本證氓女也不爽，士貳其行。

蓼蕭其德不爽，壽考不忘。

旁證宋玉招魂鵠酸臇鳧，煎鴻鶬些。露雞臛蠵（音攜），厲而不爽些。

太玄法首準繩不甫，其用爽也。準繩規矩，由身行（平聲）也。

又太玄永首不替不爽，長子之常。

德音的。凡詩之德，皆此音。得亦此音。

本證氓士也罔極，二三其德。

碩鼠碩鼠碩鼠，無食我麥。三歲貫女，莫我肯德。

天保民之質矣，日用飲食。羣黎百姓，徧爲爾德。

湛露湛湛露斯，在彼杞棘。顯允君子，莫不令德。

蓼莪欲報之德，昊天罔極。

泮水明明魯侯，克明其德。既作泮宫，淮夷攸服。

旁證易乾文言飛龍在天，乃位乎天德。亢龍有悔，與時偕極。

儀禮士冠禮吉月令辰，乃申爾服。敬爾威儀，淑慎爾德。

安世房中歌清明鬯矣，皇帝孝德。竟全大功，撫安四極。

越大夫種酒祝皇天祐助，我王受福。良臣集謀，我王之德。

樂録引鼙歌天地之道，近在胸臆。呼噏精神，以養九德。

易林剥之晉鳧舞鼓翼，嘉樂堯德，虞夏美功，要荒賓服。

參同契立義設刑，當仁施德。逆之者凶，順之者吉。

反音販。荀子"積反貨而爲商賈"，亦此音。

本證氓信誓旦旦，不思其反。

民勞式遏寇虐，無俾正反。王欲玉女，是用大諫。

旁證太公車銘自致者急，載人者緩。取欲無度，自致而反。

易雜卦傳剥，爛也。復，反也。

楊修節遊賦迴旋詳觀，目周意倦。極歡遊以從容，乃棄車而來反。

右音以，亦音意，有上去二聲。祐從右得聲，亦讀以。天問："驚女采薇，鹿何祐？北至回水，萃何喜？"

本證竹竿泉源在左，淇水在右。女子有行，遠父母兄弟。

兼葭遡洄從之，道阻且右。遡游從之，宛在水中沚。

吉日悉率左右，以燕天子。

甫田攘其左右，嘗其旨否。

緜迺慰迺止，迺左迺右。

雲漢趣馬師氏，膳夫左右。

旁證九章悲回風軋洋洋之無從兮，馳委移之焉止。漂翻翻其上下兮，翼遥遥其左右。

宋玉笛賦隆崛萬丈，盤石雙起。丹水涌其左，醴泉流其右。

張衡西京賦豫章珍館，揭焉中峙。牽牛立其左，織女處其右。

甲音結。

本證芄蘭芄蘭之葉，童子佩韘。雖則佩韘，能不我甲？

旁證九歌國殤操吴戈兮被犀甲，車錯轂兮短兵接。

厲音賴。説文："从蠆省。"又蠣："从虫厲聲，讀若賴。"莊子："厲之人方夜半生子。"亦此讀。

本證有狐有狐綏綏，在彼淇厲。心之憂矣，之子無帶。

都人士彼都人士，垂帶而厲。彼君子女，卷髮如蠆。

旁證後漢崔駰達旨力牧之略，尚父之厲。伊、皋不論，奚事范蔡。

蔡琰悲憤詩爲復强視息，雖生何聊賴。託命於新人，竭心自勗厲。

蜚銘蜚之爲名，體似無害。所經枯竭，甚於鴆厲。

瓜音孤。説文孤、罛、觚、柧皆以瓜得聲，古音可見。後轉音歌。道藏歌："僊童掇朱實，神女獻玉瓜。浴身丹浥池，濯髪甘泉波。"

本證木瓜投我以木瓜，報之以瓊琚。

七月七月食瓜，八月斷壺。

信南山中田有廬，疆場有瓜。

旁證左傳渾良夫譟登此昆吾之虚，綿綿生之瓜。余爲渾良夫，叫天無辜。

急就章遠志續斷參土瓜，亭歷桔梗龜骨枯。

括音潔。

本證君子于役君子于役，不日不月。曷其有佸（音厥），雞棲于桀。日之夕矣，牛羊下括。

旁證太玄羨首四馬就括，高人吐血。

劉劭七華後不可及，前不可越。尋聲赴響，追晷逐括。

渴音竭。國語"天根見而水渴"，周禮"渴澤用鹿"，皆此音。

本證君子于役君子于役，苟無饑渴。

采薇憂心烈烈，載饑載渴。

旁證黄庭經時念太倉不饑渴，役使六丁神女謁。

易林豫之賁泉閉澤竭，主母饑渴。君子困窮，乃徐有説。

其音記。"彼其之子"或作忌，"叔善射忌，又良御忌"，通作記。表記引作"彼記之子"，注疏云："語辭也。"左傳襄二十七年引"彼己之子，邦之司直"，注："己音記。"曹植求自試表："無益國朝，將掛風人彼己之譏。"己亦音記。揚之水、羔裘、汾沮洳、椒聊，皆同音。

許音甫，與蒲爲韻。蒲，説文："从草浦聲。"

本證揚之水揚之水，不流束蒲。彼其之子，不與我戍許。

旁證魏明帝善哉行行行日遠，西背京許。遊弗淹旬，遂届揚土。

乾音堅，燥也。集韻與漧音義同。又，非乾坤之虔，今讀作干。

本證中谷有蓷中谷有蓷，暵其乾矣。有女仳離，慨其嘆（音天）矣。慨其嘆矣，遇人之艱難矣。

旁證楚辭九辯皇天淫溢而秋霖兮，后土何時而得漧。塊獨守此無澤兮，仰浮雲而永歎。

韓愈晚春詩䆉䆉新葉大，瓏瓏晚花乾。青天何寥寥，雨蝶飛翩翩。

難音年，禍也。古聲平，與天叶。今聲去，與翰叶。

本證中谷有蓷詩見上。

常棣脊令在原，兄弟急難。每有良朋，況也永歎。

旁證易林大過之家人推輦上山，高仰重難。終日至暮，不見阜巔。

王褒九懷顧念兮舊都，懷恨兮艱難。竊哀兮浮萍，汎淫兮無根（音堅）。○古詩嫂叔不親授，長幼不比肩。勞謙得其柄，和光甚獨難。

脩音束。毛注云："脩，日乾也。"釋名："腊脯。"又曰："脩脩，縮也，乾燥而縮也。"

歗音肅。説文："以肅得聲。"

本證中谷有蓷中谷有蓷，暵其脩矣。有女仳離，條其歗矣。

罹音羅。揚雄方言："罹謂之羅，羅謂之罹。"

本證兔爰我生之後，逢此百罹，尚寐無吪！

旁證盧諶詩五臣奚與，契闊百罹。身經險阻，足蹈幽遐。

覺音教。北有此音。

本證兔爰有兔爰爰，雉離于罦（音保，見説文）。我生之初，尚無造。我生之後，逢此百憂，尚寐無覺。

旁證左思魏都賦干戚羽毛之飾好，清謳微吟之要妙。世業之所日用，耳目之所聞覺。

憂音要。又商鼎銘："嗛嗛之德，不足就也，不可以矜而祇取憂也。"憂亦去聲讀。

本證兔爰詩見上。

揚之水素衣朱繡（音嘯），從子于鵠。（音告。漢地理志"鵠澤"，孟康音告澤。）既見君子，云何其憂？

旁證左傳齊人歌魯人之皋（音教）。數年不覺，使我高蹈。惟其儒書，以爲二國憂。

父音甫。今漁父、農父亦讀甫。至父母之父，讀户。古皆上聲。

本證葛藟終遠兄弟，謂他人父。謂他人父，亦莫我顧。

陟岵陟彼岵兮，瞻望父兮。

四牡王事靡盬，不遑將父。

伐木既有肥羜，以速諸父。寧適不來，微我弗顧。

旁證後漢蘇順和帝誄歔欷成雲，泣涕成雨。昊天不弔，喪我慈父。

曹植文帝誄稼惟歲豐，登我稷黍。家佩惠尹，户蒙慈父。

涘音矣。説文:“从水矣聲。”矣,語已辭。

本證葛藟綿綿葛藟,在河之涘。

兼葭蒹葭采采,白露未已。所謂伊人,在水之涘。

大明在洽之陽,在渭之涘。文王嘉止,大邦有子。

旁證易林大過之漸臺駘昧子,明知地理。障澤宣德,封居河涘。

束皙補亡詩有獺有獺,在河之涘。凌波赴汨,噬魴捕鯉。

陸機南征賦桓桓先征,在河之涘。順彼長道,懸旌千里。

鄭曼季答陸士龍鴛鴦於飛,在江之涘。和音反暢,拊翼雙起。

蕭音脩,簫亦此音。荀子引逸詩曰:“鳳皇秋秋。其翼若干,其聲若簫。”

本證采葛彼采蕭兮。一日不見,如三秋兮。

下泉洌彼下泉,浸彼苞蕭。愾我寤嘆,念彼京周。

旁證九歌山鬼雷填填兮雨冥冥,猨啾啾兮狖夜鳴。風颯颯兮木蕭蕭,思公子兮徒離憂。

劉向九歎白露紛紛以塗塗兮,秋風瀏瀏以蕭蕭。身永流而不還兮,魂長逝而常愁。

艾音義。書:“自怨自艾。”禮記:“草艾則墨。”

本證采葛彼采艾兮。一日不見,如三歲兮。

鴛鴦乘馬在廐,摧之秣(音昧)之。君子萬年,福禄艾之。

旁證崔駰太尉箴紂師百萬,卒以不艾。宰臣司馬,敢告在際。

張衡東京賦建辰旒之大常,紛焱悠以容裔。六元虬之奕奕,齊騰驤而沛艾。

歲音試,後轉音泄。曹植平原公主誄:“城闕之詩,以日喻歲。況我愛子,神光長滅。”

本證采葛詩見上。

旁證易習坎五坎不盈,中未大(音地)也。上六失道,凶三歲也。

孔子去魯歌彼婦之謁(音意),可以死敗(音備)。蓋優哉游哉,聊以卒歲。

屈原九章望孟夏之短夜兮,何晦明之若歲?惟郢路之遼遠兮,魂一夕而九逝。

稽康酒會詩微嘯清風，鼓檝容裔。放櫂投竿，優遊卒歲。

陶潛感士不遇賦愍馮叟於郎署，賴魏守以納計。雖僅然於必知，亦苦心而曠歲。

穴音絺。説文："土室也，从宀八聲。"太玄："龍襲非其穴，光亡於室。"亦此音。

本證大車穀則異室，死則同穴。

黄鳥臨其穴，惴惴其慄。

緜陶復陶穴，未有家室。

旁證孔融臨終詩言多令事敗，器漏苦不密。河潰蟻孔端，山壞由猿穴。

魏應璩雜詩細微可不慎？隄潰自蟻穴。腠理早從事，安復勞鍼石？

麻音磨。

本證邱中有麻邱中有麻，彼留子嗟。

東門之枌不績其麻，市也婆娑。

旁證潘岳河陽詩曲蓬何以直？託身依叢麻。黔黎竟何常？政成在民和。

嗟音磋。徐鉉曰："經史通用差池，後人加作蹉跎。"是差有蹉音也。

本證邱中有麻詩見上。

旁證帝舜南風操有黄龍兮，出自於河。案圖覩讖兮，閔天嗟嗟。

易離九三不鼓缶而歌，則大耋之嗟。

王褒九懷悲哉于嗟兮，心内切嗟。款冬而生兮，凋彼葉柯。

魏程曉嘲熱客主人聞客來，顰蹙奈此何？謂當起行去，安坐正咨嗟。

阮籍咏懷詩李公悲東門，蘇子狹三河。求仁自得仁，豈復嘆咨嗟。

施音沱。莊子："何少何多？是謂謝施。"亦此音。

本證邱中有麻彼留子嗟，將其來施施。

旁證屈原天問授殷天下，其位安施。反成乃亡，其罪伊何？

漢高祖楚歌横絶四海，當可奈何？雖有矰繳，尚安所施？

嚴忌哀時命愁脩夜而宛轉兮，氣涫沸其若波。握剞劂而不用兮，操規矩而無所施。

國音役。釋名："國，域也。"博古圖："周南宫鼎，光相南國。"周穆公鼎南國、東國皆作或。周官"蟈氏"，鄭司農亦云："蟈讀如域。"至晉、宋時猶此音。故范曄光武贊以國韻塞，袁宏三國名臣贊以韻德，謝靈運鄴中詩以韻賊，顔延之皇后策亦韻塞。皆可據而證也。

本證丘中有麻丘中有麥，彼留子國。彼留子國，將其來食。

園有桃園有棘，其實之食。心之憂矣，聊以行國。

碩鼠逝將去女，適彼樂國。樂國樂國，爰得我直。

鳲鳩其儀不忒，正是四國。

六月玁狁孔熾，我是用急。王于出征，以匡王國。

雨無正浩浩昊天，不駿其德。降喪饑饉，斬伐四國。

北山或燕燕居息，或盡瘁事國。

青蠅讒人罔極，交亂四國。

文王世之不顯，厥猶翼翼。思皇多士，生此王國。

大明厥德不回，以受方國。

民勞民亦勞止，汔可小息。惠此京師，以綏四國。

蕩女炰烋于中國，斂怨以爲德。

抑天方艱難，曰喪厥國。取譬不遠，昊天不忒。

崧高申伯之德，柔惠且直。揉此萬邦，聞于四國。

江漢矢其文德，洽此四國。

常武不測不克，濯征徐國。

閟宫稙稚菽麥，奄有下國。

旁證易謙上六鳴謙，志未得也，可用行師，征邑國也。

又明夷上六初登於天，照四國也；後入於地，失則也。

禮記孔子閒居無體之禮，威儀翼翼；無服之喪，施及四國。

周嘉量銘嘉量既成,以觀四國。永啓厥後,兹器維則。

九章橘頌后皇嘉樹,橘徠服兮。受命不遷,生南國兮。

李延年歌北方有佳人,絶世而獨立。一顧傾人城,再顧傾人國。

易林乾之坤招殃來螫,害我邦國。病傷手足,不得安息。

陳思王責躬詩萬邦既化,率由舊則。廣命懿親,以藩王國。

館音貫。

本證緇衣適子之館兮,還予授子之粲兮。

公劉篤公劉,于豳斯館。涉渭爲亂,取厲取鍛。

旁證韋元成自劾詩既耇致位,惟懿惟奐。厥賜祁祁,百金泊館。

郭遐叔贈嵇康交重情親,欲面無算。如何忽爾,時適他館?

陸士龍誄軒車微動,執綍同贊。永棄高厦,黄廬是館。

蓆音芍。説文:"廣多也。从草席聲。"愚按:薦席之席,亦作蓆。席古皆音芍,聊借以證。

本證緇衣緇衣之蓆兮,敝予又改作兮。

旁證管仲弟子職攝衣共盥,先生乃作。沃盥徹盥,汎拚正席。

又振衽掃席,已食者作。摳衣而降,旋而鄉席。

易林重茵厚席,循皋採藿。

太元錯達思通,窮思索(音朔);干在朝,而内在席。

畏音威。古畏、威通用。書曰:"天明畏,自我民明威。"禮記引書:"德威惟威。"考工記:"當弓之畏。"畏,讀威。

本證將仲子仲可懷(音回)也。父母之言,亦可畏也。

東山不可畏也,伊可懷也。

旁證枚乘七發有似勇壯之卒,突怒而無畏。蹈壁衝津,窮曲隨隈。

園音延。

本證將仲子無踰我園,無折我樹檀(音田)。○鶴鳴樂彼之園,爰有樹檀。

旁證張協雜詩借問此何時?胡蝶飛南園。流波戀舊浦,行雲思故山(音先)。

好音丑,有上、去二聲,此亦因詩上下文而分之。要之,古人之作,不屑屑於是也。説文作孜,丑聲。書無有作孜。

本證叔于田豈無飲酒?不如叔也,洵美且好。

清人左旋右抽(上聲),中軍作好。

遵大路無我魗也,不寁好也。

女曰雞鳴宜言飲酒,與子偕老(音柳)。琴瑟在御,莫不静好。

還並驅從兩牡兮,揖我謂我好兮。

旁證箕子麥秀歌麥秀漸漸兮,禾黍油油(上聲)。彼狡童兮,不與我好兮。

離騷吾令鴆爲媒兮,鴆告余以不好。雄鳩之鳴逝兮,余猶惡其佻巧。

王褒四子講德論毛嬙、西施,善毁者不能蔽其好;嫫姆、倭傀,善譽者不能掩其醜。

好音休,去聲。

本證羔裘羔裘豹褎,自我人究究。豈無他人?維子之好。

斯干兄及弟矣,式相好矣,無相猶矣。(猶音宥,"匪棘其欲",禮記引作"匪棘其猶"。是猶有去聲也。沈約亦讀宥。)

旁證九章惜誦晉申生之孝子兮,父信讒而不好。行婞直而不豫兮,鮌功用而不就。

阜音否。楊用修曰:"音覆,舊音與否同。沈約謬音也。漢梁鴻詩:'惟季春兮華阜,麥含英兮方秀。哀茂時兮逾邁,愍芳香兮日臭。'可證古韻。宜置之宥韻。"愚謂阜字可上、可去。論韻必祖之詩,詩悉音否矣,况漢人之音具在,似未可執鴻詩遽病沈也。

本證大叔于田叔在藪,火烈具阜。

駟鐵駟鐵孔阜,六轡在手。公之媚子,從公于狩。(上聲。左傳"天王狩於河陽",穀梁作守。)

車攻田車既好,四牡孔阜。東有甫草,駕言行狩。

頍弁有頍者弁,實惟在首。爾酒既旨,爾殽既阜。

旁證易林泰之漸倬然遠咎，避害早阜。田獲三狐，巨貝爲寶（音剖）。

〇班固西都賦睎秦嶺，睋北阜，挾灃、灞，據龍首。

張衡西京賦上林禁苑，跨谷彌阜。東至鼎湖，斜界細柳。

李尤平樂觀賦魚龍蔓延，嵔蜒山阜。龜螭蟾蜍，挈琴鼓缶。

彭音傍。易："匪其彭。"釋名："軍器曰彭，排以禦攻也。"說文："祝祭於祊。"一作鬃，從示彭聲。門内祭先祖所以徬徨。

本證清人清人在彭，駟介旁旁。

出車出車彭彭，旂旐央央。

大明檀車煌煌，駟騵彭彭。

烝民四牡彭彭，八鸞鏘鏘。

韓奕百兩彭彭，八鸞鏘鏘。

駉以車彭彭，思無疆，思馬斯臧。

旁證劉歆遂初賦求仁得仁，固其常兮。守信保己，比老彭兮。

旁音滂。說文："滂，从水旁聲。"徐鉉曰："今俗别作雱霈之雱，非是。"此古音之證。傍亦此讀。

本證清人詩見上。

北山四牡彭彭，王事傍傍。

旁證王褒九懷騰蛇兮後從，飛駏兮步旁。微觀兮元圃，覽察兮瑶光。

英音央。韓詩"英英白雲"，作泱泱。

本證清人二矛重英，河上乎翱翔。

有女同車有女同行，顔如舜英。（舜，當作蕣，木槿也。）將翱將翔，佩玉將將。

著俟我於堂乎而，充耳以黄乎而，尚之以瓊英乎耳。

汾沮洳美如英，殊異乎公行。

旁證荀卿佹詩仁人絀約，敖暴擅强。天下幽險，恐失世英。

離騷朝飲木蘭之墜露兮，夕餐秋菊之落英。苟余情其信姱以練要兮，長顑頷亦何傷！

九歌雲中君浴蘭湯兮沐芳，華采衣兮若英。靈連蜷兮既留，爛昭昭兮未央。

哀時命道壅塞而不通兮，江河廣而無梁。願至崑崙之縣圃兮，采鍾山之玉英。

張衡思元賦旦余沐於清源兮，晞余髪於朝陽。漱飛泉之瀝液兮，咀石菌之流英。

王褒九懷朝發兮葱嶺，夕至兮明光。北飲兮飛泉，南采兮芝英。

陶音由，與軸爲韻。軸，説文："持輪也，从車由聲。"皋陶亦作咎繇。繇有遥音，"遥遥不至"之戲是也。陶有由音，泮水之皋陶是也。

本證清人清人在軸（平聲），駟介陶陶。

泮水淑問如皋陶，在泮獻囚。

旁證易林需之革昧旦乘車，履危蹈溝。亡失裙襦，摧折兩軸（此證軸）。○易林遯之既濟鎡基逢時，稷、契、皋陶。貞良得願，微子解囚。

後漢杜篤吴漢誄堯隆稷、契，舜嘉皋陶，伊尹左（去聲）殷，吕尚翼周。

濡音柔。愚按：周禮注有此音。又文從水從需，需與耎音同。考工記"厚其帤則木堅，薄其帤則需"，莊子"需弱謙下爲表"，皆讀耎。今濡讀柔，其義耎也，所謂因義得聲乎？

本證羔裘羔裘如濡，洵直且侯。彼其之子，舍命不渝。（韓詩作偷。晉灼漢書音曰："古繇，或作渝。"左傳"專之渝"讀繇。偷、繇聲俱叶。）

旁證陰長生平都觀詩青腰垂翼，與我爲仇。入火不灼，入水不濡。

侯一作胡。史記"靳盧胡王"，漢書作"侯"。莊子"竊鉤者誅，竊國者爲諸侯"，亦此音。故俗呼喉嚨爲胡嚨。此詩侯讀胡，則濡渝皆可如今音。張衡賦："增昭儀於婕妤，賢既公而又侯。許趙氏之無上，思致董於有虞。"亦一證。

旁證易林師之井范子妙材，戮辱傷膚。然後相國，封爲應侯。

加音歌。説文："妿，女師也，从女加聲。杜林説：加教於女也，讀若阿。"古音可見。

本證女曰鷄鳴弋言加之，與子宜之。（説文："宜，从宀之下，一之上，多省聲。古文宐。"）

旁證子虛賦弋白鵠，連駕鵝。雙鶬下，元鶴加。

東方朔七諫蓬艾親入御於牀笫兮，馬蘭踸踔而日加。棄捐藥芷與杜蘅兮，余柰世之不知芳何？

班彪北征賦從聖文之克讓兮，不勞師而幣加。惠父兄於南越兮，黜帝號於尉佗。

王褒九懷余私娛兹兮，孰哉復加？還顧世俗兮，壞敗罔羅。

阮籍元父賦地下沈陰兮，受氣匪和。大陽不周兮，殖物靡加。

盧諶贈劉琨義由恩深，分隨昵加。綢繆委心，自同匪他。

來音釐，已見上。舊以此音力，乃以贈韻，則古無可考。愚疑贈是貽字之誤。"貽我彤管"，貽亦贈也，"贈之以芍藥"，贈亦貽也。然讀贈則義順，而音終乖；讀貽，則音諧而義不悖。惟讀者詳之。

本證女曰鷄鳴知子之來之，雜佩以贈之。

將音鏘。有女同車"佩玉將將"。庭燎："鸞聲將將。"執競："磬管將將。"采芑："八鸞瑲瑲。"烝民、韓奕皆"八鸞鏘鏘"。烈祖："八鸞瑲瑲。"音義皆同，而字形有異。

餐音千。

本證狡童彼狡童兮，不與我言兮。維子之故，使我不能餐兮。

伐檀不狩不獵，胡瞻爾庭有縣貆（音暄）兮？彼君子兮，不素餐兮。

旁證古君子行周公下白屋，吐哺不及餐。一沐三握髮，後世稱聖賢。

易林大過之既濟載餽茹田，破鉏失餐。苗稼不闢，獨饑於年。

陸機日出東南隅行鮮膚一何潤，秀色若可餐。窈窕多容儀，婉媚巧笑言。

士音始。古士有二讀：一與語韻相叶者，如今讀；一與紙韻相叶者，聲當如始。仕、史、使皆仿此。

本證褰裳子惠思我，褰裳涉洧（音以）。子不我思，豈無他士。

祈父祈父！予王之爪士。胡轉予于恤？靡所底止。

甫田攸介攸止，蒸我髦士。

既醉其僕維何？釐爾女士。釐爾女士，從以孫子。

卷阿藹藹王多吉士，維君子使，媚于天子。

常武赫赫明明，王命卿士，南仲大祖，大師皇父。

長發允也天子，降于卿士。

旁證左傳南蒯歌去我者鄙乎？倍其鄰者恥乎？已乎已乎！非吾黨之士乎。

宋玉笛賦纖悲微痛，毒離膢理。激叫入青雲，忼慨切窮士。

秦琅琊刻石聖智仁義，顯白道理。東撫東土，以省卒士。

王褒洞簫賦澎濞慷慨，一何壯士。優柔温潤，又似君子。

傅毅迪志詩武丁興商，伊宗皇士。爰作股肱，萬邦是紀。

崔駰大理箴邈矣皋陶，翊唐作士。設爲犴狴，九刑允理。

孔明梁父吟一朝被讒言，二桃殺三士。誰能爲此謀？國相齊晏子。

潘岳關中詩誰其繼之？夏侯卿士。惟系惟處，别營棋跱。

謝靈運詩慶雲惠優渥，微薄攀多士。念昔渤海時，南皮戲清沚。

阪音顯，從反得聲。反古音顯。

本證東門之墠東門之墠，茹藘在阪。其室則邇，其人甚遠。

旁證孔子邱陵歌登彼邱陵，峛崺其阪。仁道若爾，求之若遠（音演）。

○易林賁之鼎東門之墠，茹藘在阪。禮義不行，與我心反。

晦音喜。［風雨］"風雨如晦，鷄鳴不已"，易林："商風數起，天下昏晦。"是其證也。

佩音皮。釋名："陪也，言有陪貳也。"

本證子衿青青子佩，悠悠我思。

渭陽我送舅氏，悠悠我思。何以贈之，瓊瑰玉佩。

旁證離騷紛吾既有此内美兮，又重之以修能（音尼）。扈江離與薜芷兮，紉秋蘭以爲佩。

達他悦切。

本證子衿挑兮達兮，在城闕兮。一日不見，如三月兮。

長發受大國是達，率履不越。又苞有三蘖，莫遂莫達。

旁證屈原九章蹇蹇之煩冤兮，滔滯而不發。申旦以舒中情兮，志沈菀而莫達。

楚辭九辯何氾濫之浮雲兮？猋壅蔽此明月。思昭昭而願見兮，蔽氛曀而莫達。

邯鄲淳魏受命述含光而弗輝，戢翼而弗發（音歇）。將俟聖嗣，是遂是達。

雲音銀。

本證出其東門出其東門，有女如雲。雖則如雲，匪我思存。縞衣綦巾，聊樂我員。

韓奕諸娣從之，祁祁如雲。韓侯顧之，爛其盈門（音民）。

旁證九歌湘夫人合百草兮實庭，建芳馨兮廡門。九疑繽兮並迎，靈之來兮如雲。

大司命廣開兮天門，紛吾乘兮玄雲。令飄風兮先驅，使涷雨兮灑塵。

班固東都賦赫然發憤，應若興雲。霆擊昆陽，憑怒雷震。

漢繁陽令楊君碑功顯不有，復入於林。處靖衡門，童冠如雲。

存音秦，後轉而爲前音。魏文帝短歌行："仰瞻帷幙，俯察凡筵。其物如故，其人不存。"曹植文帝誄："朝聞夕逝，孔志所存。皇惟一殁，天禄永延。"聲之變也漸矣。

本證出其東門詩見上。

旁證荀卿雲賦失之則滅，得之則存。弟子不敏，此之願陳。

戰國策引語削枝掘根，無與禍鄰，禍乃不存。

揚雄解嘲得士者富，失士者貧。矯翼厲翮，恣意所存。

驪駒歌驪駒在門（音民），僕夫具存。驪駒在路，僕夫整駕（音顧）。〇曹昭東征賦蘧氏在城之東南兮，民亦上其邱墳。（真韻。

古詩："去者日以疏，來者日以親。出郭門直視，但見邱與墳。"）惟令德而不朽兮，身既歿而名存。

漢元儒先生婁壽碑身歿聲鬯，千載作珍。綿之日月，與金石存。

員音云。左傳"行人子員"注："員音云。"説文注曰："云，籀書作員。"韓詩"聊樂我魂"，白虎通："魂者，云也，猶沄，沄行不休也。""員于爾輻"［正月］、"景員維河"［玄鳥］，皆讀云。亦音運，伍員、員半千，皆讀運。蓋平、去二聲耳。

娛音吴。説文："从女吴聲。"國語暇豫歌借爲吾。劉芳詩義疏曰："騶虞，或作騶吾。"是虞、娛、吴、吾，古皆同音。

本證出其東門雖則如荼，匪我思且。縞衣茹藘，聊可與娛。

旁證優施歌暇豫之吾，吾不如鳥烏。人皆集於菀，己獨集於枯。

願上聲。與婉、漙叶。漙音團，上聲。説文："从水專聲。"顔師古匡謬正俗曰："鄭詩'零露漙兮'古本有水旁，作漙，亦有單字者，皆當讀上兖切。"愚按：專古讀上聲，今讀平聲。又説文膞，亦云"从卮專聲"。蓋漙，垂露也；膞，小卮也。並以專得聲。則古音可識也。

本證野有蔓草野有蔓草，零露漙兮。有美一人，清揚婉兮。邂逅相遇，適我願兮。

旁證易漸五上終莫之勝吉，得所願也。其羽可用爲儀，吉。不可亂（音戀）也。

易林鼎之節安民呼池，玉杯大按。泉如白蜜，一挹獲願。

劉向九歎河水淫淫，清所願兮。顧瞻郢路，終不返兮。

明音芒。白虎通："清明風者，清芒也。"古皆此音。

本證鷄鳴東方明矣，朝既昌矣。匪東方則明，月出之光。

東方未明東方未明，顛倒衣裳。

黄鳥此邦之人，不可與明。言旋言歸，復我諸兄。

信南山祀事孔明，先祖是皇。

大明肆伐大商，會朝清明。

既醉既醉以酒，爾殽既將。君子萬年，介爾昭明。

民勞式遏寇虐，憯不畏明。柔遠能邇，以定我王。

板昊天曰明，及爾出王。

烝民肅肅王命,仲山甫將之。邦國若否,仲山甫明之。

有駜有駜有駜,駜彼乘黃。夙夜在公,在公明明。

旁證書賡歌元首明哉,股肱良哉,庶事康哉。

易乾文言潛龍勿用,陽氣潛藏。見龍在田,天下文明。

禮記孔子閒居無體之禮,日就月將;無服之喪,純德孔明。

九章懷沙元文處幽兮,矇瞍謂之不章。離婁微睇兮,瞽以爲無明。

安世房中歌孔容之常,承帝之明。下民之樂,子孫休光。

長門賦儋偃蹇而待曙兮,荒亭亭而復明。妾人竊自悲兮,究年歲而不敢忘。

董仲舒救日食祝炤炤大明,瀸滅無光。奈何以陰侵陽,以卑侵尊。

易林屯之既濟楝隆輔强,寵貴日光。福善並作,樂以高明。

班固辟雍詩抑抑威儀,孝友光明,於赫太上,示我漢行。

夢音民,後轉音蒙。潘岳哀永逝文:"既遇目兮無兆,曾寤寐兮弗夢。既顧瞻兮家道,長寄心兮爾躬。"

本證鷄鳴蟲飛薨薨,甘與子同夢。會且歸矣,無庶予子憎。

斯干下莞上簟,乃安斯寢(平聲)。乃寢乃興,乃占我夢。

正月瞻彼中林,侯薪侯蒸。民今方殆,視天夢夢。

又民之譌言,寧莫之懲?召彼故老,訊之占夢。

旁證揚雄甘泉賦般倕棄其剞劂兮,王爾投其鉤繩。雖方征僑與偓佺兮,猶彷彿其若夢。

還音周旋之旋。沈約賓之先韻,又賓之删韻。今則悉從删韻,而先韻廢矣。

本證還子之還矣,遭我乎猺之閒兮。

旁證招魂抑騖若通兮,引車右還。與王趨夢兮,課後先。

鵩鳥賦斡流而遷兮,或推而還。形氣轉續兮,變化而嬗。

長楊賦車不安軔,日未靡旃。從者彷彿,骫屬而還。

閒音堅。漢"黃閒弩",閒,一作肩。

本證還詩見上。

旁證黃庭經琴心三疊舞胎仙，九氣映明出霄閒。

參同契化爲白液，凝而至堅。金華先唱，有頃之閒。

易林恒之歸妹兄征東燕，弟伐遼西（音先）。大克勝還，封居河閒。

曹昭東征賦既免脱於峻嶮兮，歷滎陽而過卷（音拳）。食原武以息足，宿陽武之桑閒。

曹植豫章行不見魯孔邱，窮困陳蔡閒。周公下白屋，天下稱其賢。

陸機長歌行兹物苟難停，吾壽安得延？俯仰逝將過，倏忽幾何閒。

顏延之陽給事誄處父勤君，怨在登賢。苦夷致果，題子行閒。

茂音牡，後轉爲美音。魏武步出夏門行："樹木叢生，百草豐茂。秋風蕭索，洪波涌起。"魏文釣竿行："梗柟千餘尺，衆草之盛茂。華葉耀人目，五色難可紀。"蓋由牡而美，由美而懋矣。

本證還子之茂兮，遭我乎猺之道兮。

南山有臺樂只君子，遐不眉壽？樂只君子，德音是茂。

斯干如竹苞（上聲）矣，如松茂矣。

生民茀厥豐草，種之黄茂。

旁證馮衍顯志賦山峩峩而造天兮，林冥冥而暢茂。鸞回翔索其羣兮，鹿哀鳴而求其友。

張衡西京賦流長則難竭，柢深則難朽。故奢泰肆情，而馨烈彌茂。

素音蘇。

本證著俟我於著乎而（著平聲），充耳以素乎而，尚之以瓊華乎而。

旁證古詩上山採蘼蕪新人工織縑，故人工織素。織縑日一疋，織素五丈餘。

闥他説切。説文以達得聲。達音見前。

本證東方之日東方之月兮，彼姝者子，在我闥兮。在我闥兮，履我發兮。

旁證崔駰達旨攀台階，闚紫闥，據高軒，望朱闕。

發音歇。古通屑韻，今叶轄韻。

本證東方之日詩見上。

烝民出納王命，王之喉舌。賦政于外，四方爰發。

長發率履不越，遂視既發。

旁證農書土長冒橛，陳根可拔，耕者急發。

班婕妤怨歌行裁成合歡扇，團團似明月。出入君懷袖，動摇微風發。

張衡西京賦鳥不暇舉，獸不得發。青骹摯於韝下，韓盧噬於緤末(音滅)。○潘岳晉世祖誄邪界蠻流，傍納百越。表閭旌善，德音爰發。

顔延之祭屈原聲溢金石，志華日月。如彼樹芳，寔穎寔發。

謝靈運遊赤石詩川后時安流，天吴静不發。揚帆采石華，掛席拾海月。

張孟陽酃酒賦中山冬啓，醇酎秋發。長安春御，樂浪夏設。

劉鑠擬明月何皎皎結思想伊人，沈憂懷明發。誰爲客行久？屢見流芳歇。

鮑照代君子有所思陳鐘陪夕讌，笙歌待明發。年貌不可還，身意會盈歇。

顛音真。説文："从頁真聲。"頁，胡結切，頭也。

本證東方未明倒之顛之，自公令之。

車鄰有車鄰鄰，有馬白顛。未見君子，寺人之令。

旁證易雜卦傳訟，不親也。大過，顛也。

上林賦長嘯哀鳴，翩幡互經。夭蟜枝格，偃蹇杪顛。

漢成帝時謡邪徑敗良田，讒口亂善人。桂樹華不實，黄爵巢其顛。

易林採薪得麟，大命隕顛。

揚雄將作大匠箴或作長府，而閔子不仁。秦築驪阿，嬴姓以顛。

陳琳柳賦救斯民之絶命，擠山岳之隕顛。匪神武之勤恪，幾踣斃之不振。

令平聲，今多讀去，間亦有讀平者。

本證東方未明詩見上。

盧令盧令令，其人美且仁。

車鄰詩見上。

十月之交爗爗震電，不寧不令。百川沸騰，山冢崒崩。

旁證黄庭經九源之山何亭亭，中有真人可使令。

太玄去首去其德貞，三死不令。

蔡邕陳太邱碑文含光醇德，爲士作程。資始既正，守終有令。

雙音菘，古與東韻，今與江韻。

本證南山葛屨五兩，冠緌雙止。魯道有蕩，齊子庸止。

旁證列女傳黄鵠歌悲夫！黄鵠之早寡兮，七年不雙。宛頸獨宿兮，不與衆同。

漢諺天下無雙，江夏、黄童。

又諺荀氏八龍，慈明無雙。

王逸九思配稷、契兮恢唐功，嗟英俊兮未爲雙。

孔臧諫格虎賦耳目喪精，值網而衝。局然自縛，或隻或雙。

謝惠連七月七日詩弄杼不成藻，聳轡鶩前蹤。昔離秋已兩，今聚夕無雙。

畞音米。畞亦作晦，漢書："饁彼南晦。"

本證南山蓺麻如之何？衡從其畞。取妻如之何？必告父母。

七月饁彼南畞，田畯至喜。

采芑薄言采芑，于彼新田，于此菑畞。

信南山我疆我理，南東其畞。

綿廼疆廼理，廼宣廼畞。自西徂東，周爰執事。

生民恒之秬秠，是穫是畝。

旁證離騷余既滋蘭之九畹兮，又樹蕙之百畝。畦留夷與揭車兮，雜杜蘅與芳芷。

宋玉高唐賦滂洋洋而四施兮，蓊湛湛而不止。長風至而波起兮，若麗山之孤畝。

張衡東京賦躬三推於天田，修帝籍之千畝。供神郊之粢盛，必致思乎勤已。

怛音鐵。

本證甫田無田甫田，惟莠桀桀。無思遠人，勞心怛怛。

匪風匪風發兮，匪車偈兮。顧瞻周道，中心怛兮。

旁證左思魏都賦成都迄已傾覆，建業則亦顛沛（音撇）。顧非累卵於疊棋，焉至觀形而懷怛。

郭遐叔贈嵇康我情願闕，我言願結。心之憂矣，良以忉怛。

鰥音矜。鰥、矜可通用。烝民："不侮矜寡。"禮記："矜寡孤獨廢疾者，皆有所養。"又論衡引"何人不矜"，作"何人不鰥"。周書"哀矜折獄於定國"，傳作"哀鰥折獄"。故魴鰥魚也，亦有矜音。

本證敝笱敝笱在梁，其魚魴鰥。齊子歸止，其從如雲。

旁證天問舜閔在家，父何以鰥？堯不姚告，二女何親？

夕音芍。古詩："朝與烏鵲朝，夕與牛羊夕。"上朝音招，下朝音潮；上夕音錫，下夕音芍。

本證載驅載驅薄薄，簟笰朱鞹。魯道有蕩，齊子發夕。

白駒皎皎白駒，食我場藿。縶之維之，以永今夕。

雨無正邦君諸侯，莫肯朝夕。庶曰式臧，覆出爲惡。

旁證劉宏祭武侯文仁智所處，能無規廓。日居月諸，時隕其夕。

曹子建當車以駕行顧視東西廂，絲竹與鞞鐸。不醉無歸來，明燈以繼夕。

正音征。周禮注："大國貢重，（征）［正］之也。"今讀正鵠、正月亦作征。然古悉此音，無有去聲者。毛晃謂正月讀征，因秦政而改。殆未考古音耶？

本證猗嗟美目清兮,儀既成兮。終日射侯,不出正兮。

斯干噲噲其正,噦噦其冥。

節南山不懲其心,覆怨其正。

雲漢何求爲我?以戾庶正。瞻仰昊天,曷惠其寧?

旁證易屯初九雖磐桓,志行正也。以貴下賤,大得民也。

離騷跪敷衽以陳辭兮,耿吾既得此中正。駟玉虬以乘鷖兮,溘埃風余上征。

哀時命懷瑶象而佩瓊兮,願陳列而無正。生天地之若過兮,忽爛漫而無成。

劉向九嘆情慨慨而長懷兮,信上皇而質正。合五嶽與八靈兮,訊九魁與六神。

漢老子銘守一不失,爲天下正。處厚不薄,居寔舍榮。

棗道彦船賦豐儉隨乎質量,所勝本乎任形。雖不乘而長浮,雖涉險而必正。

貫音眷。

本證猗嗟舞則選兮,(選,旋去聲,環舞也。)射則貫兮,四矢反兮,以禦亂兮。(反,去聲。)

旁證逸詩九變復貫,知言之選。

荀卿成相篇臣謹修,君制變,公察善思論不亂。以治天下,後世法之成律貫。

亂音戀。

本證猗嗟詩見上。

旁證易履初二素履之往,獨行願也。幽人貞吉,終不自亂也。

揚雄交州箴周公攝祚,白雉是獻。昭王陵遲,周室是亂。

陸機漢高功臣頌附會平勃,夷凶翦亂。所謂伊人,邦家之彦。

偕音几。説文:"从人皆聲。"皆古讀几。故頌"降福孔皆",荀勗東西廂歌作"降福孔偕",以音之同也。

本證陟岵嗟予弟行役,夙夜必偕。尚慎旃哉,猶來無死。

魚麗物其旨矣，惟其偕矣。

賓之初筵酒既和旨，飲酒孔偕。

豐年烝畀祖妣，以洽百禮，降福孔皆。

旁證楚辭九辯四時遞來以卒歲兮，陰陽不可與儷偕。白日畹晚其將入兮，明月銷鑠而減毁(音喜)。○太玄親首螟蛉不屬，失其體也。賓親於禮，賓主偕也。

閑瑚涓切。

本證十畝之閒十畝之閒兮，桑者閑閑兮，行與子還兮。

六月戎車既安，如輊如軒。四牡既佶，既佶且閑。

旁證易林益之乾下堂出門，東西九山(音仙)。逢福值喜，得其安閑。

揚雄太僕箴我輿云安，我馬惟閑。惟馳惟驅，匪逸匪愆。

曹植吁嗟篇吁嗟此轉蓬，居世何獨然。長去本根逝，夙夜無休閑。

又王粲誄發言可咏，下筆成篇。何道不洽，何藝不閑。

潘岳閑居賦明堂辟雍，清穆敞閑。環林縈映，圓海回淵。

外音意。吴才老云："古聲清，叶志；今聲濁，叶泰。古音内爲餌，讀内外爲餌意。"上林賦以内韻態，態古音替。

本證十畝之閒十畝之外兮，桑者泄泄兮，行與子逝兮。

蟋蟀無已太康，職思其外。好樂無荒，良士蹶蹶。(音躓，沈約讀見，祭韻。)

旁證揚雄交州箴交州荒裔，水與天際。越裳是南，荒國之外。

班固燕然山銘鑠王師兮征荒裔，剿凶逆兮截海外。

蔡琰悲憤詩既至家人盡，又復無中外。城郭爲山林，庭宇生荆艾。

魏大饗碑赫王師，征南裔；奮威靈，震天外。

晉樂章上參天與地，至化無内外，六合並康乂。

陸雲答兄天子命我，鎮弼於外。在作扞城，以表南裔。

輻音逼。説文："从車畐聲。"

本證伐檀坎坎伐輻兮，寘之河之側兮。

正月無棄爾輔，員于爾輻。屢顧爾僕，不輸爾載（音即）。

旁證逸詩轂既破碎，乃大其輻。事已敗矣，乃重太息。

苗音毛。

本證碩鼠碩鼠碩鼠，無食我苗。三歲貫女，莫我肯勞。

車攻之子于苗，選徒嚻嚻。

旁證韓愈楚國夫人銘高陵相漢，義以家酬。遷於南陽，始自郎苗。

除音宁。楊用修云："除，去也。"詩"日月其除"、"風雨攸除"、"日月方除"。又開出也。詩："何福不除。"按：沈約原有此音。

邁音厲。説文以蠆得聲。蠆，讀如厲。

本證蟋蟀蟋蟀在堂，歲聿其逝。今我不樂，日月其邁。

東門之枌穀旦于逝，越以鬷邁。

菀柳［上帝其蹈，無自瘵焉。］俾予靖之，後予邁焉。

旁證孔臧諫格虎賦都邑百姓，莫不於邁。陳列路隅，咸稱萬歲（音試）。○陸機贈顧交趾顧侯體明德，清風肅已邁。發跡奮藩后，改授撫南裔。

慆音由。愚按：説文："舀，抒臼也。从爪（从）臼。詩曰'或簸或舀'。"今毛詩作蹂，音同也。搯，從手舀聲。周書曰："師乃搯。"搯者，拔兵刃以相擊刺。詩曰"左旋右搯"，今毛詩作抽，文似也。慆，從心舀聲，愚據之以讀蟋蟀；滔，從水舀聲，愚據之以讀江漢，節奏暢矣。舊注詩者，皆以爲叶偷也。夫舍正文不讀而叶之可乎？吴才老援慆、滔於尤部。以二詩證也，而不及説文也，孰能信之？才老讀説文故精者，偶遺之耳！或問：如無旁引何？曰：無可引，亦無俟引也。説文至明，其可廢乎？是廢古之音也，如二詩何？將又矢口以从叶之云矣！嗟嗟！

本證蟋蟀蟋蟀在堂，役車其休。今我不樂，日月其慆。

江漢江漢浮浮，武夫滔滔。匪安匪遊，淮夷來求。

愉音偷，取也。鄭康成讀漢書志，作婾。周禮注亦音偷。讀偷於婁順，讀餘以婁爲閩，然皆古音也。並存其證，惟人所讀。

本證山有樞山有樞，隰有榆。子有衣裳，弗曳弗婁；子有車馬，弗馳弗驅。宛其死矣，他人是愉。（春秋："伐郲取訾婁。"音樓。）

旁證韋孟諷諫詩務此鳥獸，忽此稼苗。蒸民以匱，我王以媮。（漢賈山傳"媮合苟容"，此偷音。）○張衡西京賦鑒戒唐詩，他人是媮。自君作故，何禮之拘？

又東京賦敬慎威儀，示民不偷。我有嘉賓，其樂愉愉。（媮、偷、愉俱音餘。此餘音。）

樞音邱。説文："从木區聲。"説已見驅韻。王逸九思："將喪兮玉斗，遺失兮鈕樞。我心兮煎熬，惟是兮用憂。"

榆音由。説文："从木俞聲。"揄，亦云"从手俞聲"。愚按：生民："或舂或揄，或簸或蹂。"周禮注引作"或舂或抌"，音由。李白詩："謔浪掉海客，喧呼敖陽侯。半道逢吴姬，卷簾出揶揄。"是其證也。揄，可讀由，何疑於榆乎？

婁音閭。離婁，刻鏤貌。蕭該漢書[①]讀，何晏景福殿賦："繚以藻井，編以綷疏。紅葩靫韡，丹綺離婁。"讀閭，則樞、榆可如今音。

栲音糗，糗讀邱上聲。陸璣草木疏云："許慎讀栲爲糗，故與杻叶，南山有臺亦栲與杻叶。"

考音糗。説文以丂得聲。又曰："丂音糗。"

本證山有樞山有栲，隰有杻。子有廷内，弗灑弗掃（音叟）。子有鐘鼓，弗鼓弗考。

楚茨既醉既飽，小大稽首。神嗜飲食，使君壽考。

信南山祭以清酒，從以騂牡，享于祖考。

旁證易蠱初二幹父之蠱，意承考也。幹母之蠱，得中道也。

又復四五中行獨復，以從道也。敦復無悔，中以自考也。

邊讓章華賦衆變已盡，群樂既考。攜西子之弱腕兮，援毛嬙之素肘。

保音剖。老子："揣而鋭之，不可長保。金玉滿堂，莫之能守。"亦此音。

本證山有樞宛其死矣，他人是保。

旁證易漸九三夫征不復，離羣醜也。婦孕不育，失其道也。利用禦

---

① "漢書"，指蕭該所撰漢書及文選音義。

寇，順相保也。

漢房中歌加被寵，咸相保。施德大，世曼壽（上聲）。○韓愈志銘凡代大家，維難其保。既顯既願，戒於終咎。

繡音嘯。吴才老云："繡，五色備也。魯詩作朱綃。儀禮'纚笄宵衣'注云：'詩有素衣朱宵。'禮記'繡黼丹朱中衣'注云：'繡讀爲綃，繒名也。'"繡、綃、宵三字皆讀如肖。鵠，説文以告得聲。故鵠有谷、誥二音。讀谷，其聲今也，讀誥，其聲古也。

本證揚之水揚之水，白石晧晧。素衣朱繡，從子于鵠。

水音準。白虎通："水之爲言準也。"釋名："水，準也；準，準乎物也。"考工記："輈注則利準，利準則久。"鄭司農讀準爲水，謂利水也。敝笱"其從如水"與"其魚唯唯"爲韻，與今讀不殊。兹因揚之水而附之，所以備古音也。

朋音鵬，如今讀。楊用修曰："音與蓬同。沈約韻朋在蒸韻，疑編次之誤。考之約以前韻語，無有以朋叶蒸韻者。毛詩：'每有良朋，蒸也無戎。'左傳引逸詩：'翹翹車乘，招我以弓。豈不欲往？畏我友朋。'則古音朋與弓、戎相叶無疑。且毛詩爲詩詞之祖，其韻亦韻之祖也。捨聖經不宗，而泥守沈約偏方之音，其固甚矣。此所當首辨也云云。"愚按：朋有兩音，與東韻者以逸詩爲據；與蒸韻者以椒聊、菁莪、閟宫爲據，安得謂沈前獨一音耶？

本證椒聊椒聊之實，蕃衍盈升。彼其之子，碩大無朋。

菁菁者莪菁菁者莪，在彼中陵。既見君子，錫我百朋。

閟宫三壽作朋，如岡如陵。

隅舊音偶。芻亦上聲，與邂逅爲韻，聲音殊叶，然無所據。愚按：芻，音鄒。韓愈駑驥詩："力小若易制，價微良易酬。渴飲一斗水，饑食一束芻。"隅，音魚侯切。揚雄、梁鴻詩賦可證也。或問：二平而接以去聲，可乎？中原音韻聲多此類，其音節未嘗不和暢也。

本證綢繆綢繆束芻，三星在隅。今夕何夕？見此邂逅！

旁證揚雄反騷賦有周氏之嬋嫣兮，或鼻祖於汾隅。靈宗初諜伯僑兮，流於末之揚侯。

梁鴻適吴詩過季札兮延陵，求魯連兮海隅。雖不察兮光貌，幸神靈兮與休。

户音虎。太玄廓首:“恢其門户,以禦寇虜。”又,止首:“闢其門户,用止狂蠱。”

本證綢繆綢繆束楚,三星在户。今夕何夕?見此粲者!

七月九月在户,十月蟋蟀入我牀下。

斯干似續妣祖,築室百堵,西南其户。

旁證禮運玄酒在室,醴醆在户。粢醍在堂,澄酒在下。

黄庭經方寸之中至關下,玉房之中神門户。

秦瑯琊刻石六合之内,皇帝之土。西涉流沙,南盡北户。

楚人謡楚雖三户,亡秦必楚。

易林比之節牙蘖生齒,室堂啓户。幽人利貞,鼓翼起舞。

魏武善哉行齊桓之霸,賴得仲父。後任豎刁,蟲流出户。

張載七哀詩毁壤過一抔,便房啓幽户。珠柙離玉體,珍寶見剽虜。

者音渚,古文者字,故從旅聲,後人加水作渚,别此爲者也之者,然古音則仍舊也。

本證綢繆詩見上。

采緑其釣維何?維魴及鱮(上聲)。維魴及鱮,薄言觀者。

駉駉駉牡馬,在坰之野,薄言駉者。

旁證九歌湘夫人搴汀洲兮杜若,將以遺兮遠者。時不可兮驟得,聊逍遥兮容與。

瑯琊刻石東有東海,北過大夏(音虎)。人跡所至,無不臣者。

易林師之小過鄰不我顧,面望玉女。身多癩疾,誰肯婦者?

又大過之泰當年少寡,獨與孤處。鷄鳴犬吠,無誰敢者。

姓平聲。説文:“古之神聖母,感天(而)生子,故稱天子。从女从生,生亦聲。”左傳昭四年:“問其姓,曰:‘余子長矣。’”姓即生也。生古讀星,詳見生韻。

本證杕杜有杕之杜,其葉菁菁。獨行睘睘,豈無他人?不如我同姓。

旁證禮記引逸詩都邑以成,庶民以生。誰能秉國?成不自爲政,卒勞百姓。

褚先生引蛇變爲龍，不改其文。家變爲國，不改其姓。（文音因。崔駰達旨："擿以皇質，雕以唐文。六合怡怡，比屋爲仁。"）〇太玄窮首山無角困百姓也。正其足險得平也。

漢童謡游平賣印自有平，不避豪賢及大姓。

怙音古。説文："恃也，从心古聲。"

本證鴇羽父母何怙？悠悠蒼天，曷其有所？

旁證易林咸之家人凱風無母，何恃何怙？幼孤弱子，爲人所苦。

後漢蘇順和帝誄洪澤滂流，茂化沾溥。不愸少留，民斯何怙？

巔音真。以顛得聲。顛，説文："从頁真聲。"已見上。

本證采苓采苓，采苓，首陽之巔。人之爲言，苟亦無信。

旁證王褒洞簫賦朝露清泠而殞其側兮，玉液浸淫而承其根（音斤）。孤雌寡鵠娛優乎其下兮，春禽翱翔乎其巔。

碩音芍。説文："从頁石聲。"石古讀芍。楚辭惜誓："方世俗之幽昏兮，眩白黑之美惡。放山淵之龜玉兮，相與貴夫礫石。"易林："東求金玉，反得敝石。名曰無宜，字曰醜惡。衆所賤薄。"

本證駟驖奉時辰牡，辰牡孔碩。公曰左之，舍拔則獲。

楚茨執爨踖踖，爲俎孔碩。

大田既庭且碩，曾孫是若。

崧高吉甫作誦，其詩孔碩。

閟宫孔曼且碩，萬民是若。

旁證大學諺人莫知其子之惡，莫知其苗之碩。

太玄斷首我心孔碩，乃後有鑠。

獲音霍。

本證駟驖詩見上。

旁證屈原九章善不由外來兮，名不可以虚作。孰無施而有報兮？孰不實而有獲？

張衡西京賦毚兔聯猭，陵巒超壑。比諸東郭，莫之能獲。

曹植贈丁儀黍稷委疇隴，農夫安所獲？在貴多忘賤，爲恩誰能博？

中音蒸。劉貢父詩話云："關中以中爲蒸。"

本證小戎騏駵是中，騧驪是驂（音森）。○召旻池之竭矣，不云自頻；

泉之竭矣，不云自中。

旁證易訟彖訟有孚，窒惕中吉，剛來而得中也。終凶，訟不可成也。

上林賦孫叔奉轡，衛公驂乘，扈從橫行，出乎四校之中。

參同契八卦布列曜，運移不失中。元精渺難覩，推度效符徵。

班固高祖泗水亭碑天期乘祚，受爵漢中。勒兵陳東，剟禽三秦。

邑音匿。張湯傳："以知阿邑人主，與俱上下。"楊用修云："詩'龍盾之合，鋈以觼軜。言念君子，温其在邑。'邑於合切。"是古有此音也。

葭音孤，後音蓑。子虛賦："藏莨蒹葭，東蘠雕胡。蓮藕觚盧，奄閭軒於。衆物居之，不可勝圖。"西京賦："齊栧女，縱櫂歌。發引和，校鳴葭。奏淮南，度陽阿。"聲之漸變也。

梅音迷。楚中至今有此音。

本證終南終南何有？有條有梅。君子至止，錦衣狐裘。

鳲鳩鳲鳩在桑，其子在梅。淑人君子，其帶伊絲。

四月山有嘉卉，侯栗侯梅。廢爲殘賊，莫知其尤（音怡）。

旁證漢武柏梁詩柱枅欂櫨相枝持，枇杷橘栗桃李梅。

後漢桓麟七説河黿之美，齊以蘭梅。芳芬甘旨，未咽先滋。

裘音箕。

本證終南詩見上。

七月取彼狐狸，爲公子裘。

大東舟人之子，熊羆是裘。

旁證左傳朱儒歌臧之狐裘，敗我於狐駘（音而）。○列子逸詩良弓之子，必先爲箕。良冶之子，必先爲裘。

澤音鐸。甘氏星經："炎火之狀，名曰格澤。不有土功，必有大客。"格音各，客音恪。太玄："鳴鶴升自深澤，階天不怹。"古澤亦音鐸。楚辭大招："吴酸蒿蔞，不沾薄只。魂兮歸來！恣所擇只。"

本證無衣豈曰無衣？與子同澤。王于興師，修我矛戟。與子偕作。

鴻鴈鴻鴈于飛，集于中澤。之子于垣，百堵皆作。

旁證禮記蜡辭土反其宅，水歸其壑。昆蟲毋作，草木歸其澤。

班固東都賦於是聖上覩萬方之歡娛，又沐浴於膏澤。懼其侈心之將萌，而怠於東作。

又賓戲譬猶草木之植山林，鳥獸之毓川澤。得氣者蕃滋，失時者零落。

王逸九思叢林兮吟吟，林榛兮岳岳，霜雪兮漼溰，冰凍兮洛澤。

曹植贈丁儀凝霜依玉除，清風飄飛閣。朝雲不歸山，霖雨成川澤。

陸雲逸民賦賓濮水之清淵兮，儀磻溪之一壑。毒萬物之喧嘩兮，聊漁釣於此澤。

晉張協七命殞胔挂山，僵踣掩澤。藪爲毛林，隰爲丹薄。

戟音角。釋名曰："戟，觡也，旁有枝觡也。"觡音各。

本證無衣詩見上。

旁證太玄棿比禮爲甲，冠矜爲戟。被甲荷戟，以威不恪。

黄文疆九宫賦蚩尤之倫，服玢璘而要斑斕，垂金干而捷雄戟。操巨弩之礟弩，齊佩機而鳴廓。

簋音九，黍稷方器也。説文："簋，古[文]（作）匭。"又云："𡣂，讀若[詩]'糾糾葛屨'之糾。"孫愐音几，古音變矣。

本證權輿於我乎，每食四簋。今也每食不飽。

伐木于粲洒掃，陳饋八簋。

飽音浮，上聲。

本證權輿詩見上。

楚茨既醉既飽，小大稽首。

苕之華牂羊墳首，三星在罶。人可以食，鮮可以飽。

旁證易漸二三飲食衎衎，不素飽也。夫征不復，離羣醜也。

黄庭經晝日照照夜自守，渴自得飲饑自飽，經歷六府藏卯酉。

湯音傷。書"湯湯洪水方割"亦此音。上，平聲，已見上。望，今亦有平音。

本證宛邱子之湯兮，宛邱之上兮。信有情兮，而無望兮。

樂音療。"可以樂饑"，鄭康成讀樂。古讀撈，聲近尞。韓詩外傳作"療饑"。療，說文："同𤻲。"王逸九思："吮玉液兮止渴，齧芝華兮療饑。"古音可證也。

斯音其。說文："析也，从斤其聲。詩曰：'斧以斯之。'"徐鍇說文繫傳曰："凡斯皆當讀如西。今惟馬嘶方讀如西。"愚按：其、西皆可讀。

本證墓門墓門有棘，斧以斯之。夫也不良，國人知之。

旁證中山王文木賦巧匠不識，王子見知。乃命班爾，載斧伐斯。

曹攄感舊詩對賓頌有客，舉觴咏露斯。臨樂何所嘆？素絲與路歧。

訊音誶。說文："諫也。"王逸離騷章句引詩作"誶予不顧"。誶，張堪音碎。愚按：訊、萃爲韻甚順。雨無正亦以韻瘁。今讀爲信，去古稍遠。又唐本"訊之"作"訊止"，其辭亦順。

本證墓門墓門有梅，有鴞萃止。夫也不良，歌以訊之。

雨無正曾我暬御，憯憯日瘁。凡百君子，莫肯用訊。聽言則答，譖言則退。（答，新序、漢書皆作對，與退爲韻。）

旁證魏都賦河、洛開奥，符命用出（音翠）。翩翩黄鳥，銜書來訊。

予音與。顔師古匡謬正俗曰："予，當讀如與，不當讀如余。"[①]予悉音與，讀之若舞，於古辭盡叶。

本證墓門訊予不顧，顛倒思予。

鴟鴞徹彼桑土，綢繆牖户。今女下民，或敢侮予。

正月載輸爾載，將伯助予。

谷風將恐將懼，惟予與女。將安將樂，女轉棄予。

四月先祖匪人，胡寧忍予？

雲漢父母先祖，胡寧忍予？

旁證離騷紛總總其離合兮，斑陸離其上下。吾令帝閽開關兮，倚

---

① 此處照曠閣本有一"詩"字。按，有"詩"字於文意更順。

闐闔而望予。

九歌少司命秋蘭兮麋蕪，羅生兮堂下。緑葉兮素枝，芳菲菲兮襲予。

大司命君回翔兮以下，踰空桑兮從女。紛總總兮九州，何壽夭兮在予！

陸機與弟士龍永安有昨軌，承明子棄予。俯仰悲林薄，慷慨含辛楚。

陸雲詩亹亹嘉時，飄忽棄予。有瞻逝深，有歎潛滸。

鷊音逆，本作虉。説文："綬也，从草鶂聲。詩曰：'卬有旨虉。'是。"今文作鷊，字之誤也。綬，草名。

糾音矯。説文解赳云："从走丩聲，讀若鐈。"是丩有矯音也。"其笠伊糾"亦此讀。

本證月出月出皎兮，佼人僚兮，（佼，音姣，義同。戰國策："長佼美人。"僚音瞭，亦作嫽。漢西域傳："楚王侍者馮嫽。"）舒窈糾兮，勞心悄兮。

懰音柳。埤蒼引作嬼，注："妖也。"

本證月出月出皓兮，（皓，上聲。江淹雜詩："領略歸一致，南山有綺皓，交臂久變化，傳火乃薪草。"）佼人懰兮，舒懮受兮，（"懮受"音擾紹[①]，憂思也。如俗音仄作潦倒，平作勞忉之意。）勞心慅兮（慅，音草）。

慘音懆。開元五經文字作懆。愚按：説文："懆，愁不安也，从心喿聲。"孫愐以七早音之。又："慘，毒也，从心參聲。"孫愐以七感音之。此其文形既異，音義不同，宜易辨也。迨後俗書既勝，音釋亦淆，懆之與慘，彼此互錯，雖通人不能釐正矣！故北山之"慘慘畏咎"宜讀慘；白華之"念子懆懆"宜讀懆。月出之"勞心慘兮"，抑之"我心慘慘"，皆宜改而从懆。因文求義，以義酌文，庶得之矣。

本證月出月出照兮，佼人燎兮，舒夭紹兮，勞心慘兮。

卷音權。雅"有卷者阿"，周禮大司樂注："卷者，卷聚之義。"張衡南都賦："致飾程蠱，傻紹便娟。微眺流睇，蛾眉連卷。"

---

① "音擾紹"原作"作'懮紹'"，不通。據四庫全書本改正。

本證澤陂有美一人，碩大且卷。寤寐無爲，中心悁悁。

膏音告。經史動靜字音云："脂凝曰膏，平聲。用以潤物曰膏，去聲。"

本證羔裘羔裘如膏，日出有曜。豈不爾思？中心是悼。

下泉芃芃黍苗，陰雨膏之。四國有王，郇伯勞之。

結音吉。説文："从糸吉聲。"

本證素冠庶見素韠兮，我心藴結兮，聊與子如一兮。

鳲鳩其儀一兮，心如結兮。

旁證荀卿成相篇治復一，修之吉，君子執之心如結。

蘇秦上秦惠王書言語相結，天下爲一。

古詩青青陵中草，傾葉晞朝日。陽春被惠澤，枝葉可攬結。

易林震之既濟鬭鬭齧齧，貧鬼相責，無有懽怡，一日九結。

猗儺音阿那。隰有萇楚"猗儺其枝"，楚辭九辯"紛旖旎乎都房"，相如賦"又旖旎以招搖"，王褒賦"形旖旎以順吹"，高唐賦"猗狔豐沛"，南都賦"阿那蓊茸"，洛神賦"華容婀娜"，音義皆同，特字形有異耳。聲韻家謂猗在淇澳、節南山者讀阿，在伐檀者讀衣，在巷伯者讀倚，在車攻者去聲。愚謂詩只讀阿，伐檀助語辭，巷伯非韻脚，車攻讀阿，與破韻。破，説文以皮得聲；皮古讀婆。儺，詩亦平聲。詳見後左韻。迨後猗儺始有上、去二聲，古今之遞變也。

飄音漂，去聲。

本證匪風匪風飄兮，匪車嘌兮。顧瞻周道，中心弔兮。

旁證曹植感節賦折若華之翳日，庶朱光之長照。願寄軀於飛蓬，乘陽風而遠飄。

祋音示。韻會曰："宜从木从殳，兵器。今从示，誤。"云云。愚按：説文有杸字，注："軍中士所持也"；又有祋字，注："殳也，从殳示聲。或説：城郭市里高縣羊皮，有不當入而欲入者，暫下以驚牛馬曰祋，故从示。詩曰：'何戈與祋。'"此其説至明，似未可遽以爲誤。且舊作都律、都外二音，而以芾音弗，今直音示，而以芾讀費，則音諧矣。洪武正韻芾有二音：一在質部，一在寘部。音費者，寘部也。

本證候人彼候人兮，何戈與祋。彼其之子，三百赤芾。

年音寧。古人真韻，今人天韻。莊子："可以保身，可以全生，可以養親，可以盡年。"亦此音。説文："邾，年聲，讀若寧。"

本證鳲鳩正是國人，胡不萬年？

東山有敦瓜苦，烝在栗薪。自我不見，于今三年。

無羊衆維魚矣，寔維豐年。旐維旟矣，室家溱溱。

信南山畀我尸賓，壽考萬年。

江漢虎拜稽首，天子萬年。

旁證儀禮嘏辭來女孝孫，使女受禄於天，宜稼於田（音陳），眉壽萬年。

班固武紀述封禪郊祀，登秩百神。協律改正，饗兹永年。

邯鄲淳陳紀碑爰登卿士，媚兹一人。如何穹蒼，不授遐年？

漢繁陽令楊君碑續留守闕，上書歷年。運穀萬斛，助官振貧。

崔駰轞銘長履景福，至於億年。皇靈既祐，祉禄來臻。

陸機挽歌人往有反歲，我行無歸年。昔居四民宅，今託萬鬼鄰。

陸雲答兄既至既覯，滯思曠年。曠年殊域，覯未浹辰。

火音喜。愚按：説文："火，燬也。"燬，"从火毁聲"。今汝墳"王室如燬"，與"父母孔邇"爲韻，火音可知。

本證七月七月流火，九月授衣（上聲）。○大田去其螟螣，及其蟊賊。毋害我田穉（上聲）。田祖有神，秉畀炎火。

旁證易林魁行摇尾，逐雲吹火。

又從風吹火，牽騏驥尾（音倚）。○又從風縱火，荻芝俱死。

烈音厲。集韻引"烈假不瑕"[思齊]，作"厲假不瑕"，古音可證。

本證七月一之日觱發（去聲），二之日栗烈。無衣無褐，何以卒歲（音試）？

生民載燔載烈，以興嗣歲。

旁證張衡西京賦雨雪飄飄，冰霜慘烈。百卉具零，剛蟲搏鷙。

曹植潛志賦潛大道以遊志，希往昔之遐烈。矯貞亮以作矢，當苑囿乎呈藝。

耜音以。説文作相，“从木以聲”。徐鉉等曰：“今俗作耜。”

本證七月三之日于耜，四之日舉趾。

大田以我覃耜，俶載南畝（音米）。○載芟有略其耜，俶載南畝。

良耜畟畟良耜，俶載南畝。

旁證舜祠田辭荷此長耜，耕彼南畝，四海俱有（音以）。○張衡東京賦農祥晨正，土膏脈起。乘鑾輅而駕蒼龍，介馭間以剡耜。

潘岳籍田賦葱犗服於縹軛兮，紺轅綴於黛耜。儼儲駕於廛左兮，俟萬乘之躬履。

庚音剛。説文：“庚，位西方，象秋時萬物庚庚有實也。”釋名：“庚，剛也。堅彊貌也。”

本證七月春日載陽，有鳴倉庚。女執懿筐，遵彼微行。

大東東有啓明，西有長庚。

旁證漢文帝之占大横庚庚，余爲天王，夏啓以光。

陸機管叔鮮贊公旦居攝，三監叛亡。或放或殛，并禍武庚。

宇音膴。説文：“从宀於聲。”於古讀無。子虚賦與胡、圖韻。轉上則音膴。

本證七月八月在宇，九月在户，十月蟋蟀入我牀下。

東山果臝之實，亦施于宇。伊威在室。蠨蛸在户。

緜率西水滸，至于岐下。爰及姜女，聿來胥宇。

閟宫天錫公純嘏，眉壽保魯。居常與許，復周公之宇。

旁證漢樊毅華嶽廟碑穡民用章，康乂室宇。刊銘紀誦，克配梁甫。

劉向九歎惡虞氏之簫韶兮，好遺風之激楚。潛周鼎於江淮兮，爨土鬵於中宇。

韓愈孔廟碑惟此廟學，鄴侯所作（音祖）。厥初庳下，神以不宇。

子音止，已見前。愚按：舊以此子音祖，以叶户。不知“嗟我”以下三句爲韻，子自音止，以處與户叶。

本證七月穹窒熏鼠，塞向墐户（音甫）。嗟我婦子，曰爲改歲，入此室處。

稻音島。古今之辨微，在上、去間耳。

本證七月八月剥棗，十月穫稻。

旁證左太冲魏都賦淇洹之筍，信都之棗，雍邱之粱，清流之稻。

壽上聲。顔師古匡謬正俗：“或問曰：‘年壽之字，北人讀作受音，南人讀作授音，何者爲是？’曰：兩音皆通。詩云‘遐不眉壽’，此即音受。嵇康詩云：‘頤性養壽，散髮巖岫’，此即音授。今皆讀如受，則失之矣。”愚按：嵇康詩亦有以壽爲受者，録之。

本證七月爲此春酒，以介眉壽。

南山有臺南山有栲，北山有杻。樂只君子，遐不眉壽。

旁證應璩三叟詩年各百餘歲，相與鋤禾莠。住車問三叟，何以得此壽？上叟前致辭，内中嫗貌醜。

嵇康贈秀才入軍人生壽促，天長地久。百年之期，孰云其壽？

圃去聲。説文：“从口甫聲。”口音圍。周禮圃音補，又音布。

本證七月九月築場圃，十月納禾稼。

旁證離騷朝發軔於蒼梧兮，夕余至乎縣圃。欲少留此靈瑣兮，日忽忽其將莫。

稼音姑，去聲。説文：“从禾家聲。”家，古讀姑，轉去聲則得嫁音矣。周禮注：“種穀曰稼，如嫁女以有所生也。”

本證七月詩見上。

旁證韓愈送李愿序盤之中，維子之宫；盤之土，維子之稼。

饗音鄉。説文：“从食从鄉。”鄉聲今讀上聲，古讀平聲。大都北人之音，平多於仄，古今皆然。

本證七月九月肅霜，十月滌場。朋酒斯饗，曰殺羔羊。

彤弓鐘鼓既設，一朝饗之。

楚茨先祖是皇，神保是饗。

烈祖來假來饗，降福無疆。

旁證屈原天問緣鵠飾玉，后帝是饗。何承謀夏桀，終以滅喪（平聲）。

○安世房中歌嘉薦芳矣，告靈饗矣。告靈既饗，德音孔臧。

漢郊祀歌闢流離，抑不詳。賓百僚，山河饗。

張衡西京賦靈祖皇考，來顧來饗。神具醉止，降福穰穰。

垤音姪。愚按：耊、絰皆從至。“逝者其耊”與“並坐鼓瑟”爲韻［車鄰］。釋名：“絰，窒也，傷摧之窒也。”古音可推矣。

本證東山鸛鳴于垤，婦嘆于室。灑掃穹窒，我征聿至。

旁證淮南子堯戒戰戰慄慄，日謹一日。人莫躓於山，而躓於垤。

至音即。説文：“室，實也”，“窒，塞也”。並以至得聲。

本證東山詩見上。

旁證歸藏繇詞有人將來，遺我貨貝。以至則徹（古讀斥），以求則得（音的），有喜將至。

子虛賦雷動猋至，星流霆擊。

嘉音歌。説文以加得聲。“副笄六珈”與“如山如河”爲韻［君子偕老］。

本證東山其新孔嘉，其舊如之何？

破斧周公東征，四國是吪（音俄）。哀我人斯，亦孔之嘉。

魚麗物其多矣，維其嘉矣。

節南山民言無嘉，憯莫懲嗟。

頍弁有頍者弁，實維伊何？爾酒既旨，爾肴既嘉。

賓之初筵飲酒孔嘉，維其令儀。

既醉其告維何？籩豆靜嘉。

鳧鷖爾酒既多，爾肴既嘉。公尸燕飲，福禄來爲。

旁證漢酈炎見志詩哀哉二芳草，不植泰山阿。文質道所貴，遭時用有嘉。

張衡怨篇雖曰幽深，厥美彌嘉。之子之遠，我勞如何？

嵇康答二郭朔戒貴尚容，漁父好揚波。雖逸亦已難，非余心所嘉。

陸機櫂歌行遲遲莫春日，天氣柔且嘉。元吉隆初巳，濯穢遊黄河。

張景陽洛禊賦布椒醑，薦柔嘉。祈休吉，蠲百疴。

錡音阿。愚按：説文："鉏鉚也，从金奇聲。江、淮之間謂釜曰錡。"又猗、旖並以奇得聲，故奇有阿聲。"菉竹猗猗"[淇奥]，"猗儺其枝"[隰有萇楚]是也。東方朔七諫："拔搴元芝兮，列樹芋荷。橘柚萎枯兮，苦李旖旎。"又説文："掎，偏引也。"亦以奇得聲。則讀與錡同。小弁有據矣，因並附之。

本證破斧既破我斧，又缺我錡。周公東征，四國是吪。

小弁伐木掎矣，析薪杝矣。（説文："杝，落也，讀若他。"）舍彼有罪，予之佗矣。

瑕音胡。禮記引詩："心乎愛矣，瑕不謂矣。"注："瑕之言胡也。"瑕、胡音同，故記用其字。後轉爲養音。程曉嘲熱客詩："莫謂爲小事，亦是一大瑕。傳戒諸高明，熱行宜見呵。"陸機文賦："混妍蚩而成體，累良質而爲瑕。象下管之偏疾，故雖應而不和。"

本證狼跋狼疐其尾，載跋其胡。公孫碩膚，德音不瑕。

思齊肆戎疾不殄，烈假不瑕。

旁證左傳引諺心苟無瑕，何恤乎無家（音姑）。○又左傳諺高下在心，川澤納汙。山藪藏疾，瑾瑜匿瑕。

龜筴傳日辰不全，故有孤虚。黄金有疵，白玉有瑕。

參同契上善若水，清而無瑕。道之形象，真一難圖。

太玄衆首軍或纍車，又人摧孥，内蹈之瑕。

毛詩古音考卷三

鳴音芒。

本證鹿鳴呦呦鹿鳴，食野之蘋（音旁）。

旁證魏武蒿里行鎧甲生蟣蝨，萬姓以死亡。白骨露於野，千里無鷄鳴。

張華俠曲孟嘗東出關，濟身由鷄鳴。信陵西反魏，秦人惕其彊（一作不窺兵）。

不音義與夫同，草木下房曰不。“常棣之華，萼不韡韡。”萼，蘂也。不，帶也。萼不茂盛，所以興兄弟。此鄭康成舊音。古樂府陌上桑：“使君謝羅敷，寧可共載不？羅敷前寘詞，使君一何愚！使君自有婦，羅敷自有夫。”亦其一證。今讀爲卜，意義似淺矣。焦弱侯曰：“山東之華不注山，浙之餘不溪，皆依此讀。”

務音侮，以左傳引詩作侮也，與戎字不叶。吴棫讀務爲蒙，以叶戎，亦無可據。愚疑或武字之誤。蓋戊字，古武字也。戎、戊相近，安保無譌讀？武於常棣、常武音義俱順。姑存之以俟達者。

本證常棣兄弟鬩於牆，外禦其務。每有良朋，烝也無戎。

常武南仲大祖，太師皇父。整我六師，以修我戎。

生音星，與今音稍不同。史記：“建星者，所建生也。”賈誼新書：“先生者，猶先醒也。”説文：“醒，从西星聲。”

本證常棣喪亂既平，既安且寧。雖有兄弟，不如友生。

伐木相彼鳥矣，猶求友聲。矧伊人矣，不求友生。

小宛我日斯邁，而月斯征。夙興夜寐，無忝爾所生。

苕之華苕之華，其葉菁菁。知我如此，不如無生。

旁證宋玉高唐賦箕踵漫衍，芳草羅生。秋蘭茝蕙，江蘺載菁。

東方朔七諫觀天火之炎煬兮，聽大壑之波聲。引八維以自道兮，含沆瀣以長生。

易林遯之晉積雪大寒，萬物不生。陰制庶士，時本寒貧。

王褒九懷馳六蛟兮上征，竦余駕兮入冥。歷九州兮索合，誰可與兮終生？

舅音久。一音己，易林："潔身白齒，衰老復起。多孫衆子，宜利姑舅。"

本證伐木既有肥牡，以速諸舅。寧適不來，微我有咎。

頍弁有頍者弁，實維在首。爾酒既旨，爾餚既阜。豈伊異人？兄弟甥舅。

旁證潘岳別詩峨峨王侯，中外之首。子親伊姑，我父惟舅。

又潘岳楊仲武誄哀哀慈母，痛心疾首。嗷嗷同生，悽悽諸舅。

咎音糾。

本證伐木詩見上。

小旻發言盈庭，誰敢執其咎？如匪行邁謀，是用不得于道。

北山或湛樂飲酒，或慘慘畏咎。

旁證國語商銘嗛嗛之食，不足狃也。不能爲膏，而祗離咎也。

晉輿人誦得國而狃，終逢其咎。

武王冠銘寵以著首，將身不正，遺爲德咎。

易解六三負且乘，亦可醜也。自我致戎，又誰咎也。

賈誼弔屈原章甫薦屨，漸不可久兮。嗟苦先生，獨離此咎兮。

易林萃之旅三日不飲，遠水無酒。晝夜焦喉，使我爲咎。

愆音遣。一音傾，見後。

本證伐木籩豆有踐，兄弟無遠。民之失德，乾餱以愆。

旁證太玄法首井無幹，水直衍。匪谿匪谷，終於愆。

暇音甫。

本證伐木迨我暇矣，飲此湑矣。

小明心之憂矣，憚(音造)我不暇。念彼共人，睠睠懷顧。

何草不黄匪兕匪虎，率彼曠野。哀我征夫，朝夕不暇。

旁證賈誼鵩鳥賦止於坐隅兮，貌甚閑暇。異物來萃兮，私怪其故。

張衡東京賦因秦宫室，據其府庫。作洛之制，我則未暇。

又張衡七辯弱顔回植，妍夸閒暇。形似削成，腰如束素。

享音鄉。今讀上聲，古讀平聲，與饗一例。

本證天保吉蠲爲饎，是用孝享。禴祠蒸嘗，于公先王。

信南山是烝是享，苾苾芬芬。

烈祖以假以享，我受命溥將。

殷武莫敢不來享，莫敢不來王。

旁證漢郊祀歌嘉籩列陳，庶幾宴享。滅除凶災，烈騰八荒。

又聲氣遠條鳳鳥鶠，神夕奄虞蓋孔享。

揚雄并州箴莫敢不求貢，莫敢不來王。周穆遐征，犬戎不享。

樊毅修華嶽廟碑祭則獲福，亦世克昌。亡新滔逆，鬼神不享。

福音逼。賈誼傳："疏者或制大權以福天子。"顔師古注："福，古逼字。"説文："从示畐聲。"

本證天保神之弔矣，詒爾多福。民之質矣，日用飲食。

小明靖共爾位，好是正直。神之聽之，介爾景福。

楚茨以妥以侑，以介景福。

鴛鴦鴛鴦在梁，戢其左翼。君子萬年，宜其遐福。

賓之初筵既醉而出，並受其福。醉而不出，是謂伐德。

文王無念爾祖，聿修厥德。永言配命，自求多福。

大明惟此文王，小心翼翼。昭事上帝，聿懷多福。

行葦黄耇台背(音必)，以引以翼。壽考維祺，以介景福。

既醉既醉以酒，既飽以德。君子萬年，介爾景福。

假樂干禄百福，子孫千億。

閟宫是生后稷，降之百福。

殷武命於下國，封建厥福。

旁證易困五象劓刖,志未得也。乃徐有説,以中直也。利用祭祀,受福也。

易井三象井渫不食,行惻也。求王明,受福也。

儀禮士冠禮棄爾幼志,順爾成德。壽考維祺,介爾景福。

大夫種祖道祝德銷百殃,利受其福。去彼吳庭,來歸越國。

瑯琊刻石皇帝之德,存定四極。誅亂除害,興利致福。

安世房中歌嗚呼孝哉!案撫戎國。蠻夷竭歡,象來致福。

又皇皇鴻明,蕩侯休德。嘉承天和,伊樂厥福。

易林乾之恒東山西嶽,會合俱食。百家送從,以成恩福。

班固明堂詩普天率土,各以其職。猗歟緝熙,允懷多福。

作音詛。凡作見於詩者,除如字外,餘皆讀詛,音義已順。楊用修云:"[蕩]'侯作侯祝'之作,音做;'俾晝作夜'之作,讀如足恭之足,謂晝不足,以夜補之也。"詳哉!其言之矣。

本證采薇采薇采薇,薇亦作止。曰歸曰歸,歲亦莫止。

旁證廉范歌廉叔度,來何莫?不禁火,民安作?昔無襦,今五袴。

韋元成自劾詩於赫三事,匪俊匪作。於蔑小子,終焉其度。

故平聲,古有平、去二音,然平聲多。今則純讀去矣。賈誼賦"亦夫子之故也",故,史記作辜。

本證采薇靡室靡家,玁狁之故。不遑啓居,玁狁之故。

旁證賈誼弔屈原賦于嗟默默,生之亡故兮!斡棄周鼎,寶康瓠兮。

又般紛紛其離此尤兮,亦夫子之故也!歷九州而相其君兮,何必懷此都也?

來音力。

本證采薇憂心孔疚(音急),我行不來。

杕杜匪載匪來,憂心孔疚。

大東既往既來,使我心疚。

又東人之子,職勞不來;西人之子,粲粲衣服。

靈臺經始勿亟,庶民子來。

常武王猶允塞，徐方既來。

旁證易因九二困於酒食，朱紱方來。

楚辭遠遊形穆穆以浸遠兮，離人羣而遁逸。因氣變而遂曾舉兮，忽神奔而鬼怪（音棘）。時髣髴以遥見兮，精皎皎以往來。

太玄遇首不往來，不求得。

戒音急。鹽鐵論引詩"我是用戒"，今作急，以音之同也。

本證采薇豈不日戒，玁狁孔棘。

常武既敬既戒，惠此南國。

旁證易震上九[①]震索索，中未得也。雖凶无咎，畏鄰戒也。

九章惜往日何芳草之早夭兮？微霜降而下戒。諒不聰明而蔽壅兮，使讒諛而日得。

哀音噫。説文："衣聲。"爾雅："哀哀，懷報德也。"裴瑜讀。

本證采薇行道遲遲，載渴載饑。我心傷悲，莫知我哀。

十月之交彼月而微，此日而微。今此下民，亦孔之哀。

小旻潝潝訿訿，亦孔之哀。謀之其臧，則具是違。

四月山有蕨薇，隰有杞桋。君子作歌，維以告哀。

旁證楚辭九辯靚杪秋之遥夜兮，心繚悷而有哀。春秋逴逴而日高兮，然惆悵而自悲。

蘇武詩請爲遊子吟，泠泠亦何悲！絲竹厲清聲，慷慨有餘哀。

劉向九嘆欲遷志而改操兮，心紛結而未離。外彷徨而遊覽兮，内惻隱而含哀。

魏文帝苦寒行擔囊行取薪，斧冰持作糜。悲彼東山詩，悠悠使我哀。

牧音密。

本證出車我出我車，于彼牧矣。自天子所，謂我來（音力）矣。

旁證易謙九二謙謙君子，卑以自牧也。鳴謙貞吉，中心得也。

---

① 上九誤。應爲上六。

屈原天問伯昌號衰，秉鞭作牧。何令徹彼岐社，命有殷之國？

易林屯之睽伯蹇叔育，莫與守牧，失我衣裘，代己除服。

阮籍大人先生傳行欲爲目前檢，言欲爲無窮則。少稱鄉黨，長聞鄰國。上欲圖三公，下不失爲九州牧。

載音即。一音祭，見後。

本證出車召彼僕夫，謂之載矣。王事多難，維其棘矣。

大東薪是穫薪，尚可載也。哀我憚人，亦可息也。

緜縮版以載，作廟翼翼。

旁證易小畜上九既雨既處，德積載也。君子征凶，有所疑(音仡)也。

瑯琊刻石日月所照，舟輿所載。皆終其命，莫不得意(音億)。

近音記。“往近王舅”，鄭康成音記。

本證杕杜會言近止，征夫邇止。

旁證潘岳射雉賦算分銖，商遠近。揆縣刀，騁絶伎。

江淹祭戰士文千秋同盡，百齡一世，魂而有知，咸無遠近。

時音始。書“播時百穀”，王肅作是。“斂時五福”，馬融作是。“時日曷喪”，時，是也。蓋時、是古通用，聲亦近始。

本證魚麗物其有矣，維其時矣。

文王有周不顯，帝命不時。文王陟降，在帝左右。

既醉威儀孔時，君子有孝子。

旁證王粲七釋不以志易道，不以身後時。進德修業，與世同理。

來音利，今讀來有萊、賴二音，古有三音，其釐、力者已見上，此則去聲也。

本證南有嘉魚翩翩者鵻，烝然來思。君子有酒，嘉賓式燕又思。

旁證上林賦蕩蕩乎八川分流，相背而異態(音替)。東西南北，馳騖往來。

又於是乎乘輿弭節裴回，翱翔往來。睨部曲之進退，覽將帥之變態。

又音意。此字詩凡四見，舊音不一。在嘉魚、小宛者音亦。賓筵者一音由，又音怡；一音亦，又音異。俱無的據。愚按：説文又即右也，右手也。詩又有上、去二音：曰以，曰意。説已見上。兹又宜音意，如彤弓之例，與也，加也，於三詩音韻似叶，惟達者正之。

本證南有嘉魚翩翩者鵻，烝然來（音利）思。君子有酒，嘉賓式燕又思。

小宛彼昏不知，壹醉日富（音係）。各敬爾儀，天命不又。

賓之初筵賓載手仇（音居），室人入又。酌彼康爵，以奏爾時（音是）。○又三爵不識（音志），矧敢多又。

臺音題。釋名："臺，持也。築土堅高能自勝持也。"

本證南山有臺南山有臺，北山有萊。樂只君子，邦家之基。

旁證武帝柏梁詩周、衛交戟禁不時，總領從官柏梁臺。

參同契皓若褰帷帳，瞑目登高臺。火記六百篇，所趣等不迷。

漢成陽靈臺碑慶都仙歿，蓋葬於兹。欲人莫知，名曰靈臺。（慶都，堯母名）○陸機挽歌按轡遵長薄，送子長夜臺。呼子子不聞，泣子子不知。

萊音黎。陸璣草木疏："萊，黎也。"説文："萊，蔓華。"爾雅作釐。

本證南山有臺詩見上。

十月之交胡爲我作？不即我謀。徹我牆屋，田卒汙萊。

旁證郭璞遊仙詩朱門何足榮？未若托蓬萊。臨源挹清波，淩岡掇丹荑。

耇音古。説文："从老省，句聲。"

本證南山有臺樂只君子，遐不黄耇。樂只君子，保艾爾後。

行葦酌以大斗，以祈黄耇。

旁證崔駰慰志賦闢四門以博延兮，彼幽牧之我舉。畫定而計決兮，豈云貴乎鄙耇。

韓愈元和聖德詩續功臣嗣，拔賢任耇。孩養無告，仁滂施厚（音甫）。

後音虎。

本證南山有臺詩見上。

正月不自我先，不自我後。好言自口（音苦），莠言自口。

旁證白渠之歌鄭國在前，白渠起後。舉臿爲雲，決渠爲雨。

易林艮之頤人面九口，長舌爲斧。斲破瑚璉，殷商絶後。

揚雄趙充國頌在漢中興，充國作武。赳赳桓桓，亦紹厥後。

班固靳歙銘折衝扞難，遂寧天下。金龜章德，建號傳後。

後漢張超誚青衣賦嫡婉歡心，各有先後。臧獲之類，蓋不足數。

魏修孔子廟碑我皇悼之，尋其世武。乃建宗聖，以紹厥後。

寫音暑。

本證蓼蕭蓼彼蕭斯，零露湑兮。既見君子，我心寫兮。

裳華我覯之子，我心寫兮。我心寫兮，是以有譽處兮。

車舝析其柞薪，其葉湑兮。鮮我覯爾，我心寫兮。

旁證素問候呼引鍼，呼盡乃去（上聲）。大氣皆出，故命曰寫。

諺云書三寫，魚成魯，帝成虎。

泥音瀰。泥泥，露貌。

本證蓼蕭蓼彼蕭斯，零露泥泥。既見君子，孔燕豈弟。宜兄宜弟，令德壽豈。

行葦方苞方體，維葉泥泥。戚戚兄弟，莫遠具爾。（文選注作"維葉柅柅"。）

旁證謝朓始出尚書省詩邑里向疏蕪，寒流自清泚。衰柳尚沈沈，凝露方泥泥。

杜子美詩況乃山高水有波，秋風蕭蕭露泥泥。虎之饑下巉喦，蛟之横出清泚。

豈愚按：凡詩豈弟之豈，舊皆音愷。以禮運引"詩云：'凱弟君子，民之父母。'［泂酌］凱，以强教之；弟，以悦安之。"爲據也。今"令德壽豈"［蓼蕭］"飲酒樂豈"［魚藻］，皆讀如字。説文："豈，還師振旅樂也。"又："愷，康也，从心豈，豈亦聲。"則古音可識矣。且安知凱不音豈乎？

本證蓼蕭詩見上魚藻魚在在藻，有莘其尾。王在在鎬，飲酒樂豈。

貺音荒。説文："从貝兄聲。"兄古讀荒，詳見兄韻。

本證彤弓彤弓弨兮，受言藏之。我有嘉賓，中心貺之。

旁證左傳伯姬之繇女承筐，亦無貺也。西鄰責言，不可償也。

九章悲回風荼薺不同畝兮，蘭茝幽而獨芳。惟佳人之永都兮，更絶世以自貺。

載音祭。莊子："福輕乎羽，莫之知載。禍重乎地，莫之知避。"亦此音。

本證彤弓彤弓弨兮，受言載之。我有嘉賓，中心喜(去聲)之。鍾鼓既設，一朝右(音意)之。

旁證九章惜往日情冤見之日明兮，如列宿之錯置。乘騏驥而馳騁兮，無轡銜而自載。

韓勑造廟器碑乾元以來，三九之載。八皇三代，至孔乃備。

喜去聲。毛晃曰："喜怒之喜上聲，悦好之喜去聲。"

本證彤弓詩見上。

旁證易大畜三四利有攸往，上合志也。六四元吉，有喜也。

又升初二允升大吉，上合志也。九二之孚，有喜也。

九章橘頌深固難徙，更一志兮。緑葉素榮，紛其可喜兮。

急就章用日約少誠快意，勉力務之必有喜。

易林伯制於吏，憂人有喜。

太玄往其志，或承之喜。

馬融長笛賦紛葩爛漫，誠可喜也。波散廣衍，寔可異也。

憲音軒。禮記："武坐致右憲左。"鄭氏曰："憲讀如軒。"聲之誤也。

本證六月薄伐玁狁，至于大原(音延)。文武吉甫，萬邦爲憲。

板天之方難(音年)，無然憲憲。

崧高周邦咸喜，戎有良翰。不顯申伯，王之元舅，文武是憲。

旁證揚雄交州箴泉竭中虚，池竭瀕乾(音堅)。牧臣司交，敢告執憲。

衡音杭。玉衡，正天文之器。阿衡，湯相。

本證采芑約軝錯衡，八鸞瑲瑲。

韓奕淑旂綏章，簟茀錯衡。

閟宫秋而載嘗，夏而楅衡。

烈祖約軝錯衡,八鸞鶬鶬。

長發實維阿衡,實左右商王。

旁證荀卿賦篇以能合從,又善連衡。下覆百姓,上飭帝王。

楚辭惜誓或偷合而苟進兮,或隱居而深藏。苦稱量之不審兮,同權槩而就衡。

史記序傳維契作商,爰及成湯。太甲居桐,德盛阿衡。

傅毅車左銘虞氏作車,取象璣衡。君子建左,法天之陽。

顔延之陽給事誄如彼竹柏,負雪懷霜。如彼騑駟,配服驂衡。

旅音魯。詩旅如字讀者多,亦有魯音者,録之以存古音。

本證采芑方叔率止,鉦人伐鼓,陳師鞠旅。

賓之初筵籩豆有楚,殽核維旅。

常武王謂尹氏,命程伯休父,左右陳行,戒我師旅。

有客有客有客,亦白其馬。有萋有且,敦琢其旅。

旁證魏明帝善哉行我徂我征,伐彼蠻虜。練師簡卒,爰正其旅。

馳音駝。愚按:説文:"馳,从馬也聲","貤,从貝也聲"。蓋古也音移,與它通。故蛇從它,亦從也;池從也,亦從它。

本證車攻四黄既駕,兩驂不猗(平聲)。不失其馳,舍矢如破。

卷阿君子之車,既庶且多。君子之馬,既閑且馳。

旁證離騷屯余車其千乘兮,齊玉軑而並馳。駕八龍之婉婉兮,載雲旗之委蛇。

禱音斗。説文:"告禍福也。"

本證吉日吉日維戊(音牡),既伯既禱。田車既好,四牡孔阜(上聲)。

旁證易林白茅醴酒,靈巫拜禱。又爲設歡酒,冤尤誰禱。

兕音豕,一角獸也。説文下從豕,"古文从几"。徐鍇亦讀上聲。

本證吉日發彼小豝,殪此大兕。以御賓客,且以酌醴。

旁證太玄戾首東南射兕,西北其矢。

後漢李尤鎧銘甲鎧之施,扞禦鋒矢,尚其堅剛,或用犀兕。

寡音古。禮記:"君子寡言而行,以成其信。"鄭氏曰:"寡當爲顧聲之誤也。顧音古。”漢書“斬宛王毋寡之首”，或作鼓。後轉音可。陸雲歲暮賦：“歲難停而易逝兮，情艱多而泰寡。年有來而棄予兮，時無算而非我。”再轉則今音。

本證鴻鴈之子于征，劬勞于野。爰及矜人，哀此鰥寡。

旁證易雜卦傳離上而坎下(音虎)也，小畜，寡也。履不處也。

東方朔七諫淺智褊能兮，聞見又寡。數言便事兮，見怨門下。

史記序傳天下已平，親屬既寡。悼惠先壯，實鎮東土。

張衡西京賦收禽舉胔，數課衆寡。置互擺牲，頒賜獲鹵。

李固引語嶢嶢者易缺，皦皦者易污。

陽春之曲，和者必寡。盛名之下，其實難副。

宅音鐸，居也。説文“托也”，人所假托也。漢書注：“古文宅、度同。”禮記引詩“度是鎬京”。論衡引詩“此惟予度”。古音可考。

本證鴻鴈之子于垣，百堵皆作。雖則劬勞，其究安宅。

皇矣上帝耆之，憎其式廓。乃眷西顧，此維與宅。

崧高王命召伯(音博)，定申伯之宅。

旁證易林咸之蒙國馬生角，陰孽萌作。變易常服，君失於宅。

參同契魂之與魄，互爲室宅。性主處内，立置鄞鄂。

揚雄解嘲爰清爰靜，遊神之廷(音定)。惟寂惟寞，守德之宅。

又兖州牧箴成湯五徙，卒都於亳。盤庚北渡，牧野是宅。

班固留侯銘令惠瞻仰，安全正朔。國師是封，光榮舊宅。

左思詩買臣困樵采，伉儷不安宅。陳平無産業，歸來翳負郭。

晉張協七命金華啓徵，大人有作。繼明代照，配天光宅。

江淹雜體詩雙闕指直道，朱宫羅第宅。從容冰井臺，清池映華薄。

驕音高。

本證鴻鴈維此哲人，謂我劬勞。維彼愚人，謂我宣驕。

旁證左傳鸜鵒謠鸜鵒之巢，遠哉遥遥。裯父喪勞，宋父以驕。

揚雄逐貧賦鄙我先人，乃傲乃驕。瑶臺瓊室，華屋崇高。

晣音制。

本證庭燎夜如何其？夜未艾。庭燎晣晣。君子至止，鸞聲噦噦（音係。吴才老讀）。

旁證班婕妤擣素賦弱態含羞，妖風靡麗。皎若明魄之升崖，焕若荷花之昭晣。

張衡思玄賦鼈令殪而屍亡兮，取蜀禪而引世，死生錯而不齊兮，雖司命其不晣。

何晏景福殿賦峩峩嶫嶫，罔識所届（音記）。雖離朱之至精，猶眩曜而不能昭晣。

煇音熏。

本證庭燎夜鄉晨。庭燎有煇。君子至止，言觀其旂。

旁證張衡西京賦金戺玉階，彤廷煇煇。珊瑚琳碧，瓀珉璘彬。

旂音斤。説文："斤聲。"徐鍇繫傳曰："斤、旂近似。"聲韻家所以言旁紐也。

本證庭燎詩見上。

采菽觱沸檻泉，言采其芹。君子來朝，言觀其旂。

泮水思樂泮水，薄采其芹。魯侯戾止，言觀其旂。

旁證左傳滅虢謡丙之晨，龍尾伏辰。均服振振，取虢之旂。

海音喜。釋名："海，晦也，言承穢濁其水，黑如晦也。"

本證沔水沔彼流水，朝宗于海。鴥彼飛隼，載飛載止。

江漢于疆于理，至于南海。

玄鳥邦畿千里，惟民所止，肇域彼四海。

旁證禮記孔子閒居無聲之樂，氣志既起。無體之禮，施及四海。

宋玉大言賦並吞四夷，飲枯四海。跂越九州，無所容止。

瑯琊刻石事已大畢，乃臨于海。皇帝之功，勤勞本事（音始）。

○漢高鴻鵠歌鴻鵠高飛，一舉千里。羽翼已就，横絶四海。

枚乘七發南望荆山，北望汝海。左江右湖，其樂無有（音以）。

○易林訟之比水流趨下，欲至東海。求我所有，買魴與鯉。

魏武步出夏門行東臨碣石，以觀滄海。水何澹澹，山島竦峙。

牙音吾。漢地理志"允吾"，字作"牙"。太玄毅首："毅其牙，發以張弧。"又夷首：

“夷其牙，或飫之徒。”六朝轉音俄。

本證祈父祈父，予王之爪牙。胡轉予于恤？靡所止居。

旁證揚雄徐州箴事猶細微，不慮不圖。禍如邱山，本在萌牙。

又豫州箴陪臣執命，不慮不圖。王室陵遲，喪其爪牙。

漢石里謠石里之勇，商子華（音夫）。暴虎見之，藏爪牙。

客音恪。周封黄帝、堯、舜之後爲三恪。恪者，客也。左傳：“宋，殷後也，於周爲客。”太玄：“大開帷幕，以引方客。”

本證白駒縶之維之，以永今夕（音芍）。所謂伊人，于焉嘉客。

楚茨爲賓爲客，獻酬交錯。

旁證弟子職出入恭敬，如見賓客。危坐鄉師，顔色毋怍。

易繫辭傳重門擊柝，以待暴客。

九章哀郢順風波以從流兮，焉洋洋而爲客。淩陽侯之氾濫兮，忽翺翔之焉薄。

古詩人生天地間，忽如遠行客。斗酒相娱樂，聊厚不爲薄。

易林否之睽野鳥山鵲，來集六博。三梟四散，主人勝客。

曹植贈丁儀在貴多忘賤，爲恩誰能博？狐白足禦冬，焉念無衣客！

玉音珏。“有女如玉”［野有死麕］“彼其之子美如玉”［汾沮洳］“温其如玉”［小戎］，皆如今讀。即白駒、鶴鳴讀之已順，但玉有珏音，存以備古。

本證鶴鳴其下維穀。他山之石，可以攻玉。

白駒皎皎白駒，在彼空谷。生芻一束，其人如玉。（按：谷，一音裕，北京有平谷縣。北人讀玉亦同裕。）

旁證穆天子傳黄澤謡黄之澤（音鐸），其馬歕玉，皇人壽穀（音㲉。易林“和氣相薄”與“我生嘉穀”爲韻）。○易林桑葉腐蠹，衣弊如絡。女功不成，絲帛爲玉。

山音仙。六朝時猶此音，張協七命、顔延之應詔、謝靈運反舊園、江淹雜詩，或韻連、韻廛、韻年、韻縣，皆可考也。

本證斯干秩秩斯干，幽幽南山。

旁證孔子邱陵歌喟然回慮，題彼泰山，鬱確其高，梁甫迴連。

楚辭招魂層臺累榭臨高山些，網户朱綴刻方連些。

古詩稾砧今何在？山下復有山。何當大刀頭？破鏡飛上天。

易林履之節安上宜官，一日九遷。升擢超等，牧養常山。

馮衍顯志賦躍青龍於滄海兮，豢白虎於金山。鑿巖石而爲室兮，托高陽以養仙。

魏明帝種瓜篇與君爲新婚，瓜葛相結連。寄託不肖軀，有如倚太山。

曹植名都篇攬弓捷鳴鏑，長驅上南山。左挽因右發，一縱兩禽連。

陸雲歲暮賦彼鑒寐之有時兮，亦始卒之固然。舒遠懷於千載兮，悵同盛於中山。

西音先。白虎通："西者，遷方也，萬物遷落也。"文選注"西施"作"先施"。史記："先俞巠山。"正義："先俞，山名，即西崳也。"存此以備古音。

本證斯干西南其户。

旁證趙壹窮鳥賦幸賴大賢，我欽我憐。昔濟我南，今振我西。

魏明帝詩凉風夕起，悲彼秋蟬。變形易色，隨風東西。

曹子建飛蓬篇驚飆接我出，故歸彼中田。當南而更北，謂東而反西。

嵇康琴賦春蘭被其東，沙棠植其西。涓子宅其陽，玉醴涌其前。

裼音啻。愚按：説文："褅，緥也，从衣啻聲。詩曰：'載衣之褅。'"此其説甚明。許氏去古未遠，當有真見。又裼，説文："袒也，从衣易聲。"是與鄭詩"襢裼暴虎"之裼，音義實同。斯干似宜以説文爲據，"寢地"，"衣褅"爲韻。下又轉韻，不嫌與上章異也。

本證斯干乃生女子，載寢之地，載衣之裼。

議音俄。儀、羅古有俄音，已見上矣。舊讀議如字，乃以儀音義，羅音麗以叶之，似泥之過也。

本證斯干載弄之瓦。無非無儀，惟酒食是議，無父母詒罹。

北山或出入風議，或靡事不爲（音譌）。

旁證史記序傳桓公之東，太史是庸。及周侵禾，王人是議。

劉向七諫高陽無故而委塵兮，唐虞點灼而毀議。誰使正其真是兮，雖有八師而不可爲（音譌）。

池音沱。周禮職方氏"虖池"，禮記"有事於惡池"。池，通作沱。山海經："大戲之山，滹沱之水出焉。"白華："滮池北流。"説文作滮沱。"漸漸俾滂沱矣"，史記作滂池，惟其音也。説文繫傳："今之蹉跎，古作差池。"

本證無羊或降于阿，或飲于池。

皇矣無矢我陵，我陵我阿。無飲我泉，我泉我池。

旁證九歌少司命與女沐兮咸池，晞女髮兮陽之阿，望美人兮未來，臨風怳兮浩歌。

東方朔七諫鸞皇孔鳳日以遠兮，畜鳧駕鵝。雞鶩滿堂壇兮，蛙黽游乎華池。

揚雄羽獵賦相與集於靖冥之館，以臨珍池。灌以岐梁，（隘）［溢］以江河。

具音臼。舊讀以具與物叶，故音物，以微律切。音具，以居律切，竟與上三句不諧。愚讀"爾牧來思"至"或負其餱"爲一韻，以具與餱叶，似乎聲之暢也。餱去聲。

本證無羊爾牧來思，何蓑何笠，或負其餱。三十維物，爾牲則具。

旁證馬融廣成頌上無蜚鳥，下無走獸。虞人植旍，獵者效具。車敝田罷，從入禁囿。

張衡西京賦規遵王度，動中得趣（音奏）。於是觀禮，禮舉義具。

雄音盈。左傳正義云："古人讀雄與陵爲韻。"易林："翱翔桂林，爲衆鳥雄。"

本證無羊爾牧來思，以薪以蒸，以雌以雄。

正月召彼故老，訊之占夢。具曰予聖，誰知烏之雌雄？（聖，亦有平聲。晉常璩華陽國志贊："仲元抑抑，邦家儀刑。子雲元達，煥乎宏聖。"）

旁證孫文子卜繇兆如山陵，有夫出征，而喪其雄。

九歌國殤誠既勇兮又以武，終剛强兮不可淩。身既死兮神以靈，魂魄毅兮爲鬼雄。

漢冀州從事張表碑懿烈純德，繼踵相承。於來我君，亦邦之雄。

殆音以。説文："以聲。"荀子宥坐篇引孔子曰："幼不能强學，老無以教，吾恥之。去其故鄉，事君而達，卒遇故人，曾無舊言，吾鄙之。與小人處者，吾殆之。"耻、鄙、殆三字皆韻。太玄成首："成微改改，未成而殆。"改，古音几。

本證節南山弗問弗仕，勿罔君子。式夷式已，無小人殆。

雨無正維曰于仕，孔棘且殆。

玄鳥商之先后，受命不殆，在武丁孫子。

旁證屈原天問女岐縫裳，而館同爰止。何顛易厥首，而親以逢殆？

四子講德夫世衰道微，僞臣虚稱者殆也。世平道明，臣子不宣者鄙也。

易林姤之歸妹將戌係亥，陽藏不起。君子散亂，太上危殆。

崔瑗河堤謁者箴澮畎澱澱，東歸於海（音喜）。九野孔安，四隩不殆。

仕音始。説見士韻。

本證節南山詩見上。

文王有聲豐水有芑，武王豈不仕。詒厥孫謀，以燕翼子。

旁證易林賁之節君明聖哲，嗚呼其友（音以）。顯德之徒，可以禮仕。

魏文帝令詩喪亂悠悠過紀，白骨從横萬里，哀哀下民靡恃，吾將以時整理，復子明辟致仕（六言爲句）。

陶淵明飲酒疇昔苦長飢，投耒去學仕。將養不得節，凍餒固纏己。

届音記，至也。古作曁。

本證節南山君子如届，俾民心闋。

小弁譬彼舟流，不知所届。心之憂矣，不遑假寐。

采菽載驂載駟，君子所届。

旁證王粲遊海賦其深不測，其廣無臬（音乂）。章亥所不極，盧敖所不屆。

何晏景福殿賦鳥企山峙,若翔若滯,峨峨嶫嶫,罔識所屆。

木華海賦鷸如驚鳧之失侶,倏如六龍之所制。一越三千,不終朝而濟所屆。

闋音氣,止也。

本證節南山詩見上。

旁證曹植酒賦叙嘉賓之歡會,惟躭樂之既闋。日晻暗於桑榆兮,命僕夫而皆逝。

定平聲。

本證節南山不弔昊天,亂靡有定。式月斯生,俾民不寧。

江漢四方既平,王國庶定。

旁證左傳逸詩周道挺挺,我心扃扃,講事不令,集人來定。

政平聲。周官:"掌均地政,以土均平。"政,鄭氏皆讀爲征。

本證節南山不自爲政,卒勞百姓。

抑其在于今,興迷亂于政。

旁證潘岳許由頌虛薄忝任,來宰斯城。愧無惠化,豹産之政。

誦音宗。徐邈讀。

本證節南山家父作誦,以究王訩。式訛爾心,以畜萬邦。

崧高吉甫作誦。(烝民同。)

旁證尚書大傳辟雝辭率爾衆工,奏爾悲誦,肅肅雝雝,無怠無凶。

楚辭九辯欲循道而平驅兮,又未知其所從。然中路而迷惑兮,自壓按而學誦。

漢石門頌春秋紀異,今而紀功。垂流億載,世世嘆誦。

邦音崩。釋名:"邦,封也。有功於是,故封之也。"古屬東韻。考之王粲贈蔡子篤、阮籍元父賦、顔延之靖節誄、鮑照數詩,或韻東、韻聾、韻恭、韻鴻。則六朝猶此音也。

本證節南山詩見上。

瞻彼洛矣君子至止,福禄既同。君子萬年,保其家邦。

采菽維柞之枝，其葉蓬蓬。樂只君子，殿天子之邦。

思齊神罔時怨，神罔時恫。刑于寡妻，至于兄弟，以御于家邦。

皇矣密人不恭，敢距大邦。

崧高登是南邦，世執其功。

召旻蟊賊内訌，昏椓靡共。潰潰回遹，實靖夷我邦。

閟宫奄有龜蒙，遂荒大東，至于海邦。

旁證易師上九大君有命，以正功也。小人勿用，必亂邦也。

又否彖天地不交而萬物不通也。上下不交而天下無邦也。

禮記孔子閒居無體之禮，上下和同。無服之喪，以畜萬邦。

易林益之大有張王、季莊，莫適爲公。政道塞壅，周君失邦。

韋孟諷諫至於有周，歷世會同。王赧聽譖，實絶我邦。

漢圉令趙君碑追景行亦難雙，刻金石示萬邦。

漢西岳華山亭頌赫赫在上，以畜萬邦。惟嶽降神，實生羣公。

曹植盤石篇仰天長歎息，思想懷故邦。乘桴何所志，吁嗟我九公。

潘岳關中詩好爵既縻，顯戮亦從。不見竇林，伏尸漢邦。

口音苦。

本證正月好言自口，莠言自口。憂心愈愈，是以有侮。

旁證正考父鼎銘亦莫余敢侮，饘於是粥，於是以餬余口。

宋玉風賦侵淫谿谷，盛怒於土囊之口。緣太山之阿，舞於松柏之下。

漢白渠歌且溉且糞，長我禾黍。衣食京師，億萬之口。

參同契三性既合會，本性共宗祖。巨勝尚延年，還丹可入口。

易林坤之臨白龍赤虎，戰鬭俱怒。蚩尤敗走，死於魚口。

厲音冽。古"厲山氏"或作"烈山氏"。

本證正月心之憂矣，如或結之。今兹之正，胡然厲矣？

旁證曹植七啓然主上猶以沈恩之未廣，懼聲教之未厲。採英奇於惻陋，宣皇明於岩穴。

左思蜀都賦大火流，涼風厲。白露凝，微霜結。

又巴姬彈弦，漢女擊節。起西音於促柱，歌江上之飄厲。

烕音血。“赫赫宗周，褒姒烕之。”烕，滅也。烕字从戌从火。解曰：“火墓於戌，至戌而滅。”然與滅字義同而字異，音亦異。今同音，讀之誤。

姒音以。褒姒、太姒皆此音。春秋書“葬我小君定姒”，公羊作弋，聲之譌也。張衡東京賦：“宓妃攸館，神用挺紀。龍圖授羲，龜書畀姒。”

輔音甫。説文：“从車甫聲。”

本證正月終其永懷，又窘陰雨。其車既載，乃棄爾輔。

閟宫大啓爾宇，爲周室輔。

旁證易大過三四棟橈之凶，不可以有輔也。棟隆之吉，不橈乎下也。

離騷皇天無私阿兮，覽民德焉錯輔。夫維聖哲之茂行兮，苟得用此下土。

易林明夷之坤太公避紂，七十隱處。卒逢聖文，爲王室輔。

王粲贈士孫文始在漳之湄，亦克晏處。和通篪塤，比德車輔。

阮籍詠懷於赫帝朝，伊衡作輔。才非允文，器非經武。

意音憶。賈誼鵩鳥賦“請對以臆”，或作意。

本證正月屢顧爾僕，不輸爾載(音即)。終踰絶險，曾是不意。

旁證易明夷四五入于左腹，獲心意也。箕子之貞，明不可息也。

屈原天問厥萌在初，何所意焉？璜臺十成，誰所極焉？

秦之罘刻石三句一韻大矣哉！宇縣之中，承順聖意。羣臣誦功，請刻於石表，垂於常式。

沼説文：“池也，从水召聲。”樂讀撈，炤讀照，虐讀研耀切，則此章自叶。舊以沼音灼、以樂音洛，似不知北音也。

本證正月魚在于沼，亦匪克樂。潛雖伏矣，亦孔之炤。憂心慘慘，念國之爲虐。

伏音逼，藏匿也。白虎通：“北方者，伏方也，萬物伏藏也。”考工記：“不伏其轅”，鄭注云:“故書伏作逼。”

本證正月詩見上。

旁證易雜卦傳兑見,而巽伏也。隨,無故也,蠱則飭也。

鵩鳥賦禍兮福所倚,福兮禍所伏。憂喜聚門兮,吉凶同域。

東方朔七諫處玄舍之幽門兮,穴岩石而窟伏。從水蛟而爲徒兮,與神龍乎休息。

易林坎之歸妹南至之日,陽消不息。北風烈寒,萬物藏伏。

揚雄上林苑箴夷原污藪,禽獸攸伏。魚鼈以時,芻蕘咸殖。

朱穆絶交詩飛不正向,寢不定息。飢則木攬,飽則泥伏。

囂音嶅。囂有枵、嶅二音,此則讀嶅。韓詩作“讒口謷謷”,劉向傳作“嶅嶅”,又漢五行志:“莫敖”作“莫囂”,在板則讀枵。要承上文爲韻耳。

本證十月之交黽勉從事,不敢告勞。無罪無辜,讒口囂囂。

板我雖異事,及爾同僚。我即爾謀,聽我囂囂。

夜音裕,已見前。愚按:此夜舊叶約,與夕、惡爲韻,無所考據。不知夜與戾、勩叶,下四句又轉韻也。亦已見前。

本證雨無正周宗既滅,靡所止戾。正大夫離居,莫知我勩。三事大夫,莫肯夙夜。

出讀如鼓吹之吹。增韻:“自内而外曰出。凡物自出則入聲;使之出則去聲。”書“寅賓出日”,“出納五言”,“我其發出狂”;易“出涕沱若”,“利出否”,皆此音。一音赤,見後。

本證雨無正哀哉不能言,匪舌是出,維躬是瘁。

漸漸之石山川悠遠,曷其没矣!武人東征,不遑出矣。

旁證魏都賦河、洛開奥,符命用出。翩翩黄鳥,銜書來訊。

血音絠。

本證雨無正鼠思泣血,無言不疾。昔爾出居,誰從作爾室?

旁證易需六四需於血,出自穴。

又歸妹上六女承筐無實,士刲羊無血。

宋玉高唐賦何節奄忽,蹄足灑血。舉功先得,獲車已實。

用音庸。

本證小旻謀臧不從，不藏覆用。我視謀猶，亦孔之卬。

旁證淮南子有精而不使，有神而不用。契大渾之樸，而立至清之中。

太玄法首造法不法，不足用也。摹法以中，衆之所共（平聲）也。

班固西都賦行止朝夕，儲不改供。禮上下而接山川，究休祐之所用。

底音脂。細礪爲底，致至爲底。蕭望之傳"底厲鋒鍔"，枚乘傳"磨礲底厲"，鄒陽傳"底節修德"，梅福傳"爵禄天下之底石"。師古曰："音紙，又音脂。"

本證小旻謀之不臧，則具是依。我視謀猶，伊于胡底？

集音讐。愚按：韓詩集作就，因以猶爲去聲。今以河上歌證之，猶自如字。"發言盈廷"［小旻］下又轉韻。集一音雜見後。

本證小旻我龜既厭，不我告猶。謀夫孔多，是用不集。

旁證吴越春秋河上歌同病相憐，同憂相捄（平聲）。驚翔之鳥，相隨而集。瀨下之水，因復俱流。

謀音迷。已見前。舊以此謀音謨，以叶膴。愚按：上否既叶止，"民雖靡膴"三句一韻，下二句一韻。艾與敗叶，順之至也。若音謨，氣脈似斷矣。

本證小旻國雖靡止，或聖或否（音鄙）；民雖靡膴，或哲或謀，或肅或乂（音義）。如彼泉流，無淪胥以敗（音備）。

富音係。合瞻卬、閟宮讀之似順。舊音逼，"翟公署門，一貧一富，乃知交態"。態音替。

本證小宛人之齊聖，飲酒温克。（温，讀如蘊藉之藴；克，去聲，讀如器。）彼昏不知，壹醉日富。

瞻卬天何以刺？何神不富？舍爾介狄，維予胥忌。

閟宮俾爾昌而熾，俾爾壽而富。黄髮台背，壽胥與試。

旁證易小畜四五有孚惕出，上合志也。有孚攣如，不獨富也。

又无妄初四无妄之往，得志也。不耕穫，未富也。

成相篇治之志，後勢富，君子誠之好以待（音地）。○瑯琊刻石上農除末，黔首是富。普天之下，摶心揖志。

馬融笛賦繁會叢雜，何其富也？紛葩爛漫，誠可喜也。

易林遯之渙雲夢苑囿，萬物蕃熾。犀象玳瑁，荆人以富。

漢涼州歌游子常苦貧，力子天所富。寧見乳虎穴，不入冀府寺。

負說文："恃也，从人守貝，有所恃也。"或音恃，亦音乎。恃，古多讀上聲。曹植雜詩："時俗薄朱顔，誰爲發皓齒？俯仰歲將暮，榮曜難久恃。"以與小宛、生民韻似安。古人所謂因義得聲也，然無可引證。

本證小宛中原有菽，庶民采之。螟蛉有子，蜾蠃負之。教誨爾子，式穀似之。

生民恒之穈芑，是任是負。以歸肇祀（音以）。

似音以。說文："从人以聲。"易"箕子以之"，鄒氏、荀氏皆作似。"於穆不已"［維天之命］，正義［引］譜作不似。

本證小宛詩見上。

裳裳者華右之右之，君子有之。維其有之，是以似之。

江漢無曰予小子，召公是似。肇敏戎公，用錫爾祉。

旁證賈誼旱雲賦運清濁之澒洞兮，正重沓而並起。嵬隆崇以崔巍兮。時彷彿而有似。

東方朔七諫同音者相和兮，同類者相似。飛鳥號其羣兮，鹿鳴求其友。

孔明梁甫吟步出齊城門，遥望蕩陰里。里中有三墳，纍纍正相似。

束皙補亡詩養隆敬薄，惟禽之似。勗增爾虔，以介丕祉。

謝靈運會吟行滮池溉粳稻，輕雲曖松杞。兩京媿佳麗，三都豈能似。

梓音滓。說文："梓从宰省聲。"宰音滓，見後。

本證小弁維桑與梓，必恭敬止。靡瞻匪父，靡依匪母。

旁證張衡南都賦永世克孝，懷桑梓焉。真人南巡，覩舊里焉。

潘岳贈陸機祁祁大邦，惟桑惟梓。穆穆伊人，南國之紀。

又贈吴子仲吴侯降高質，剖符授千里。垂覆豈他鄉，迴光臨桑梓。

謝靈運會吟行東方就旅逸，梁鴻去桑梓。牽綴書土風，辭殫意未已。

在音止。

本證小弁不屬于毛，不離于裏。天之生我，我辰安在？

旁證離騷吾令豐隆乘雲兮，求宓妃之所在。解佩纕以結言兮，吾令謇修以爲理。

東方朔七諫聞南藩樂而欲往兮，至會稽而且止，見韓衆而宿之兮，問天道之所在。

易林乾之剥周帀萬里，不危不殆。見其所使，無所不在。

魏郭輔碑葉葉昆嗣，福禄茂止。克昌厥後，身去烈在。

陸機贈弟詩自往迄兹，曠年八祀（音以）。悠悠我思，非爾焉在？

嘒音意。舊音會，則韻不諧。

本證小弁菀彼柳斯，鳴蜩嘒嘒。有漼者淵，萑葦淠（音譬）淠。

采菽其旂淠淠，鸞聲嘒嘒。

旁證曹植蟬賦詩歎鳴蜩，聲嘒嘒兮。盛陽則生，太陰逝兮。

威音畏。康誥"天畏棐忱"，古文尚書畏作威。蓋威、畏通音。將仲子以畏讀威，巧言以威讀畏，曰："昊天已威，予慎無罪。"

盟音芒。从明得聲。明古悉讀芒。

本證巧言君子屢盟，亂是用長。

旁證史記序傳殺鮮放度，周公爲盟。太任十子，周以宗强。

樹音暑。凡韻書皆有此音。

本證巧言荏染柔木，君子樹之。往來行言，心焉數之。

行葦四鍭如樹，序賓以不侮。

旁證郭璞山海經贊有華無寔，莤容之樹。邊谿類狗，皮厭妖蠱。

厚音甫。太玄親首："厚不厚，比人將走。"走古音祖，故與厚韻。

本證巧言蛇蛇碩言，出自口矣。巧言如簧，顔之厚矣。（巧，去聲。舊説善功曰巧，上聲，禮記“辭欲考”是也。僞功曰巧，去聲，論語“巧言令色”是也。愚按：左思魏都賦：“遐邇悦豫而子來，工徒擬議而逞巧。闡鉤繩之筌緒，承二分之正要。”則善功亦去聲也。）○卷阿爾土宇昄章，亦孔之厚矣。

旁證漢遠夷慕德歌聖德深恩，與人富厚。冬多霜雪，夏多和雨。

枚乘七發飲食則溫淳甘膬，脭醲肥厚。衣裳則雜遝曼暖，燂爍熱暑。

繁欽征天山賦清我東南，渾齊邊寓。力淺効深，費薄功厚。

華陽國志贊子淵黼麗，蔚若華圃；子山翰藻，遺篇有厚。

階音基。釋名：“階，梯也，如梯有等級也。”

本證巧言彼何人斯？居河之麋。無拳無勇，職爲亂階。

瞻卬懿厥哲婦，爲梟爲鴟。婦有長舌，維厲之階。

旁證古詩西北有高樓，上與浮雲齊。交疏結綺窗，阿閣三重階。

班固西都賦雖輕迅與僄狡，猶愕眙而不能階。攀井幹而未半，目眴轉而意迷。

蔡邕青衣賦河上逍遥，徙倚庭階。南瞻井柳，仰察斗機。

陸雲答兄矯矯乘馬，載驅載馳。漫漫長路，或降或階。

應瑒詩良遇不可值，伸眉路何階。公子敬愛客，樂飲不知疲。

禍音虎。

本證何人斯二人從行，誰爲此禍？胡逝我梁，不入唁我？

旁證班固幽通賦安慆慆而不萉兮，卒隕身乎世禍。遊聖門而靡救兮，雖覆醢其何補？

馮衍顯志賦昔三后之純粹兮，每季世而窮禍。弔夏桀於南巢兮，哭殷紂於牧野。

胡廣侍中箴籍閎飾顔，穢我神武。鄧通擅鑄，不終厥後。中書竊命，石宏作禍。

陸機漢高功臣頌保大全祚，非德孰可？謀之不臧，舍福收禍。

舍音舒。説文:“郤,舍聲。”又曰:“余,語之舒也,舍省聲。”公羊傳“書君舍”,左氏、穀梁傳皆作荼,音舒。魏了翁曰:“六經凡舍皆音暑。平讀則音舒耳。”

本證何人斯爾之安行,亦不遑舍。爾之急行,遑脂爾車。

旁證易林比之同人日走月步,趨不同舍。夫妻反目,主君失居。

易舊音怡。焦弱侯曰:韓詩[何人斯]作“我心施也”,與知、祇更叶。韓又注云:“施,善也。”

翩音彬。

本證巷伯緝緝翩翩,謀欲譖人。

旁證陸機大暮賦庭樹兮華落,莫草兮根陳。松柏兮鬱鬱,飛鳥兮翩翩。

幡音掀。

本證巷伯捷捷幡幡,謀欲譖言(音延)。豈不爾受,既其女遷。

旁證孫綽天台賦泯色空以合跡,忽即有而得玄。釋二名之同出,消一無於三幡。

怨似宜音威,與嵬、萎爲韻。然考獻玉歌以怨與汶、分叶。蔡邕逐貧賦[1]引“忘我大德,思我小怨”,以怨與焉、仙韻。陳琳悼龜賦以怨與云叶,皆平聲也。諸如此類尚多,讀者或宜以韻爲主乎?

本證谷風習習谷風,維山崔嵬。無草不死,無木不萎(平聲)。忘我大德,思我小怨。

視音始。

本證大東周道如砥,其直如矢。君子所履,小人所視。

旁證易林臨之困履危不止,與鬼相視。驚恐失氣,如履虎尾。

東京賦度堂以筵,度室以几。京邑翼翼,四方所視。

吴都賦擁之者龍騰,據之者虎視。麾城若振槁,搴旗若顧指。

東音當。“丁東珮聲”亦作丁當。詩如“三五在東”[小星]、“匪車不東”[旄立]、“沫之東矣”[桑中],皆如今讀。東與空韻固叶。然當,古音也,存之。

---

① 藝文類聚卷三十五引逐貧賦爲揚雄所作。陳第誤記。又揚文下接“堪寒能暑,少而習焉。寒暑不忒等壽神仙”。協怨韻。

本證大東大東小東，杼柚其空（音匡）。糾糾葛屨，可以履霜。

旁證司馬相如大人賦互折窈窕以右轉兮，横厲飛泉以正東。悉徵靈圉而選之兮，部署衆神於摇光。

楊泉蠶賦粤召（僕）［役］夫，築室於（旁）［房］，於（旁）［房］伊何？在庭之東（此當音）。

徐幹室思詩衣食無有期，中心摧且傷。不聊憂餐食，嗛嗛常飢空（此匡音）。

契音挈。大東"契契寤歎"與邶風"死生契闊"，皆此讀。老子："有德司契，無德司轍。"易繫辭："上古結繩而治，後世聖人易之以書契。百官以治，萬民以察。"音切。衛恒字勢："黄帝之史沮誦、蒼頡，眺彼鳥跡，始作書契。"漢書"爰契我龜"作爰挈。

試音西。

本證大東舟人之子，熊羆是裘（音箕）。私人之子，百僚是試。

旁證易无妄九四可貞无咎，固有之也。

又九五无妄之藥，不可試也。

夏音虎。史記索隱音户。

本證四月四月維夏，六月徂暑。

旁證穆天子傳予還東土，和理諸夏。萬民均平，吾顧見汝。

揚雄城門校尉箴昔在上世，有殷有夏。癸辛不德，而設夫險阻。

吴鼓吹曲攄武師，斬黄祖。攘夷凶族，革平西夏。炎炎火烈震天下。

陸雲盛德頌於鑠王師，遵時匪怒。爰赫乘釁，席捲三夏。

韓愈元和聖德詩維是元年，有盗在夏，欲覆其州，以踵近武。

濁音獨。白虎通："瀆者，濁也。"孺子歌："滄浪之水濁兮，可以濯我足。"

本證四月相彼泉水，載清載濁。我日搆禍，曷云能穀？

旁證古樂府獨漉獨漉，水深泥濁。

潁川歌潁水清，灌氏寧；潁水濁，灌氏族。

酈炎見志詩賢愚豈常類，稟性在清濁。富貴有人籍，貧賤無天録。

劉向九歎撥諂諛而匡邪兮,切淟涊之流俗。盪湣湣之姦咎兮,夷蠢蠢之溷濁。

張協雜詩秋夜涼風起,清風蕩暄濁。蜻蛚吟階下,飛蛾拂明燭。

陳張君祖詠懷風來詠愈清,鱗萃淵不濁。斯乃元中子,所以矯逸足。

賢音形。劉向校列子録云:"字多錯誤,以賢爲形,蓋音同故錯。"太玄:"懷利滿匈,營私門也。小盛臣臣,事仁賢也。"

本證北山率土之濱,莫非王臣。大夫不均,我從事獨賢。

行葦舍矢既均,序賓以賢。

旁證三略羣吏朋黨,各進所親。招舉姦枉,抑挫仁賢。

荀卿成相篇曷謂賢?明君臣,上能尊主愛下民。

又堯讓賢,以爲民,氾利兼愛德施均。

班固幽通賦天造草昧,立性命(平聲)兮,復心宏道,惟聖賢兮。

漢書序傳平津斤斤,晚躋金門。既登爵位,禄賜頤賢。

曹大家東征賦惟經典之所美兮,貴道德與仁賢。吴札稱多君子兮,其言信而有徵。

疷當作痻。音民。

本證無將大車無將大車,祇自塵兮。無思百憂,祇自疷兮。

戚音促。釋名:"戚,蹙也。"考工記:"不微至,無以爲戚速也。"戚音促。左氏傳作慼。戚、蹙古通用。太玄"孚其肉,其志資戚",亦此音。

本證小明歲聿云莫,采蕭穫菽。心之憂矣,自詒伊戚。

旁證班固幽通賦雍造怨而先賞兮,丁由惠而被戮。栗取弔於逌吉兮,王膺慶於所慼。

僭音侵。愚按:説文"从人朁聲";"朁,从曰兓聲","兓,鋭意也,从二兂","先,首笄也,象簪形。"此其互相解義,似讀平聲,於離騷可證也。憯,亦"从心朁聲",後世則讀僭爲薦,讀憯爲慘矣。又説文"簪,从竝白聲";亦作朁,後世讀剃;又作替,讀鐵。此古今之殊也。

本證鼓鐘鼓瑟鼓琴,笙磬同音。以雅以南,以籥不僭。

抑覆謂我僭,民各有心。

旁證離騷長太息以掩涕兮,哀民生之多艱。余雖好修姱以鞿羈兮,謇朝誶而夕替。

雅音伍。樂記:"始奏以文,復亂以武。治亂以相,訊疾以雅。"皆此音。

旁證仲長統述志詩寄愁天上,埋憂地下。叛散五經,滅棄風雅。

張衡撰鮑德誄舍厥往著,去風即雅。濟濟京河,實惟西魯。

華陽國志贊叔文播教,變風爲雅。道洽化遷,我寔西魯。

祀音乙,亦音以。見後。

本證楚茨我倉既盈,我庾維億。以爲酒食,以饗以祀。

又苾芬孝祀,神嗜飲食。

大田以享以祀,以介景福。

旁證易困九五[1]困於酒食,朱紱方來(音力)。利用享祀。

易林巽之蹇磝磽白石,不生黍稷,無以供祭,鬼神乏祀。

慶音羌。蕭該漢書音義曰:"慶音羌。"今漢書亦有作羌者。詩與易凡慶皆當讀如羌。古亦音卿,故慶雲讀卿雲。班固白雉詩:"彰皇德兮侔周成,永延長兮膺天慶。"卿亦可讀羌,故楚辭大招:"諸侯畢極立九卿只,昭質既設大侯張只。"

本證楚茨神保是饗,孝孫有慶。報以介福,萬壽無疆。

甫田我田既臧,農夫之慶。

裳裳者華維其有章矣,是以有慶矣。閟宮萬舞洋洋,孝孫有慶。

旁證易坤彖西南得朋,乃與類行。東北喪朋,乃終有慶。

又文言積善之家,必有餘慶。積不善之家,必有餘殃。

士冠禮辭黃耇無疆,受天之慶。

急就章所不侵,龍未央。尹嬰齊,翟回慶。

---

① 十三經注疏周易正義爲困九二。

易林未濟之大有初雖驚惶，後乃無傷，受其福慶。

太玄盛首天錫之光，大開之疆，於謙有慶。

炙音灼。

本證楚茨執爨踖踖（音鵲），爲俎孔碩（音芍）。或燔或炙，君婦莫莫。

瓠葉有兔斯首，燔之炙之。君子有酒，酌言酢之。

行葦醓醢以薦，或燔或炙。嘉殽脾臄，或歌或咢。

旁證禮運以亨以炙，以爲醴酪。治其絲麻，以爲布帛（音薄）。〇又醴醆以獻，薦其燔炙。君與夫人交獻，以嘉魂魄（音薄）。是謂合莫。

庶音鵲。

本證楚茨爲豆孔庶，爲賓爲客。

旁證石鼓詩黄白其鯿，有鮒有白（音薄），其朐（音豆）孔庶。

又四馬其寫，六轡沃若，徒馯孔庶，鄜騎宣博。

格音閣。説文："从木各聲。"古鐘鼎篆字皆作各。漢義縱傳"廢格沮事"，吾邱壽王傳"善格五"，韓非子"嚴家無格虜"，皆此音。斯干"約之閣閣"，周禮注作"約之格格"，是其證也。

本證楚茨獻酬交錯，禮儀卒度。笑語卒獲，神保是格。

抑神之格思，不可度思。

旁證易林兑之隨任刀隨身，如蝟見鵲。偃視恕腸，不敢拒格。

漢崔寔諫議箴煦煦胥讒，人謗乃作。不顧厥愆，是討是格。

左思吴都賦刲剞熊羆之室，剽略虎豹之落。猩猩啼而就擒，䴇䴇（音費）笑而被格。

孫音申。荀卿，書注云："漢宣帝名詢，劉向編録，故以荀爲孫。"

本證楚茨我孔熯矣，式禮莫愆。工祝致告，徂賚孝孫。

旁證趙壹窮鳥賦天乎祚賢，歸賢永年（音寧）。且公且侯，子子孫孫。

易林乾之旅繭栗犧牲，敬享鬼神。神嗜飲食，受福多孫。

漢書序傳姼姼公主，迺女烏孫。使命迺通，條支之瀕。

愆音傾。

本證楚茨詩見上。

旁證韓愈祭兄文趨奔束制，生死虧恩。（説文：“从心因聲。”）歸女教男，反骨本原（音營）。其不有年，以補我愆。

備音畢。周禮：“凡樂成則告備。”成，謂所奏一竟也。燕禮：“太師告於樂正曰：‘正樂備。’”是備有畢音也。

本證楚茨禮儀既備，鐘鼓既戒（音急）。孝孫徂位，工祝致告。

旱麓清酒既載，騂牡既備。以享以祀，以介景福。

旁證士冠禮字辭禮儀既備，令月吉日。

太玄攡首一判一合，天地備矣。天日回行，剛柔接矣。

告音骼。

本證楚茨詩見上。

抑訏謨定命，遠遊辰告。敬慎威儀，維民之則。

旁證易林萃之噬嗑六爻既立，神明所告。文定吉祥，康叔受福。

史記序傳收殷餘民，(叙)[叔]封始邑，申以商亂，酒材是告。

漢郎中鄭固碑帝用嘉之，顯拜殊特。俯哭誰訴？仰號天告。

奏音族。古奏、族通音。漢書云：“太簇族，奏也，言陽氣大奏地而達物也。”白虎通：“族者，湊也，恩愛相流湊也。”又漢嚴安傳：“條五聲，使有節族。”

本證楚茨樂具入奏，以綏後禄。

旁證西晉張協七命析龍眼之房，剖椰子之殼。芳旨萬選，承意代奏。

盡上聲。曲禮：“虚坐盡後，食坐盡前。”動靜字音云：“極謂之盡，去聲；既極曰盡，上聲。”左傳：“周禮盡在魯。”晉獻公曰：“必盡敵。”皆此音。俗作儘。

本證楚茨孔惠孔時，維其盡之。子子孫孫，勿替引之。

旁證潘岳寡婦賦氣憤薄而乘胸兮，涕交横而流枕。亡魂逝而永遠兮，時歲忽其遒盡。

又悼亡詩爾祭詎幾時，朔望忽復盡。衾裳一毀撤，千載不復引。

殷仲文九井詩獨有清秋日，能使高興盡。景氣多明遠，風物自淒緊。

徹音赤。

本證十月之交天命不徹，我不敢效，我友自逸。

旁證陸雲九愍君在初之嘉惠，每成言而永日。怨谷風之攸歎，彌九齡而未徹。

甸音陳。周官："掌令邱乘田之政令。"注云："四邱爲甸，讀與'維禹敶'之敶同。"韓詩："維禹敶之。"

本證信南山信彼南山，維禹甸之。畇畇原隰，曾孫田之。

旁證劉劭瑞龍賦有蜿之龍，來游郊甸，應節合義，象德效仁。

祜音古。徐鉉曰："此漢安帝名也。福也，當从示古聲。"

本證信南山是剥是菹，獻之皇祖。曾孫壽考，受天之祜。

桑扈交交桑扈，有鶯其羽。君子樂胥，受天之祜。

皇矣以篤周祜，以對于天下。

下武昭兹來許，繩其祖武。於萬斯年，受天之祜。

泮水允文允武，昭假烈祖。靡有不孝，自求伊祜。

烈祖嗟嗟烈祖，有秩斯祜。

旁證周祭天辭各得其所，靡今靡古。維予一人，敬拜皇天之祜。

士冠辭乃申爾服，禮儀有序(上聲)。祭此嘉爵，承天之祜。

王粲太廟頌昭大孝，衎妣祖。念武功，收純祜。

陸機答賈謐赫矣隆晉，奄宅率土。對揚天人，有秩斯祜。

耔音只。轉音平聲。陶潛歸去來辭："懷良辰以孤往，或植杖而耘耔。登東皋以舒嘯，臨清流而賦詩。"再轉則音子。

本證甫田今適南畝，或耘或耔。黍稷薿薿，攸介攸止。

旁證張衡東京賦供神郊之粢盛，必致思乎勤已。兆民勸於疆場，咸懋力以耘耔。

敏音米。

本證甫田禾易長畝，終善且有(音以)。曾孫不怒，農夫克敏。

旁證漢書叙傳宣之四子，淮陽聰敏。舅氏籧篨，幾陷大理。

魏郭輔碑篤生七子，鍾天之祉。堂堂四俊，碩大婉敏。

何晏景福殿賦克明克哲，克聰克敏。永錫難老，兆民賴止。

嵇康琴賦於是器泠弦調，心閒手敏。觸攙(音撇)如志，惟意所擬。

覃爾雅注引大田“以我覃耜”作剡耜。覃、剡音義同。

白音博。

本證裳裳者華裳裳者華，或黄或白。我覯之子，乘其四駱。乘其四駱，六轡沃若。

旁證東方朔七諫愉近習而蔽遠兮，孰知察其黑白？卒不得效其心容兮，安渺渺而無所歸薄。

王褒僮約夜半無事，浣衣當白。若有私斂，主給賓客。

易林解之剥申酉退跌，陰慝前作。柯條花枝，復泥不白。

王逸九思含憂强老兮愁無樂，(鬢)[鬚]髮蔓顇兮飄鬢白。思(雲)[靈]澤兮一膏沐，懷蘭英兮把瓊若。

郭璞遊仙詩晦朔如循環，月盈已見魄。蓐收清西陸，朱羲將由白。

左七何反。按：左古讀佐。書：“左右厥辟，宅師。”易“以左右民”是也。徐鉉曰：“今俗别作佐。”佐又有鄌音，如太玄：“晬惡無善終，不可佐也。晬終之貞，誠可嘉也。”嘉讀歌。今左與宜韻，平聲無疑。或謂竹竿“泉源在左”與“佩玉之儺”爲韻。舊叶儺爲上，何也？曰：此其解在説文，説文引“佩玉之儺”，謂“从人難聲”，故“不戢不難，受福不那”[桑扈]與“猗儺其枝”[隰有萇楚]古聲皆平，非關叶也。

本證裳裳者華左之左之，君子宜之(宜音俄)。

屏音丙。

本證桑扈交交桑扈，有鶯其領。君子樂胥，萬邦之屏。

旁證潘尼答傅咸忽荷略紐，握綱提領。矯矯貞臣，惟國之屏。

翰瑚涓切。陸機弔魏武：“逮營魂之未離，假餘息乎音翰。執姬女以嚬瘁，指季豹而漼焉。”是晉猶此音也。

本證桑扈之屏之翰，百辟爲憲(音軒)。

旁證張衡四愁賦我所思兮在太山(音先)。欲往從之梁父艱，側身東望涕沾翰。

秭音迷，去聲。吴才老云："今聲濁，叶隊；古聲清，叶志。"鴛鴦詩："乘馬在廄，摧之秭之。君子萬年，福禄艾之。"艾音乂。

柏音博，後轉爲必音。潘岳悼亡詩："山氣冒岡嶺，長風鼓松柏。堂虚聞鳥聲，室暗如日夕。"再轉則今音矣。

本證頍弁蔦與女蘿，施于松柏。未見君子，憂心奕奕；既見君子，庶幾説懌。

閟宫徂徠之松，新甫之柏。

旁證九歌山鬼山中人兮芳杜若，飲石泉兮蔭松柏。君思我兮然疑作。

易林蹇之訟土瘠瘦薄，培塿無柏，使我不樂。

何劭遊仙詩青青陵上松，亭亭高山柏。光色冬夏茂，根柢無彫落。

郭璞遊仙詩寒露拂陵苕，女蘿辭松柏。蕣榮不終朝，蜉蝣豈見夕。

奕音約。大也，盛也。爾雅："奕奕，憂也。"下皆從大。然爾雅疏"奕奕梁山"，作弈弈，下从廾，音拱。豈古通用耶？今别爲博弈之弈。

本證頍弁詩見上。閟宫新廟奕奕，奚斯所作。

旁證陸機七徵敷延袤之廣廡，矯凌霄之高閣。秀清輝兮雲表，騰藻蔭之奕奕。

班固弈旨北方之人，謂棋爲弈。宏而説之，舉其大略。

懌音弱。懌，繹同音。説苑"辭之懌矣"，懌作斁。

本證頍弁詩見上。

板辭之懌矣，民之莫矣。

那庸鼓有斁，萬舞有奕。我有嘉客，亦不夷懌。

旁證孫楚榮啓期贊榮心温雅，既夷既懌。濁以徐清，寂然淡泊。

恸音方。愚按説文："仿，相似也，从人方聲。"又作俩，云："籀文仿从丙。"是方、丙古通音也。周禮枋亦音柄，非其證乎？今讀方，與"松上有臧"正叶。上，平聲,已見上矣。舊以上爲如字,以怲音棒,以臧音臓,似未考之説文也。

本證頍弁蔦與女蘿,施于松上(平聲)。未見君子,憂心怲怲;既見君子,庶幾有臧。

仰音昂。古卬、仰通音,故"卬須我友"、"顒顒卬卬"讀昂。"瞻仰昊天"讀魚兩反。車舝仰讀昂。在按上下文爲音耳。説文作"高山卬止",音亦同。

本證車舝高山仰止,景行行止。

旁證鄭司農周禮注祭祀之容,穆穆皇皇。賓客之容,嚴恪矜莊。朝廷之容,濟濟蹌蹌。喪紀之容,涕涕翔翔。軍旅之容,闞闞仰仰。車馬之容,顛顛堂堂。

抗音岡。抗、伉古皆亢聲。周禮:"凡賓客之事,則抗皮。"鄭司農讀亢。論語有"陳亢"。揚雄趙充國頌:"營平守節,屢奏封章。料敵制勝,威謀靡亢。"

本證賓之初筵大侯既抗,弓矢斯張。

旁證蔡邕釋誨九河盈溢,非一凷所防。帶甲百萬,非一勇所抗。

李尤屏風銘蕥閉風邪,霧露是抗。奉上蔽下,不失其常。

的音灼。史記注:"的,以丹注面。婦人有月事,妨於進御,難於自言,故點的以見。讀作灼。"是的有灼音,王微神女賦:"施元的,正羽釵。"

本證賓之初筵發彼有的,以祈爾爵。

旁證潘岳芙蓉賦丹耀拂紅,飛須垂的。斐披艴赫,散焕熠爚。

能音泥,後轉爲耐,平聲。潘尼贈王元賦:"游鱗萃靈沼,撫翼希天階。膏蘭孰爲消,濟治由賢能。"

本證賓之初筵其湛曰樂,各奏爾能。賓載手仇,室人入又。

旁證九章思美人登高吾不説兮,入下吾不能。固朕形之不服兮,然容與而狐疑。

淮南子藏於不敢,行於不能。恬然無慮,動不失時。

陸機挽歌殉没身易亡,救子非所能。含言言哽咽,揮涕涕流離。

反音番。禮記:"禮有報而樂有反。"漢雋不疑傳:"平反所活幾何?"韓詩作"威儀昄昄",音板。釋文:"善貌。"

本證賓之初筵其未醉止,威儀反反。曰既醉止,威儀幡幡。

旁證摯仲治觀魚賦魚未驚而失行，忽浪逹於急湍。諒形勝之得勢，實有往而無反。

郵音移，過也。古尤、郵音義同。禮記："郵罰麗於事。"漢成帝詔："以顯朕郵。"列子："魯之君子，迷之郵者。"

本證賓之初筵亂我籩豆，屢舞僛僛。是曰既醉，不知其郵。

旁證孔子誦韠之麛裘(音其)，投之無郵。

出音赤。左傳秦康公"我之自出"，讀此音。

本證賓之初筵既醉而出，並受其福。醉而不出，是謂伐德。

旁證宋玉高唐賦久而不去，足盡汗出。悠悠忽忽，怊悵自失。

易林坤之否六龍争極，服在不飾。謹慎管鑰，結禁無出。

馬融圍棋賦營惑窘乏兮，無令詐出，深念遠慮兮，勝乃可必。

班固東都賦嘉車攻，采吉日，禮官整儀，乘輿乃出。

江淹雜詩信陵佩魏印，秦兵不敢出。慨無幄中策，徒慙素絲質。

史音始。古似與紙韻。

本證賓之初筵凡此飲酒，或醉或否。既立之監，或佐之史。

旁證漢謡行行且止，避驄馬御史。

潘岳西征賦長卿、淵、雲之文，子長、政、駿之史，趙、張三王之尹京，定國釋之之聽理。

王康琚反招隱小隱隱陵藪，大隱隱朝市(上聲)。伯夷竄首陽，老聃伏柱史。

怠音以。愚按：説文："从心台聲。""台，从口以聲。"古音所以易簡也。台亦讀怡。書："非台小子，敢行稱亂。"故怠亦有怡音。雜卦傳："萃聚，而升不來也。謙輕，而豫怠也。"來讀釐。范蠡曰："得時無怠，時不再來。"莊子："東海有鳥焉，其名曰意怠。"皆此讀。蓋上則音以，平則音怡。去今音稍遠矣。

本證賓之初筵彼醉不臧，不醉反恥。式勿從謂，無俾太怠。

旁證左傳讒鼎銘昧旦丕顯，後世猶怠。況日不悛，其能久(音几)乎？

地音沱。愚按：詩稱天凡一百一十有四，其稱天子尚多，皆音汀矣。獨鮮稱地，在斯干者韻裼,與今音同。再考説文:"地,萬物所陳列也,从土也聲。"也,古通沱,故池、馳、虵、沲皆讀沱。疑地亦此音。及讀屈原橘頌:"閟心自慎,終不失過兮。秉心無私,參天地兮。"過,讀平聲,與沱正叶。又揚雄羽獵賦:"鳥不及飛,獸不得過。軍驚師駭,刮野掃地。"與橘頌一例。吴才老收地入箇韻,讀爲墮,則過可如字讀也。沱、墮亦平、去間耳。因併存之,以備考。

本證正月謂地蓋厚,不敢不蹐。

幅音逼,行縢也。左傳:"帶裳幅舄。"内則:"偪屨著綦。"鄭注:"偪,束其脛,自足至膝。"蓋以幅帛邪纏於足,所以白偪束也。

本證采菽赤芾在股,邪幅在下(音虎)。

平音駢。韓詩作便便。尚書"平章百姓"、"平秩東作"、"平在朔易",史記皆作便。蓋以音取之。又"無黨無偏,王道平平",皆此讀。左傳作"便蕃左右,亦是帥從"。

本證采菽平平左右,亦是率從。

讓平聲。禮記:"左右攘避。"注云:"攘,古讓字。"

本證角弓受爵不讓,至于已斯亡。

旁證弟子職對客無讓,應且遂行。

大戴記投壺篇弓既平張,四侯且良,決拾有常,既順乃讓。

大招執弓挾矢,揖辭讓只。魂乎徠歸!尚三王只。

漢小黄門譙敏碑屈道從政,令名顯揚,臣多醜直,是用遜讓。

華陽國志贊司徒繼踵,僶俛權横(音黄)。猶操道柄,董李是讓。

取音楚。舊音娶,故以後爲去聲。然後詩悉讀虎。此音楚爲順;若讀取,爲此苟反,則讀後、厚爲很口反,可也。

本證角弓老馬反爲駒,不顧其後。如食宜饇,如酌孔取。

旁證天問湯謀易衆,何以厚(音虎)之?覆舟斟尋,何道取之?

屬音注。考工記:"函人爲甲,犀甲七屬。"鄭玄云:"屬讀如灌注之注。"

本證角弓毋教猱升木,如塗塗附。君子有徽猷,小人與屬。

旁證離騷前望舒使先驅兮,後蜚廉使奔屬。鸞皇爲余先戒兮,雷師告余以未具。

瘵音祭。説文："从疒祭聲。"疒，女戹切。"上帝甚蹈"戰國策作甚神。

本證菀柳有菀者柳，不尚愒焉。上帝甚蹈，無自瘵焉。

瞻卬邦靡有定，士民其瘵。蟊賊蟊疾，靡有夷屆（音記）。

旁證木華海賦天網浡潏，爲凋爲瘵。洪濤瀾汗，萬里無際。

臻音秦。説文："以秦得聲。"

本證菀柳有鳥高飛，亦傅于天。彼人之心，于何其臻？

旁證陸雲燕會詩陵風協紀，絶輝照淵（音因）。肅雍往播，福禄來臻。

髮音方結反。今叶轄韻，古通屑韻。

本證都人士彼都人士，臺笠緇撮（音絶）。彼君子女，綢直如髮。

旁證古兩頭纖纖詩兩頭纖纖青玉玦，半白半黑頭上髮。腷腷膊膊春冰裂，磊磊落落桃初結。

韋孟諷諫詩睮睮諂夫，咢咢黄髮。如何我王，曾不是察？（音切。古詩："寘書懷袖中，三歲字不滅。一心抱區區，懼君不識察。"）〇陸機贈弟義存並濟，胡樂之悦。願爾偕老，攜手黄髮。

晉傅玄怨歌行昭昭朝時日，皎皎晨明月。十五入君門，一朝終華髮。

張協雜詩昔我資章甫，聊以適諸越。行行入幽荒，甌駱從祝髮。

謝靈運遊赤石詩周覽倦瀛壖，況乃凌窮髮。川后時安流，天吴静不發。

鮑照詩西出登雀臺，東下望雲闕。層閣肅天居，馳道直如髮。

詹音儋。愚按：説文"儋何之儋"，"儋耳之儋"，皆云詹聲。是詹有儋音也。今"儋甇甀甖"猶有此讀，舊以爲叶，過矣。

本證采緑終朝采藍，不盈一襜。五日爲期，六日不詹。

牛音疑。左傳韓厥引人言曰："殺老牛，莫之敢尸。"牛、尸爲韻。莊子："泰氏其卧徐徐，其覺于于。一以己爲馬，一以己爲牛。"亦此音。易林"盜我資財，亡失犁牛"相韻。財，古音齊，南風之歌所以叶時也。又按：牛古讀疑，疑又讀牛。周書逸詩："馬之剛矣，轡之柔矣。馬亦不剛，轡亦不柔。志氣麃麃，取與不疑。”鵩鳥賦:“德人無累,知命不憂。細故蔕芥,何足以疑?”

本證黍苗我任我輦,我車我牛。我行既集,蓋云歸哉(音躋)。

旁證九章惜往日吕望屠於朝歌兮,寧戚歌而飯牛。不逢湯、武與桓、繆兮,世孰云而知之?

天問桓秉季德,焉得夫朴牛?何往營班禄,不但還來(音釐)?

愛音緯,與謂叶。易與離騷音正同。

本證隰桑心乎愛矣,遐不謂矣。中心藏之,何日忘之。

旁證易家人四五王假有家,交相愛也。威如之吉,反身之謂也。

九章懷沙世溷不吾知,心不可謂兮。知死不可讓兮,願勿愛兮。明以告君子兮,吾將以爲類兮。

袁宏名臣贊滄海横流,玉石同碎。遠人兼善,廢已存愛。

謝瞻答靈運尋塗塗既暌,即理理已對。絲路有恒悲,矧乃在吾愛。

遐表記引作瑕,注:“瑕之言胡也,古音胡。”太玄:“缺船拔車,其害不遐。”後轉爲何音。兩讀皆通。姑引魏、晉之音以證。

本證隰桑詩見上。

旁證嵇康贈秀才入軍怨彼幽縶,邈爾路遐。雖有好音,誰與清歌?

陸機從軍行苦哉遠征人,飄飄窮四遐。南陟五嶺巔,北戍長城阿。

茅音侔。

本證白華英英白雲,露彼菅茅。天步艱難,之子不猶。

旁證離騷時繽紛以變易兮,又何可以淹留?蘭芷變而不芳兮,荃蕙化而爲茅。

邯鄲淳曹娥碑何者大國,防禮自脩。豈況庶賤,露屋草茅。

左思吴都賦綸組紫絳,食葛香茅。石帆水松,東風扶留。

燔瑚涓切。

本證瓠葉有兔斯首,炮之燔之。君子有酒,酌言獻之。

旁證左思魏都賦琴高沈水而不濡,時乘赤鯉而周旋。師門使火以驗術，故將去而林熸。

獻音軒。進也。

本證瓠葉詩見上。

旁證班固酈商銘横恥愧影，刎頸自獻。金紫褒表，萬世不刊（音牽）。

〇劉歆列女頌驪姬繼母，惑亂晉獻。謀譖太子，毒酒爲權。

卒音萃。説文解悴云："从心卒聲。"讀若易萃卦之萃。周禮："諸子掌國子之倅。"注："故書倅爲卒。"鄭司農云："卒讀如物有副倅之倅。"此其説至明，且今淬、焠、啐、崪皆讀萃，又何疑古音也？

本證漸漸之石漸漸之石，維其卒矣；（漸漸，山石高峻貌。亦作嶄，讀若巉。）山川悠遠，曷其没矣？（没，音昧。左傳："何没没也？將焉用賄？"注讀昧。）

旁證魏文帝曹蒼舒誄矧爾夙夭，十三而卒。何辜於天？景命不遂。

左思吴都賦雕題之士，鏤身之卒。比飭虬龍，蛟螭與對。

毛詩古音考卷四

躬音金。愚按:表記引國風"我今不閱",以躬爲今,音之同也。

本證文王命之不易,無遏爾躬。宣昭義問,有虞殷自天。

旁證易震上六震不于其躬,于其鄰。

又艮三四艮其限,危熏心也。艮其身,止諸躬也。

漢崔瑗和帝誄馮相考妖,遂當帝躬。三載四海,遏密八音。

臭平聲。

本證文王上天之載,無聲無臭。儀刑文王,萬邦作孚。

旁證左傳卜繇專之渝,攘公之羭(音由)。一薰一蕕,十年尚猶有臭。

孚音浮。愚按:説文浮、烰、蜉、桴,皆云孚聲。今"載沈載浮"、"烝之烰烰"、"蜉蝣之羽",皆讀浮。桴,孫愐音附柔切,亦有浮音。禮記"孚尹旁達",亦此讀。

本證文王詩見上。

下武王配于京,世德作求。永言配命,成王之孚。

集音雜。愚按:説文雜作雥,謂三隹也;集作雧,又省爲集。故集有雜音,古皆通用。楚辭九辯:"衆鳥皆有所登棲兮,鳳獨惶惶而無所集。願銜枚而無言兮,嘗被君之渥洽。"

本證大明天監在下,有命既集。文王初載,天作之合。

旁證李尤辟雍賦王公羣后,卿士具集。攢羅鱗次,參差雜遝。

龜音箕。

本證緜爰始爰謀,爰契我龜。曰止曰時,築室於茲。

旁證龜策傳此無他故,其祟在龜。後雖悔之,豈有及哉(音躋)? ○郭璞龜贊天生神物，十朋之龜，或遊於水，或遊於蓍。

伉音岡。説文："从人亢聲。"漢西嶽華山廟碑："玉帛之贄，禮與岱亢，六樂之變，舞以降康。"

本證緜迺立皋門，皋門有伉。迺立應門，應門將將（音槍）。

旁證張衡思玄賦冀一年之三秀兮，遒白露之爲霜。時亹亹而代序兮，禮可與乎比伉。

又西京賦猛毅髬髵（音而），隅目高眶，威懾兕虎，莫之敢伉。

附上聲。

本證緜予曰有疏附，予曰有先後。

皇矣是致是附，四方以無侮。

旁證揚雄宗正箴宗廟荒虚，魂靈靡附。伯臣司宗，敢告執主。

景福殿賦離背别趣，駢填胥附。縱横踰廷，各有攸注（上聲）。

趣音凑，上聲。

本證棫樸芃芃棫樸，薪之槱之。濟濟辟王，左右趣之。

旁證張衡東京賦奢不及侈，儉而不陋。規遵王度，動中得趣。

婦音喜。舊以此音缶，乃以母音牡。愚按：母見於詩悉爲米音，何獨於此異邪？且婦古音喜，後轉爲缶。故古詩云："昔爲倡家女，今爲蕩子婦。蕩子行不歸，空牀難獨守。"亦古音之變也。再變則音負矣。

本證思齊思齊太任，文王之母。思媚周姜，京室之婦。

載芟思媚其婦，有依其士（音始）。

旁證屈原天問水濱之木，得彼小子（音止）。夫何惡之，媵有莘之婦？

參同契三五既和諧，八石正綱紀。呼吸相含育，佇息爲夫婦。

易林賁之遯折薪熾酒，使媒求婦。和合齊、宋，姜子悦喜。

張衡西京賦商賈百族，裨販夫婦。鬻良雜苦，蚩眩邊鄙。

蔡邕協初昏賦惟性情之至好，歡莫偉乎夫婦。受精靈之造化，固神明之所使（音始）。

男音寧。釋名："男，任也，典任事也。"白虎通："男者，任也，任功業。"

本證思齊太姒嗣徽音，則百斯男。

旁證易林豐之節陰變爲陽，女化爲男。治道大通，君臣相承。

斁音妒，古與射通，並音妒。小雅："式燕且譽，好爾無射。"尚書："彝倫攸斁。"

本證思齊古之人無斁，譽髦斯士。

振鷺在彼無惡，在此無斁。庶幾夙夜，以永終譽。

季音魚對反。

本證皇矣帝作邦作對，自太伯王季。

旁證潘岳西征賦咨景悼以迄丐，政凌遲而彌季。俾庶朝之搆逆，歷兩王而干位。

喪平聲。今亦有平、去二聲。

本證皇矣載錫之光，受禄無喪。

蕩小大近喪，人尚乎由行。

召旻旻天疾威，天篤降喪。

旁證易旅九三旅焚其次，亦以傷矣。以旅與下，其義喪也。

鵩鳥賦釋智遺形兮，超然自喪。寥廓忽荒兮，與道翱翔。

易林坎之姤逐走追亡，相及扶桑，復見其鄉，使我侮喪。

陸機門有車馬客行借問邦族間，惻愴論存亡。親友多零落，舊齒皆凋喪。

君音均，與音協。三句一韻。

本證皇矣維此王季，帝度其心，貊其德音。其德克明，克明克類，克長克君。

旁證書五子之歌明明我祖，萬邦之君。有典有則，貽厥子孫（音申）。

○參同契御白鶴，駕龍麟。遊太虛，謁仙君。録天圖，號真人。

漢劉君歌悒然不樂，思我劉君。何時復來，安此下民？

王粲從軍詩籌策運帷幄，一由我聖君。恨我無時謀，譬諸具官臣。

華陽國志贊伯春、孟元，匡正時君。楊、羅爲令，遺愛在民。

安音煙。史記："伐魯安陵。"李奇曰："六國時鄢陵也。"釋名："偃，安也。"

本證皇矣執訊連連，攸馘安安。

殷武松桷有梴，旅楹有閑，寢成孔安。

旁證離騷鷙鳥之不羣兮，自前世而固然。何方圜之能周兮，夫孰異道而相安？

楚辭大招逞志究欲，心意安只。窮身安樂，年壽延只。

易林觀之履逐福除患，道德神仙。避惡萬里，常歡以安。

班固西都賦在於雍州，實曰長安。左據函谷、二崤之阻，表以終南、太華之山。

崔瑗東觀箴倚相見寶，荆國以安。何以季世？咆哮不虔。

孝音臭。禮記："孝者，畜也。順於道，不逆於倫，是之謂畜。畜讀臭。"又"四靈以爲畜"。左傳："六畜不相爲用"，皆此音。欲，今讀育，古讀宥。禮記引作"匪革其猶"，猶讀去聲，其音正同。此以孝韻欲，其淢、匹自爲韻。如下章"鎬京、辟廱，自西自東"一韻，"自南自北，無思不服"又一韻，是詩凡八章四句，合韻者五，四句分韻者三，皆自然之音也。按：欲古亦讀喻，从宥少轉。孝亦讀煦，从臭少轉。此可讀詩，且有引證。

本證文王有聲築城伊淢（音洫），作豐伊匹。匪棘其欲，遹追來孝。

（按：欲，沈約在遇部。揚雄羽獵賦："壯士忼慨，殊鄉異趣。東西南北，騁嗜奔欲。"潘岳西征賦："既餐服以屬厭，泊恬靜以無欲。迴小人之腹，爲君子之慮。"）

旁證班固西都賦周以鉤陳之位，衛以嚴更之署。總禮官之甲科，羣百郡之廉孝。

祀音以。説文："祭無已也。从示巳聲。"

本證生民克禋克祀，以弗無子。

又不康禋祀，居然生子。

雝於薦廣牡，相予肆祀。假哉皇考，綏予孝子。

閟宫龍旂承祀，六轡耳耳。

旁證五子之歌關石和鈞，王府則有（音以）。荒墜厥緒，覆宗絶祀。

相如封禪頌孟冬十月，君徂郊祀。馳我君輿，帝用享祉。

揚雄豫州箴王赧爲極，實絶周祀。牧臣司豫，敢告柱史。

邯鄲淳答贈詩見養賢侯，於今四祀。既庇西伯，永誓没齒。

魏郭輔碑克昌厥後，身去烈在。鎸石作歌，昭示萬祀。

潘岳爲賈謐作贈陸機夏、殷既襄，宗周繼祀。綿綿瓜瓞，六國互峙。

顔延之皇后哀策孝達寧親，敬行宗祀，進思才淑，傍綜圖史。

育音益。

本證生民載震載夙，載生載育，時維后稷。

旁證黄伯仁龍馬頌稟神祇之靈化，乃大宛而再育。資元螭之表儀，似靈虬之注則。

陸機贈弟慷慨逝言感，裴回居情育。安得攜手俱？契闊成騑服。

副音闢。禮："爲天子削瓜者副之。"副，析也。

本證生民誕彌厥月，先生如達。不坼不副，無菑無害（音曷）。

匐音必。"匍匐救之"，禮記作"扶服救之"。揚雄解嘲："范睢扶服入橐。"服古音必。匍古音扶，是字異而音同也。畐古讀必，故福、楅、幅、輻、偪、葍之類悉從此音。

本證生民誕實匍匐，克岐克嶷（音仡），以就口食。

旁證太玄対首自我匍匐，好是宜德。

叟音捜。釋文云："字又作溲。"古讀平，今讀上。束皙傳："東野遺白顛之叟"，亦平聲。

本證生民釋之叟叟，烝之浮浮（説文作烰）。

旁證劉琨贈盧諶詩惟彼太公望，昔在渭濱叟。鄧生何感激，千里來相求。

句音穀。廣韻"句當"，華陽國志"王平句扶"，皆此音。

本證行葦敦弓既句，既挾四鍭。

旁證王延壽靈光賦[1]飛梁偃蹇以虹指，揭蘧蘧而騰凑。層櫨磥垝以岌峩，曲枅要紹以環句。

---

① 靈光賦：指魯靈光殿賦。

主音祖。太玄叕首:"詘節共殁,内有主也。竅木之振,小人見侮也。"晉、宋之時猶有此音。

本證行葦曾孫維主,酒醴維醹(音所)。酌以大斗,以祈黄耇(音古)。

○卷阿豈弟君子,俾爾彌爾性,百神爾主矣。

旁證漢遠夷慕德歌蠻夷所處,日入之部,慕義向化,歸日出主。

易林无妄之家人南國虐亂,百姓愁苦。興師征討,更立賢主。

張衡思玄賦夫吉凶之相仍兮,恒反側而靡所。穆届天以悦牛兮,豎亂叔而幽主。

王粲贈文叔良君子敬始,慎爾所主,謀言必賢,錯説申輔(上聲)。

○張載七哀詩北邙何壘壘? 高陵有四五。借問誰家墳? 皆云漢世主。

顔延之郊祀歌亘地稱皇,罄天作主。月竁來賓,日際奉土。

斗音堵。

本證行葦詩見上。

旁證白渠歌田於何所? 池陽谷口(音苦)。鄭國在前,白渠起後(音虎)。舉插如雲,決渠爲雨(讀若舞)。涇水一石,其泥數斗。

沙音娑。

本證鳧鷖鳧鷖在沙,公尸來燕來宜(音俄)。

旁證春秋緯引古語月麗於畢雨滂沱,月麗於箕風揚沙。

賈誼弔屈原賦恭承嘉惠兮,竢罪長沙。仄聞屈原兮,自湛汨羅。

杜篤論都賦東綜滄海,西網流沙。朔南暨聲,諸夏是和。

曹植遠遊篇將歸謁東父,一舉超流沙。鼓翼舞時風,長嘯激清歌。

陸機從軍行深谷邈無底,崇山鬱嵯峨。奮臂攀喬木,振跡涉流沙。

王僧達祭顔光禄才通漢、魏,譽浹龜、沙。服爵帝典,棲志雲阿。

韓愈詩[1]不知萬萬人，生身埋泥沙。簸頓五山踣，流漂八維蹉。

繁音軒。

本證公劉篤公劉，于胥斯原（音延）。既庶既繁，既順迺宣，而無永歎。

旁證魏文丹霞蔽日行月盈則沖，花不再繁。古來有之，嗟我何言。

稽康酒會詩緑葉幽茂，麗蕊穠繁。馥馥蕙芳，順風而宣。

西晉張協七命肴駟連鑣，酒駕方軒。千鐘電釂，萬燧星繁。

左貴嬪楊后誄天祚貞吉，克昌克繁。則百斯慶，育聖育賢。

宣音先。

本證公劉詩見上。

江漢王命召虎，來旬來宣。文、武受命，召公維翰。

旁證參同契恒順地理，承天布宣。元幽遠渺，隔閡相連。

漢李翊夫人碑自彼適斯，蹈禮伉言。恭順承舅，孝行布宣。

崔瑗東觀箴左書君行，右記其言。辛、尹顧訪，文、武明宣。

曹植文帝誄明明赫赫，受命自天。風偃物化，德以禮宣。

陸機長歌行慷慨亦焉訴？天道良自然。但恨功名薄，竹帛無所宣。

江淹雜體詩幸得觀洛後，豈慕巡河前？服義方無沫，展歌殊未宣。

巘音掀。

本證公劉陟則在巘，復降在原。

旁證謝靈運山居賦九泉別澗，五谷異巘，抗北嶺以葺館，瞰南峰以啓軒。

刀音刁。漢李廣傳："不擊刀斗。"刀音刁，字本刀，作刁誤。公劉詩："維玉及瑶，鞞琫容刀。"

依音倚。古者"斧扆"亦作依。曲禮"天子當依而立"，學記"不學博依"，皆此音。

---

① 韓愈詩，指讀東方朔雜事詩。

本證公劉篤公劉，于京斯依。蹌蹌濟濟，俾筵俾几。

旁證劉向七諫皇天既不純命兮，余生終無所依。願自沈於江流兮，絶横流而徑逝。

溉音既。説文："从既得聲。"史記："溉執中而遍天下。"徐廣、劉伯莊皆云："溉，古既字。"

本證泂酌泂酌彼行潦，挹彼注兹，可以濯溉。豈弟君子，民之攸塈。

旁證杜篤論都賦畎瀆潤淤，水泉灌溉。漸澤成川，粳稻陶遂。

使音始。説文使從吏得聲，吏從史得聲。史音見前，詳在士韻。

本證卷阿藹藹王多吉士，維君子使，媚于天子。

旁證郭璞遊仙詩靈妃顧我笑，粲然啓玉齒。蹇修時不存，要之將誰使？

成公綏引諺錢無耳，鬼可使。

大音地。焦弱侯曰："大音墮。"今音地，与前地音墮，亦互音也。

本證民勞式遏寇虐，無俾正敗(音備)。戎雖小子，而式宏大。

旁證柳下惠誄蒙耻救民，德彌大兮。雖遇三黜，終不弊兮。

易坤六三含章可貞，以時發(音廢)也，或從王事，知光大也。

四皓紫芝歌駟馬高蓋，其憂甚大。富貴之畏人，不如貧賤之肆志。

太玄獨狩(音竦)逝逝，不可大也。白日臨辰，老得勢也。

漢書序傳博陽不伐，含宏光大。天誘其衷，慶流苗裔。

馮衍顯志賦誚始皇之跋扈兮，投李斯於四裔，滅先王之法則兮，禍寖淫而宏大。

王粲詩[①]仁恩廣覆，猛節横逝。自古立功，莫我宏大。

陸機贈顧交阯伐鼓五嶺表，揚旌萬里外(音異)。遠績不辭小，立德不在大。

---

① 王粲詩，指王粲行辭新福歌詩。

笑音消。从夭爲聲。

本證板我言維服，勿以爲笑。先民有言，詢于芻蕘。

旁證史記趙童謠趙爲號，秦爲笑。以爲不信，視地之生毛。

揚雄兖州牧箴牧野之禽，豈復能眈（音沈）？甲子之朝，豈復能笑？

終音真。

本證蕩天生烝民，其命匪諶。靡不有初，鮮克有終。

旁證易坤文言以從王事，弗敢成也。地道也，妻道也，臣道也。地道無成，而代有終也。

參同契壬癸配甲乙，乾坤括始終。七八數十五，九六亦相應。

蔡邕九疑山碑泰階以平，人以有終。遂葬九疑，解體而升。

晝音注。古晝讀注，夜讀裕，夕讀芍。皆去今音稍遠也。

本證蕩式號式呼（去聲），俾晝作夜。（按：作，沈約在遇部，與足恭之足同音。周禮注："足其不足曰足。"楊用修曰："沖虚經以晝足夜，謂夜不足，以晝補之也。"）

旁證張衡西京賦衛尉八屯，警夜巡晝，植鎩縣戭（音伐），用戒不虞（音豫）。

羹音岡。左傳："陳、蔡不羹"，與"古者羹臛"之羹皆此音。正義音郎。

本證蕩如蜩如螗，如沸如羹。

閟宫毛炰胾羹，籩豆大房。

旁證禮運體其犬豕牛羊，實其簠簋籩豆鉶羹。

楚辭大招鼎臑盈望，和致芳只。内鶬鴿鵠，味豺羹只。

招魂和酸若苦，陳吴羹些。胹鼈炮羔，有柘漿些。

急就章餅餌麥飯甘豆羹，葵韭葱蓼蘇薑。

易林豫之小畜蝙蝠夜藏，不敢晝行。酒爲酸漿，魴鰞鮑羹。

揚雄蜀都賦甘甜之和，芍藥之羹。江東鮐鮑，隴西牛羊。

張衡東京賦物牲辯省，設其楅衡。毛炰豚胉，亦有和羹。

舊音几。

本證蕩匪上帝不時(上聲),殷不用舊(音几)。○召旻今也日蹙國百里。於乎哀哉!維今之人,不尚有舊!

旁證韋元成戒子孫天子我監,登我三事(上聲)。顧我傷隊,爵復我舊。

撥音撇。

本證蕩枝葉未有害,本實先撥。殷鑒不遠,在夏后之世。

旁證曲禮衣毋撥,足毋蹶。先生書策琴瑟在前,坐而遷之,戒勿越。

宋七廟享神歌惟天有命,眷求上哲。赫矣聖武,撫運桓撥。

世音泄。禮記:"世柳之母死。"注:"世,古與泄通。"

本證蕩詩見上。

旁證晉樂志匡時拯俗,休功蓋世。宇宙既康,九域有截。

華陽國志贊大道既隱,詭詐競設。並以豪特,力争當世。

顔延之皇后哀策太和既融,收華誘世。蘭殿長陰,椒途弛衛(音越)。○齊王元長雙樹歌亭亭宵月流,朏朏晨霜結。感運復來儀,且厭人間世。

瘵音祭。

本證抑庶人之愚,亦職惟疾。哲人之愚,亦維斯戾。

旁證上林賦潏潏(音決)淈淈,湁潗鼎沸。馳波跳沫,汩濦漂疾。

酒才笑反,讀若噍。詩酒如今音多,獨此少異。

本證抑顛覆厥德,荒湛于酒。女雖湛樂從,弗念厥紹?

旁證參同契皮革煮成膠兮,麴糜化爲酒。同類易施工兮,非種難爲巧。

刑音杭。李善讀蕩"尚有典刑"如今音,獨此少異。

本證抑罔敷求先王,克共明刑。

旁證何晏景福殿賦二六對陳,殿翼相當。僻脱乘便,蓋象戎兵。察解言歸,譬諸政刑。

尚音常。漢官儀:尚書、尚方、尚食,皆平聲。

本證抑肆皇天弗尚，如彼泉流，無淪胥以亡。

旁證齊士卒倡無可往矣，宗廟亡矣，亡日尚矣，歸何黨矣。（注："往、尚、黨皆平聲。"）○天問不任汩鴻，師何以尚之。僉答何憂，何不課而行（音杭）之。

揚雄執金吾箴堯咨虞舜，惟思是尚。吾臣司金，敢告執璜。

虞音豫。太玄樂首："嘻嘻自懼，亡彼愆虞。"以虞與懼韻。又考雄之賦、箴，古音可見。

本證抑質爾人民，謹爾侯度，用戒不虞。

雲漢祈年孔夙，方社不莫。昊天上帝，則不我虞。

旁證揚雄長楊賦奉太宗之烈，遵文、武之度，復三王之田，反五帝之虞。

又城門校尉箴國有城溝，家有柝柜（音巨）。各有攸壄，民以不虞。

馮敬通刀陽銘修爾甲兵，用戒不虞。見危致命，臨事而懼。

逝音折。説文："从辵折聲，讀若誓。"誓，又云："从言折聲。"此古音也，何待叶乎？辵，丑略切。

本證抑莫捫朕舌，言不可逝矣。

旁證潘勖册魏公九錫文王師首路，威風先逝。百城八郡，交臂屈膝。

江淹傷友人賦魂綿昧其若絶，泣營盈其如潔，嗟妙賞之不留，悼知音之已逝。

又江淹雜詩夜聞猩猩啼，朝見鼯鼠逝。南中氣候煖，朱華凌白雪。

報音彪，去聲。讎音售。高紀："酒讎數倍。"揚子："欲讎僞者必假真。"易林："良房美謀，無言不讎。克厭帝心，君子獲祐。"

本證抑無言不讎，無德不報。

旁證國語晉人誦共世子貞之無報也，孰是人斯而有是臭也？

射音約。古斁、射音義同。愚按：禮記引葛覃曰："服之無射。"

本證抑神之格思，不可度思，矧可射思！

旁證師春銘炎炎者滅，隆隆者絶。的的者獲，提提者射。

揚雄元后誄承天衹家，允恭虔恪。豐草庶卉，膂力不射。

又太僕箴昔在上帝，巡守四宅（音鐸）。王用三驅，前禽是射。

昭音照。説文："从日召聲。"中庸引詩"潛雖伏矣，亦孔之昭"。蓋昭、照古通音。

本證抑昊天孔昭，我生靡樂（音澇）。○泮水其馬蹻蹻，其音昭昭。（蹻音矯。漢紀："可蹻足待也。"）

旁證晉降神歌神之來，光景昭。聽無聞，視無兆。

藐音貌，輕視也。説文："从草貌聲。"與邈音義同。孟子："説大人則藐之。"又微也，遠也。左傳："以是藐諸孤。"注："言奚齊幼賤，與諸孤縣藐也。"

本證抑誨爾諄諄，聽我藐藐。匪用爲教，覆用爲虐（去聲）。

旁證離騷抑志而弭節兮，神高馳之邈邈。奏九歌而舞韶兮，聊假日以婾樂（音澇）。○何劭遊仙詩抗跡遺萬里，豈戀生民樂？長懷慕仙類，眇然思綿邈。

填音真。説文從真得聲。後則音田。説文多諧聲，雖若近易而與詩叶，後雖巧變而去詩遠。説文所以不可缺也。

本證桑柔倉兄（音愴怳）填兮。倬彼昊天，寧不我矜。

泯音民。説文："从水民聲。"

本證桑柔亂生不夷，靡國不泯。民靡有黎，具禍以燼（平聲）。（説文作尽。徐鉉曰："疑从津得聲。"）

旁證宋玉小言賦經由鍼孔，出入羅巾。飄妙翩緜，乍見乍泯。

漢尹宙碑銘景命不永，早即幽昏。名光來世，萬祀不泯。（昏音興。曹大家東征賦："懷容與而久駐兮，忘日夕而將昏。到長垣之境界，察農野之居民。"）

陸機答賈謐王室之亂，靡邦不泯。如彼墜景，曾不可振。

往音汪，平聲。齊士卒倡以往韻亡，已見尚韻。

本證桑柔國步蔑資，天不我將。靡所止疑，云徂何往？

旁證易小畜密雲不雨，尚往也。自我西郊，施未行（音杭）也。

太玄竕首癸竕（音疎）狧狧（音介），多欲往也。卉炎邱陵，短臨長也。

左貴嬪楊后頌邈邈德柔，越天之剛。神以知來，知以藏往。

疑音仡。儀禮：“婦疑立於席西。”注：“謂立不動也。”故曰“[桑柔]靡所止疑”。

溺音弱。說文從弱得聲。釋名：“死於水曰溺。溺，弱也，不能自勝之言也。”禹貢“弱水”，廣韻作“溺”。

本證桑柔誰能執熱，逝不以濯。其何能淑，載胥及溺。

旁證劉楨贈從弟蘋藻生其涯，華葉紛擾溺。采之薦宗廟，可以羞嘉客（音恪）。○陸機遂志賦伍被刑而伏劍，魏和夷而雍樂。彼殊塗而並致，此同川而偏溺。

瞻音章。漢校官碑以瞻爲彰。

本證桑柔維此惠君，民人所瞻。秉心宣猷，考慎其相。

旁證漢溧陽長潘乾校官碑永世支百，民人所彰。子子孫孫，俾爾熾昌。

迪音鐸。

本證桑柔維此良人，弗求弗迪。維彼忍心，是顧是復。

旁證陸機贈馮文羆奕奕馮生，哲問允迪。天保定子，靡德不鑠。

垢音古。

本證桑柔維此良人，作爲式穀。維彼不順，征以中垢。

旁證莊忌哀時命務光自投於深淵兮，不獲世之塵垢。孰魁摧之可久兮？願退身而窮處。

後漢張超誚青衣賦古之贅壻，尚猶塵垢。況明智者，欲作奴父。

繁欽遠戍勸戒詩務在和光，同塵共垢。各竟其心，爲國藩輔。

赫音壑。淮南：“汙壑穽陷之中。”高誘云：“壑，讀如赫赫明明之赫。”

本證桑柔如彼飛蟲，時亦弋獲（音霍）。既之陰女，反予來赫。（陰音蔭，義同。禮記：“陰爲野土。”謝脁詩：“桑榆陰道周。”）

旁證荀勖大會行禮歌明明天子，臨下有赫，來格祈祈，邦家是若。

劉楨魯都賦猰貐猛容，舉父猴玃。戰鬬陵岡，瞋怒奮赫。

歌音箕。

本證桑柔雖曰匪予，既作爾歌。

旁證楚辭遠遊祝融戒而蹕御兮，騰告鸞鳥迎宓妃。張咸池奏乘雲兮，二女御九韶歌。

臨音隆。皇矣“與爾臨衝”，韓詩以臨作隆。

本證雲漢后稷不克，上帝不臨。耗斁下土，寧丁我躬。

旁證祠洛水歌洛陽之水，其色蒼蒼。祠祭大澤，倏忽南臨。洛濱醊禱，色連三光。

相如長門賦奉虚言而望誠兮，期城南之離宫。修薄具以自設兮，君曾不肯乎幸臨。

助音祖。説文從且得聲。且古讀徂，轉上則祖音。

本證雲漢大命近止，靡瞻靡顧。羣公先正，則不我助。

烝民我儀圖之，惟仲山甫舉之，愛莫助之。（圖亦上聲。易林：“爲隸所圖，與衆爲伍。”）

旁證太玄翕首翕食噧噧，利如舞也。翕其羽，朋友助也。

川音春。

本證雲漢旱既太甚，滌滌山川。旱魃爲虐，如惔如焚。

旁證漢書序傳昔在上聖，昭事百神。類帝禋宗，望秩山川。

漢樊毅西嶽碑兩儀剖判，清濁始分。陽凝成山，陰積爲川。

陸雲贈鄭曼季詩駕言遊之，聊樂我云。思與佳人，齊歡順川。

江淹擬古契闊承華内，綢繆踰歲年（音寧）。日暮聊總駕，逍遥觀洛川。

遯平聲。説文從豚得聲。

本證雲漢羣公先正，則不我聞。昊天上帝，寧俾我遯。

旁證徐幹齊都賦砏殷㠓戾，壯氣無倫。淩高越險，追遠逐遯。

去音庫。

本證雲漢旱既太甚，黽勉畏去。胡寧瘨我以旱？憯不知其故。

旁證宋玉神女賦顧女師，命太傅。歡情未接，將辭而去。

賈誼鵩鳥賦發書占之，讖言其度。曰野鳥入室，主人將去。

東方朔七諫固時俗之混濁兮，志瞀迷而不知路。念私門之正匠兮，遥涉江而遠去。

古詩步出城東門,遥望江南路。前日風雪中,故人從此去。

盧諶贈崔温詩何武不赫赫?遺愛常在去。古人非所希,短弱自有素。

宰音滓。桑梓之梓,古作榟。説文從宰得聲。宰之音滓,其來久矣。

本證雲漢旱既太甚,散無友紀。鞫哉庶正,疚哉冢宰。

旁證漢書序傳遭成之逸,政自諸舅(音已)。陽平作威,誅加卿宰。

平帝述孝平不造,新都作宰。不伊不周,喪我四海。陸雲詩繡裳縟藻,衮帶重紫。遂虚上司,命我登宰。

蕃音軒,古與藩通。漢書:“保塞稱蕃。”

本證崧高四國於蕃,四方于宣。

旁證張衡南都賦固靈根於夏葉,終三代而始蕃。非純德之宏圖,孰能揆而處旃?

左思魏都賦親御監門,嗛嗛同軒。搦秦起趙,威振八蕃。

伯音博。禮記“伯勞”,或作“博勞”。

本證崧高既成藐藐,王錫申伯。四牡蹻蹻,鉤膺濯濯。

又其風肆好,以贈申伯。

旁證史記序傳襄子困辱,乃禽智伯。主父生縛,飢死探爵。

揚雄太常箴翼翼太常,實爲宗伯。穆穆神祇,寢廟奕奕。

寶音補。保亦音補。寶、保相韻,以今音讀之亦叶。然補,古音也,存之。

本證崧高我圖爾居,莫如南土。錫爾介圭,以作爾寶。往近王舅,南土是保。

旁證易林家人之蠱東市齊、魯,南賈荆、楚。羽毛齒革,爲吾利寶。

陳琳馬腦勒賦帝道匪康,皇鑒元輔。顧以多福,康以碩寶。

左思賦[1]喬雲翔龍,澤馬亍阜(上聲)。山圖其石,川形其寶(以上寶證)。○冠禮字辭宜之於假(音古),永受保之。

易林鼎之豫銷鋒鑄耜,縱牛放馬。甲兵解散,夫婦相保(以上保

① 左思賦,指左思魏都賦。

證)。

嘽音顛。説文:"單聲。"單古讀顛。魏文帝寡婦賦:"北風厲兮赴門,食常苦兮衣單。傷薄命兮寡獨,内惆悵兮自憐。"

本證崧高申伯番番(音軒。吴棫讀),既入于謝,徒御嘽嘽。

旁證柳宗元劍門銘内獲固圉,外臨平原(音延)。天兵徐驅,卒乘嘽嘽。

茹音汝。

本證烝民人亦有言,柔則茹之,剛則吐(上聲)之。維仲山甫,柔亦不茹,剛亦不吐(上聲)。

旁證左思賦[1]儚然相顧,睇焉失所。有靦瞢容,神藥形茹。

解音係。

本證韓奕無廢朕命,夙夜匪解。虔共爾位,朕命不易。

旁證九章悲回風愁鬱鬱之無快兮,居慼慼而不解。心鞿羈而不開兮,氣繚轉而自締。

譽讀如字。舊音餘者,以與居叶也。愚按:説文:居"从尸"、"从古"。又"倨,不遜也,从人居聲。"是居古音倨。説見居韻。譽雖有平聲,讀此則不必然矣。

本證韓奕慶既令居,韓姞燕譽。

完音延。

本證韓奕溥彼韓城,燕師所完。以先祖受命,因時百蠻。

旁證王粲七哀詩未知身死所,何能兩相完? 驅馬棄之去,不忍聽此言。

蠻音眠。書:"三百里蠻。"顔師古曰:"謂以德蠻幕而覆之也。"

本證韓奕詩見上。

旁證許由箕山歌河水流兮緣高山,甘瓜施兮葉綿蠻,高林肅兮相錯連。

揚雄揚州牧箴獷矣淮夷,蠢爾荆蠻。翩彼昭王,南征不旋。

---

① 左思賦,指左思魏都賦。

杜篤論都賦席捲漠北，叩勒祈連。横分單于，屠裂百蠻。

漢靈帝時帝堯碑民不作忒，化洽百蠻。歷運遭七，乃禪舜焉。功綿日月，名勒管弦。

曹植王粲誄翕然鳳舉，遠竄荆蠻，身窮志達，居鄙行鮮。

貊音莫。皇矣"貊其德音"，左傳、禮記皆作莫，以其音之同也。

本證韓奕王錫韓侯，其追其貊。奄受北國，因以其伯。

閟宫遂荒徐宅。至于海邦，淮夷蠻貊。

旁證杜篤論都賦捶驅氏僰，寥狼卭莋。東擁烏桓，蹂轔濊貊。

張載七命華裔之夷，流荒之貊。語不傳於輶軒，地不被乎正朔。

江音工。周禮六書三曰："諧聲，江河是也。"釋名："江，公也，八水流入其中，公共也。"風俗通："江者貢也，出珍物可貢獻也。"説文以工得聲。後世之音去諧聲遠矣。今集古音，是固不可廢也，因附於江漢之末。

旁證九章哀郢將運舟而下浮兮，上洞庭而下江。去終古之所居兮，今逍遥而來東。

左思蜀都賦結陽成之延閣，飛觀榭乎雲中。開高軒以臨山，列綺牕而瞰江。

王粲贈蔡子篤舫舟翩翩，以泝大江。蔚矣荒途，時行靡通。

晉童謡阿童復阿童，銜刀浮渡江。

又五馬浮渡江，一馬化爲龍。

謝靈運田南詩中園屏氛雜，清曠招遠風。卜室倚北阜，啓扉向南江。

緒音渚。説文以者得聲。者古讀渚。詳見者韻。

本證常武率彼淮浦，省此徐土。不留不處，三事就緒。

閟宫有稷有黍，有稻有秬，奄有下土，纘禹之緒。

又至于文、武，纘太王之緒。致天之届，于牧之野。

殷武有截其所，湯孫之緒。

旁證參同契如審遭逢，覩其端緒。以類相況，揆物終始。

班固高祖紀述皇矣漢祖，纂堯之緒。實天生德，聰明文、武。

王粲贈士孫文始既度禮義，卒獲笑語。庶茲永日，無訾厥緒。

張華勵志賦大猷元漠，將抽厥緒。先民有作，貽我高矩。

陸機與弟士龍懷往歡絶端，悼來憂成緒。感别慘舒翮，思歸樂遵渚。

王讚皇太子誄於明聖晉，仰統天緒。易以明險，簡以識阻。

業音岳。

本證常武赫赫業業，有嚴天子，王舒保作。

旁證易林革之賁亥午相錯，敗亂緒業，民不得作。

班固藝文志述伏羲畫卦，書契後作。虞、夏、商、周，孔纂其業。

又班固武帝述世宗曄曄，思宏祖業。疇咨熙載，髦俊並作。

漢梁相費汎碑穆穆顯祖，厥德懿鑠。播勛於前，丕碩基業。

騷音搜。

本證常武匪紹匪遊，徐方繹騷。

旁證張衡思玄賦行積冰之皚皚兮，清泉沍而不流。寒風淒其永至兮，拂穹岫之騷騷。

驚音姜。

本證常武震驚徐方，如雷如霆，徐方震驚。

旁證張籍祭韓愈詩月中登高灘，星漢交垂芒。釣車擲長綫，有獲齊驩驚。

誨音戲。輿人之誦曰："我有子弟，子產誨之。我有田疇，子產殖之。子產而死，誰其嗣之？"殖音侍，皆古音。

本證瞻卬匪教匪誨，時維婦寺(與侍義同)。

旁證泰山刻石三句一韻夙興夜寐，建設長利，專隆教誨。訓經宣達，遠近畢理，咸承聖志。

漢爰珍歌我有田疇，爰父殖置。我有子弟，爰父教誨。

鞏音古。鞏之義固也。瞻卬卒章："藐藐昊天，無不克鞏。無忝皇祖，式救爾後。"後音虎，鞏宜音古，豈以義得聲乎？

苴按：洪武正韻音阻，與下"止"正叶。舊注平聲，亦以"止"爲平，何耶？

本證召旻草不潰茂，如彼棲苴。我相此邦，無不潰止。

訓音馴。周禮："土訓，中士二人。"鄭司農云："訓讀爲馴。"

本證烈文無競維人，四方其訓之。不顯維德，百辟其刑之。於乎前王不忘！

旁證韋元成自劾詩維我節侯，顯德遐聞。左右昭宣，五品以訓。

漢成陽靈臺碑復帥羣宗，貧富相均。共慕市碑，著立功訓。（靈臺，堯母冢也。）〇班固幽通賦要没世而不朽兮，乃先民之所程。觀天網之紘覆兮，寔棐忱而相訓。

衛瓘字勢大晉開元，宏道敷訓。天垂其象，地耀其文。

華陽國志贊穆姜温仁，化繼爲親。泰瑛嚴明，世範厥訓。

震平聲。説文："劈歷振物者，从雨辰聲。春秋傳：'震夷伯之廟。'"

本證時邁實右序有周，薄言震之。莫不震疊，懷柔百神。

旁證揚雄趙充國贊漢命虎臣，惟後將軍（音均）。整我六師，是討是震。

崔瑗北軍中候箴赫赫將帥，典總虎臣。鷹揚旅武，闞然奮震。

曹植文帝誄朱旗所勦，九壤披震。疇克不若，孰敢不臣？

左思咏史詩荆軻飲燕市，酒酣氣益震。哀歌和漸離，謂若傍無人。

潘岳思游賦揖太昊以假憩兮，聽戎政於三春。洪範翕而後張兮，百卉殖而更震。

耦音擬。

本證噫嘻駿發爾私，終三十里。亦服爾耕，十千維耦。

旁證易林井之訟少孤無父，長失慈母。悖悖煢煢，莫與爲耦。

造音走。

本證閔予小子閔予小子，遭家不造。嬛嬛在疚，於乎皇考。

酌我龍受之，蹻蹻王之造。

旁證易乾五上飛龍在天，大人造也。亢龍有悔，盈不可久也。

太玄端往述來，遵天之造。無或改作，遵天之醜。

吴如字。説文："姓也，亦郡也。一曰：吴，大言也，从夨口。"夨，傾頭也。與仄同。徐鍇曰："大言，故夨口以出聲。詩曰'不吴不揚'。今寫詩者改吴作吳，又音乎化切，其謬甚矣！"舊説吴，譁也。何承天云："吴字誤，當爲吳，吳从口下大，魚之大口者曰吳，音樺。"楊用修曰："吴、吳本字相似而誤，古今相承不敢改。不知吴本無樺音，亦無譁義也。音、義兩乖而執泥一槩，豈所謂因誤成固，因固成妒邪？"云云。愚按：説文娱、虞皆以吴得聲。史記作"不虞不驁"。夫詩吴也，史增其上以虍；詩敖也，史增其下以馬。要以音取之，不論其文之繁簡也。且虞有懈弛意，驁有侮慢意，諠譁之義亦在其中矣！優施之歌以吾爲娱，而取義於"暇豫"也，此獨不可以吴爲虞，而取義於懈弛乎？況徐鍇之説有據，似不必以吳易吴也，然必拘拘於"夨口出聲"，以解諠譁之義，無亦固哉爲詩乎？

本證絲衣不吴不敖，胡考之休？

泮水不吴不揚，不告于訩。

才音嗤。

本證駉以車伾伾，思無期，思馬斯才。

旁證陸雲答兄咨子頑蒙，蕞爾弱才。沈曜玄渚，挹庇雲淇。

華陽國志贊劉后初載，寔多良才。季休忠亮，經事能治（平聲）。德山耽學，道以光時。

繹音約。博雅："絡，繹也。"

本證駉有驔有駱，有駵有雒，以車繹繹。

閟宫保有鳧繹，遂荒徐宅。

旁證楚辭九辯悲愁窮戚兮獨處廓，有美一人兮心不繹。去鄉離家兮來遠客，超逍遥兮今焉薄？

揚雄甘泉賦是時未轃夫甘泉也，乃望通天之繹繹。下陰潛以慘廪兮，上洪紛而相錯。

逆音博。説文："从辵屰聲。"屰，月初生也，讀如"書哉生魄"之魄，故朔字以此得聲。魄，古音同博。禮運："君與夫人交獻，以嘉魂魄，是謂合莫。"

本證泮水既克淮夷，孔淑不逆。式固爾猶，淮夷卒獲（音霍）。

旁證揚雄揚州箴當周之隆,越裳重譯。春秋之末,侯甸畔逆。

魏應璩雜詩曲突不見賓,燋爛爲上客。思願獻良規,江海倘不逆。

荀勗正旦行禮柔遠能邇,孔淑不逆。來格祁祁,邦家是若。

楅音逼。説文:"以木有所楅束。从木畐聲。詩曰:'[閟宫]夏而楅衡。'"

尺音綽。漢律曆志:"尺者蒦也。"蒦,音約,與蠖同。蠖之義蓋取諸尺。今人布指求尺,一縮一伸,如蠖之步。

本證閟宫是斷是度,是尋是尺。松桷有舄,路寢孔碩。

旁證曲禮將即席,容毋怍,兩手摳衣去齊尺。

古詩兩宫遥相望,雙闕百餘尺。極宴娱心意,戚戚何所迫。(音博。白虎通:"亡與昌正相迫,故謂之鎛也。"崔瑗草書勢:"草書之法,蓋又簡略。應時諭指,用於卒迫。")

王褒僮約佗佗叩頭,兩手自搏。目淚下落,鼻涕長一尺。

漢長安語城中好高髻,四方高一尺。城中好廣眉,四方且半額。(音岳。吴才老曰:幽州人謂之鄂。)城中好大袖,四方全匹帛。(音薄。禮運:"疏布以冪,衣其澣帛。醴醆以獻,薦其燔炙。")

舄音鵲。説文與鵲同。

本證閟宫詩見上。

旁證太玄逃首心惕惕(汀藥切),足金舄,不志溝壑。

陸雲逸民賦相彼宇宙,方之委舄,夫豈不休,而好是沖漠。

昔音錯。考工記:"老牛之角紾而昔。"鄭司農云:"昔讀爲交錯之錯。"

本證那自古在昔,先民有作。温恭朝夕,執事有恪。

旁證楚辭大招長袂拂面,善留客只。魂乎歸來!以娱昔只。

左思咏史詩當其未遇時,憂在填溝壑。英雄有迍邅,由來自古昔。

又蜀都賦碧出萇宏之血,鳥生杜宇之魄(音薄)。妄變化而非常,嗟見偉於疇昔。

平音旁。上羹,音岡;下争,音側羊切。

本證烈祖亦有和羹,既戒既平。鬷假無言,時靡有争。

旁證急就篇代郡上谷右北平，遼東濱西上平岡。

張籍祭韓愈詩北臺臨稻疇，茂柳多陰涼。板亭坐垂釣，煩苦稍已平。

争音真，若平。如字讀，則以真讀争亦可。

本證烈祖詩見上。

旁證漢玄儒先生婁壽碑優於春秋，玄默有成。知賤爲貴，與世無争。

顔延年陽瓚誄憬彼危臺，在滑之垧。周、衛是交，鄭、翟是争。昔惟華國，今實邊亭。

何讀如字。説文："儋也。"徐鉉曰："儋何，即負何也，借爲誰何之何。今俗别作擔荷，非是。凡詩之荷，悉作何。"易"何校滅耳"，春秋傳"弗克負何"，東漢班超傳"勇乃負何"，字音皆同。至魏晉時，字通爲荷，而音猶不變。姑録之以證。

本證玄鳥殷受命咸宜，百禄是何。

旁證嵇康答二郭昔蒙父兄祚，少得離負荷。因疏遂成懶，寢跡北山阿。

潘岳河陽縣詩位同單父邑，愧無子賤歌。豈敢陋微官？但恐忝所荷。

圍音怡。

本證長發聖敬日躋。昭假遲遲，上帝是祗。帝命式于九圍。

旁證古豔歌南山石嵬嵬，松柏何離離。上枝拂青雲，中心十數圍。

傅毅北征頌曜神武於幽冀，遇白登之重圍。何獯鬻之桀虐，自弛放而不羈？

陸機大帝誄將熙景命，經營九圍。登跡岱宗，班瑞舊圻。

龍古寵字省，義同。古平聲，今去聲。

本證長發受小共大共，爲下國駿厖（音蒙。荀卿讀）。何天之龍①。

旁證易師九二在師中吉，承天寵也。王三錫命，懷萬邦也。

---

① 下句應爲"敷奏其勇"。

動上聲。

本證長發敷奏其勇。不震不動,不戁(音赧)不竦,百禄是總。

旁證七諫故叩宫而宫應兮,彈角而角動。虎嘯而谷風至兮,龍舉而景雲往。

木華海賦霾曀潛消,莫振莫竦。輕塵不飛,纖蘿不動。

孔稚圭北山移文及其鳴騶入谷,鶴書赴隴。形馳魄散,志變神動。

鮑照園葵賦風曖凌開,土冒泉動。游塵暴日,鳴雉依隴。

伐音歇,亦音廢。周禮大司馬:"以九伐之法正邦國。"考工記:"熊旗六斿以象伐也。"劉昌宗皆讀廢。鄭注:"如樹之有根本,是以言伐。"

本證長發九有有截,韋、顧既伐,昆吾、夏桀。

旁證漢富春丞張君碑峩峩富春,膺姿清烈。孝擬參騫,人無間伐。

晉孫綽樽銘與之無苦,施而有節。元應忘知,功存不伐。王公擬之,德齊上哲。

謝靈運遊赤石詩矜名道不足,適己物可忽。請附任公言,終然謝天伐。

嚴音莊。漢明帝諱莊,故莊助爲嚴助,以其音之同也。古人改易名姓,如陳、田、馬、莽之類,皆字異音同。

本證殷武天命降監,下民有嚴。不僭不濫,不敢怠遑。

旁證天問勛闔夢生,少離散亡。何壯武厲,能流厥嚴?

丸音延。

本證殷武陟彼景山,松柏丸丸。是斷是遷,方斲是虔。

旁證易林歸妹之豫逐利三年,利走如神。展轉東西,如鳥避丸。

曹植善哉行徑歷名山,芝草翩翩。仙人王喬,奉藥一丸。

愚編毛詩古音考,自周頌外皆頗可讀,尚有數章從古以爲不叶者,則不得不闕之矣。夫闕疑,古道也,何敢强爲之解?然反復咏之，只在句讀上下之間，於義不悖，於音實叶。謹條於左，蓋求其韻而不得，不容不借讀以諧其聲也。

東門之枌穀旦于差（音磋），南方之原。不績其麻，市也婆娑。

借讀南方之原，穀旦于差。不績其麻，市也婆娑。

車攻決拾既佽，弓矢既調，射夫既同，助我舉柴（音恣）。

借讀弓矢既調，決拾既佽，射夫既同，助我舉柴。

桑柔民之未戾，職盜爲寇，涼曰不可。覆背善詈。

借讀職盜爲寇，民之未戾，涼曰不可。覆背善詈。

烝民古訓是式，威儀是力。天子是若，明命使賦。

借讀古訓是式，威儀是力。明命使賦，天子是若。

召旻維昔之富，不如時；維今之疚，不如茲。彼疏斯粺，胡不自替？職兄斯引。

借讀維昔之富，不如時；維今之疚，不如茲。彼疏斯粺，職兄斯引，胡不自替？

閟宫致天之届，于牧之野（音暑）。無貳無虞，上帝臨女。敦商之旅，克咸厥功。王曰叔父，建爾元子，俾侯于魯。大啓爾宇，爲周室輔。

舊以功字不叶，乃音古。然義無所據，故亦借讀之。

借讀致天之届，于牧之野。無貳無虞，上帝臨女，克咸厥功，敦商之旅。

周頌三十一篇，半不可叶。朱子曰："清廟之瑟，朱弦而疏越，一唱而三歎。"歎即和也，謂一人唱而三人和也。此言似是，乃其半又可叶，何也？恐或失於爛脱之餘，或雜以笙鏞之間，或重以三嘆之音，皆不可知。不得不闕之，以俟博雅君子矣。語曰："待其人而後行。"其有待也夫！

讀詩拙言附

説者謂自五胡亂華，驅中原之人入於江左，而河、淮南北間雜夷言，聲音之變或自此始。然一郡之内，聲有不同，繫乎地者也；百年之中，語有遞轉，繫乎時者也。況有文字而後有音讀，由大小篆而八分，由八分而隸，凡幾變矣，音能不變乎？所貴誦詩讀書，尚論其當世之音而已矣。三百篇，詩之祖，亦韻之祖也。作韻書者宜權輿於此，遡源沿流，部提其字曰："古音某，今音某。"則今音行，而古音庶幾不泯矣！自周至後漢，音已轉移，其未變者實多。愚考説文訟以公得聲，福以偪得聲，霾以貍，斯以其，脱以兑，節以即，溱、臻皆秦，闐、填皆真。者讀旅，涘讀矣，滔讀由，玖讀芑。又我讀俄也，故義有俄音，而儀、議因之得聲矣，且以莪、娥、蛾、鵝、峩、硪、哦、誐之類例之，我可讀平也，奚疑乎？可讀阿也，故奇有阿音，而猗、錡因之得聲矣，且以何、河、柯、軻、珂、婀、苛、訶之類例之，可可讀平也，亦奚疑乎？凡此皆毛詩音也。徐鉉修説文，概依孫愐之切韻，是以唐音而反律古矣！厥後諸韻書引古詩如晨星，而於唐、宋名家之辭，每數數焉。無亦譜子孫而忘宗祖乎？嗟夫！説文之音多與時違，幾爲溝中之斷矣。愚獨取之以讀詩，豈偶也哉！豈偶也哉！

聞之李陽冰曰："蔡中郎以豐同豊，李丞相將束爲宋。魯魚一惑，涇、渭同流。"愚未嘗不歎其知言也。夫縣官文移，多有失錯，咫尺繕寫，不免差譌。況古詩書承篆隸之後，拾煨壁之餘，傳之非一人，譯之非一手，而謂無一字一句之誤，君子不信也。今考禮記引詩"匪棘其欲"作"匪革其猶","體無咎言"作"履無咎言","以勗寡人"作"以畜寡人","克順克比"作"克順克俾"。説文引詩"禾役穟穟"作"禾穎穟穟","伐木許許"作"伐木所所","其會如林"作"其旝如林","民之方殿屎"作"方唸吚"。厥類尚多,此其概矣!孰是孰非,誰能定之?故音有相通,不妨其字之異也;義有可解,不妨其音之殊也。古之達人如鄭康成輩,往往讀與俗異,"懿彼哲婦",則懿讀爲噫,易"錫馬蕃庶",則庶讀爲遮。又如論語互鄉章朱注云:"'人潔'至'往也',十四字當在'與其進也'之前。"蓋不改其字而音是更,不變其章而讀互轉,亦通變之權宜也。故"雜佩以贈之",今讀贈爲貽,"烝也無戎"、"以修我戎",并讀戎爲武,而東門、車攻、桑柔、烝民、召旻、閟宫六章,上下不叶,皆借而讀之,亦竊比古人之意。若詬之曰"經不可疑也,而奚疑之?"則愚之罪滋大矣!

夫詩必有韻,詩之致也。毛詩之韻,不可一律齊也。蓋觸物以攄思,本情以敷辭。從容音節之中,宛轉宫商之外,如清漢浮雲,隨風聚散,蒙山流水,依坎推移,斯其所以妙也。故有四句而兩韻者,關雎首章之類是也;有四句兩韻,又轉而他韻者,關雎次章之類是也;有四句而各兩韻者,伯兮首章之類是也;有八句而四韻者,碩鼠之類是也;有十二句而六韻者,小明首章之類是也;有三句而兩韻者,采葛之類是也;有三句而皆韻者,十畝之閒之類是也;有四句而皆韻者,還之類是也;有五句皆韻者,鴟鴞卒章之類是也;有五句皆韻,轉而五句又皆韻者,甫田一、二章之類是也;有六句皆韻者,猗嗟三章之類是也;有八句皆韻,轉二句以成其韻者,甫田三章之類是也;有六句三韻,轉而六句又三韻者,頍弁首章之類是也;有三句爲韻,十二句四韻者,采芑次章之類是也。雖然,此易讀也。有六句六韻,轉二句一韻,又轉三句一韻以足之,如七月之五章也者;有二句二韻,轉二句二韻,又三句二韻以足之,如斯干之首章也者;有三句三韻,轉三句一韻,又二句一韻以足之,如無羊之次章也者;有二句二韻,轉三句一韻,又二句一韻以足之,如小旻之五章也者;有四句三韻,又承上二句一韻,又三句一韻以足之,如大田之三章也者。忽而不察,則氣脈不聯。雖然,此猶易讀也。有起而不韻,如"我徂東山,慆慆不歸","文王曰咨,咨女殷商"之類;有收而不韻,如"于嗟麟兮"、"于嗟乎騶虞"、"其樂只且"、"狂童之狂也且"、"文王烝哉"、"于胥樂兮"之類,皆自然之音,無俟補湊。雖然,此猶易讀也。生民之卒章,"以迄于今"而接"上帝居歆"也,今、歆相韻,隔三句而非支。瞻卬之次章,以"女覆奪之"而起"女覆説之",奪、説相呼合,八句而二韻。不通其變,則音有爲由。雖然,此猶易讀也。有云"升彼虚矣,以望楚矣",又"樂只君子,福禄膍之","優哉游哉,亦是戾矣","虎拜稽首,對揚王休,作召公考,天子萬壽"。此數者,皆仄以承平也。然節奏調暢,自是可讀。蓋四聲之辨,古人未有,中原音韻,此類實多。舊音必以平叶平,仄叶仄也,無亦以今而泥古乎?總之,毛詩之韻,動於天機,不費雕刻,難與後世同日論矣!

詩雖三百篇,然牢籠天地,囊括古今,原本物情,諷切治體,總統理性,闡揚道真,廓乎廣大,靡不備矣!美乎精微,靡不貫矣!近也實遠,淺也實深,辭有盡而意無窮。故"誰適爲容",閨怨之貞志也。"與子偕作",塞曲之雄心也。"于女信宿",戀德之悃衷也。"投畀豺虎",疾惡之峻語也。"樂子無知",傷時之幽憂也。"攜手同行"招隱之姱節也。"斷壺剥棗",田家之真樂也。"魚鼈筍蒲",餞送之清致也。"示我周行",乞言之虚懷也,"周爰咨謀"遠遊之博采也。"寔命不猶",自寬之善經也。"我思古人",拔俗之卓軌也。後世風流文雅之士,言之能若此之典乎?"好樂無荒",恬淡而慮長。"匪我思存",紛華而不亂。"泌之洋洋",素位而止足。"在水中沚",跡近而心遐。振鷺,想君子之容也;白駒,縶嘉客之馬也。後世清隱高遯之士,言之能若此之婉乎？"濟濟多士"，美得人也；"有嚴有翼"，修戎政也；"公孫碩膚"，昭勞謙也；"萬邦作孚"，廣身教也。此盛世之風，綦隆之泰也。變雅所咏，尤可繹思："潝潝訿訿"，百官邪矣；"亶侯多藏"，寵賂彰矣；"婦有長舌"，女謁盛矣；"莫肯夙夜"，庶政隳矣；"爲鬼爲蜮"，讒夫昌矣；"俾晝作夜"，酒德酗矣；"自有肺腸"，朋黨分矣；"民亦勞止"，百姓困矣。此周之衰也，亦漢、唐、宋之所以亡也。後世經綸康濟之士，言之能若此之詳乎？"反是不思，亦已焉哉"，謀始之箴也；"靡不有初，鮮克有終"，令終之戒也；"孝子不匱，永錫爾類"，行道之徵也；"夙夜匪解，以事一人"，策名之則也。"白圭之玷，尚可磨也"，何言之可輕？"民之失德，乾餱以愆"，何微之可忽？"秉心塞淵，騋牝三千"，何事之非心？"既作泮宫，淮夷攸服"，何教之非政？"古之人無斁，譽髦斯士"，何化之不可行？"盡瘁以仕，寧莫我有"，何變之不可正？"及爾出王"，"及爾游衍"，何天之不爲人？"噂沓背憎，職競由人"，何人之不爲天？是忘精粗，合内外，貫始終，一天人，道德性命之奥也。後世講學談道之士，言之能若此之審乎？故是詩也，辭可歌，意可繹，可以平情，可以畜德。孔門所以言詩獨詳也。嘗記童稚時，先人木山公謂不肖曰："吾讀國風，四肢猶覺散慢，及讀'文王在上，於昭于天'，不覺手足之斂肅，肩背之竦直也。嗟夫小子，弗克負荷矣！"總角受詩，皓首茫然，聊述梗概，識其愧心而已矣！

愚讀離騷，愛其才情濬發，託興高遠。誠辭賦之宗也！至云："紛吾既有此内美兮，又重之以修能。"則竊歎曰：是其謗之招乎！至"不量鑿而正枘，固前修以菹醢"，則又歎曰：夫其自知之矣！蓋其嫉謡諑，怨靈修，回望故都，深綣綣焉。直令人惻然傷心！然披抉小人之情，剖析治亂之幾，終不若變雅之爽朗也。且其"飲[余]馬[於]咸池[兮]，總[余]轡乎扶桑"，"前望舒"，"後飛廉"，"令豐隆"、"求宓妃"諸語，後人修辭率慕而效之。乃雅則指牛女而惜其不可“服箱”、“報章”也，覩斗箕而傷其不可“簸揚”、“挹漿”也。悲而無聊，典而含痛，有不廢書流涕乎？此所以經千載而如新歷，百誦而不盡也。若賈生弔湘、鵩鳥二賦，則猶有風、雅之遺思哉。

古人之書亦皆有韻，不特詩也，如老子“無名天地之始，有名萬物之母”，母讀米也。“功而不居，夫惟不居，是以不去”，居讀倨也。“事善能動善時，夫惟不争，故無尤”，尤讀怡也。“金玉滿堂，莫之能守。富貴而驕，自遺其咎”，咎讀九也。“五味令人口爽，馳騁田獵，令人心發狂”，爽讀霜也。“執古之道，以御今之有，能知古始，是謂道紀”，有讀以也。“澹兮其若海，飂兮似無所止，衆人皆有以，我獨頑且鄙”，海讀喜也。“窈兮冥兮，其中有精，其精甚真，其中有信”，信讀伸也。“名亦既有，夫亦將知止，知止所以不殆”，殆讀以也。“知足不辱，知止不殆，可以長久”，久讀几也。“既得其母，以知其子；既知其子，復守其母”，子讀止也。“以智治國，國之賊；不以智治國，國之福。知此兩者亦楷式”，福讀偪也。“玄德深矣遠矣，與物反矣”，反讀顯也。“禍兮福所倚，福兮禍所伏”，伏讀逼也。“吾不敢爲主而爲客，不敢進寸而退尺”，客讀恪，尺讀綽也。“受國之垢，是爲社稷主”，垢讀古，主讀祖也。又莊子“通於一而萬事畢，無心得而鬼神服”，服讀逼也。“睹有者昔之君子，睹無者天地之友”，友讀以也。此與毛詩古音若合符節，故通詩之音，以讀易，得十之六；讀離騷，得十之五；讀易林、急就、參同、太玄諸書與古歌謡，皆開卷而得其概，庶幾不至於齟齬矣！

漢、魏、六朝之詩，騷、賦之變，而近體之椎輪也。其贈送有規諷焉，其引用有根據焉，華不滅質，色能澤理。其音與古合，如服、宅、年、南、嘉、澤、客、發之類，已採入旁證。其與古異者，如車、家、華、邪之類，亦頗附於末，見其所由變者漸矣。尚有於今不合、古無可附者，亦皆其時之音也。注者悉謂之叶，無乃冤乎？

故楚騷、漢賦無論，姑舉其近者：札，讀節也。古與顏、陸本非相師。古詩："客從遠方來，遺我一書札。上言長相思，下言久離别。"〇顏延之贈王太常："豫往誠歡歇，悲來非樂闋。屬美謝繁翰，遥懷具短札。"〇陸厥答内兄："書記既翩翩，賦歌能妙絶。相如恧温麗，子雲慚筆札。"霞，讀何也。曹與陸、謝亦非相襲。曹植洛神賦："遠而望之，皎若太陽升朝霞。迫而察之，灼若芙蕖出渌波。"〇陸機前緩聲歌："太容揮高絃，洪崖發清歌。獻酬既已周，輕舉乘紫霞。"〇謝混遊西池："迴阡被陵闕，高臺眺飛霞。惠風蕩繁囿，白雲屯曾阿。"閉，讀鼈也。則潘、顏之作可徵。潘岳西征賦："臧札飄其高厲，委曹吴而成節。何莊武之無恥，徒利開而義閉。"〇顏延之贈王太常："側同幽人居，郊扉常晝閉。林閭時晏開，亟迴長者轍。"謳，讀區也。則曹、陸之辭可據。曹植贈丁翼："秦筝發西氣，齊瑟揚东謳。肴來不虚歸，觴至反無餘。"〇陸機吴趨行："楚妃且勿歎，齊娥且莫謳。四坐並清聽，聽我歌吴趨。"岳，讀獄也。陸與司馬不約而同。司馬彪贈山濤："苕苕椅桐樹，寄生於南岳。上淩青雲霓，下臨千仞谷。"〇陸機贈弟："指途悲有餘，臨觴歡不足。我若西流水，子爲東跱岳。"袂，讀決也。沈與江淹匪期而合。沈炯歸魂賦："矧今古之悲凉，並攢心而沾袂。渡狹嶺之欹危，跨清津之幽絶。"〇江淹雜詩："芳塵未歇席，零淚猶在袂。停艫望極浦，弭棹阻風雪。"或讀緇爲止，或讀没爲滅。陸機爲顧彦先贈婦："辭家遠行游，悠悠三千里。京洛多風塵，素衣化爲緇。"〇謝靈運遊赤石："首夏猶清和，芳草亦未歇。水宿淹晨暮，陰霞屢興没。"或讀開爲虧，或讀蔽爲别。謝惠連擣衣："盈篋自余手，幽緘候君開。腰帶准疇昔，不知今是非。"〇江淹雜詩："乳竇既滴瀝，丹井復寥泬。嵒崿轉奇秀，岑崟還相蔽。"或讀霸爲布，或讀惜爲削。韋孟諷諫："興國救顛，孰違悔過。追思黄髮，秦繆以霸。"〇曹植贈丁儀："思慕延陵子，寶劍非所惜。子其寧爾心，親交義不薄。"或讀横爲黄，或讀璧爲博。曹植贈白馬王："太谷何寥廓，山樹鬱蒼蒼。雨霖泥我塗，流潦浩縱横。"〇江淹雜詩："君王禮英賢，不恡千金璧。雙闕指馳道，朱宫羅第宅。"宅音鐸。或讀灑爲洗，或讀扇爲羶。謝朓始出尚書省："中區咸已泰，輕生諒昭灑。趨事辭宫闕，載筆陪旌棨。"〇束晳補亡詩："四時遞謝，八風代扇。纖阿案晷，星變其躔。"或讀蜕爲泄，或讀淺爲千。郭璞遊仙詩："吐納致真和，一朝忽靈蜕。飄然凌太清，眇爾景长滅。"〇沈約早發定山:“歸海流漫漫,出浦冰淺淺。野棠開未落,山櫻發欲然。”或讀寐爲蜜,或讀籍爲酌。江淹雜詩:“明月入綺窗,髣髴想蕙質。銷憂非萱草,永懷寧夢寐。”○左思詠史:“四賢豈不偉,遺烈光篇籍。當其未遇時,憂在填溝壑。”或讀葩爲坡,或讀石爲芍。陸機吴趨行:“大皇自富春,矯手頓世羅。邦彦應運興,粲若春林葩。”○何劭遊仙詩:“揚志青雲際,流目矚巖石。羨昔王子喬,友道發伊、洛。”或讀窗爲聰,或讀肅爲瑟。謝靈運田南詩:“激澗代汲井,插槿當列墉。羣木既羅户,衆山亦對窗。”○陸機赴洛:“羇旅遠遊宦,託身承華側。撫劍遵鋼輦,振纓盡祇肅。”或讀淮爲熙,或讀昧爲蔑。顔延之和靈運:“惜無雀雉化,何用充海淮。去國還故里,迷門樹蓬黎。”○鮑照代君子有所思:“器惡含滿欹,物忌厚生没。智哉衆多士,服理辯昭昧。”没音見前。或讀頭爲徒,或讀溢爲淅。陌上桑:“東方千餘騎,夫壻居上頭。何用識夫壻?白馬從驪駒。”○江淹雜詩:“身名竟誰辨,圖史終磨滅。且泛桂水潮,映月游海溢。”或讀蹯爲軒,或讀戾爲裂。曹植名都篇:“我歸宴平樂,美酒斗十千。膾鯉臇胎鰕,寒鼈炙熊蹯。”○潘岳西征賦:“信此心也,庶免夫戾。如其禮樂,以俟來哲。”或讀掃爲暑,或讀播爲皤。張載七哀:“蒙籠荆棘生,蹊逕登童豎。狐兔窟其中,蕪穢不復掃。”○劉琨答盧諶:“威之不建,禍延凶播。忠隕於國,孝愆於家。”家音歌。或讀串爲慣,或讀蟠爲波。謝惠連秋懷:“各勉玄髮歡,無貽白首歎。因歌遂成賦,聊用布親串。”○陸雲贈鄭曼季:“所謂伊人,在谷之阿。虎質山嘯,龍揮淵蟠。”又晉,今讀進,彼讀薦。使非當時之音,陸氏兄弟乃以國他叶可乎?陸機贈馮文羆:“於皇聖世,時文惟晉。受命自天,奄有黎獻。”○陸雲登臺賦:“長發惟祥,天鑒在晉。肅有命而龍飛兮,蹦重斯而肇建。”故讀六朝,必考六朝之音,由此而上可知也。不然,同乎我者謂聲之諧,異乎我者謂韻之叶,以一地概四方,以一時概千古,將使文字聲律涣判支離而靡有晝一,豈所貴於誦讀哉!

愚編旁證,采易獨詳,以時世近而聲音同也。如天、如行、如慶、如明,凡五十餘字,悉載之首矣。此實周代之音,非叶也。歷數彖、象,行,凡三十有二;明,凡一十有四;慶,凡一十有二,無不同音者。又如當字詩無所附,六十四卦位當不當,凡二十有六,皆讀平聲,決其爲古音無疑也已。沈括云:“慶,古人協韻也,宜音羌。”諸儒遽以爲然，故注詩者一則曰叶，再則曰叶。近有易書於當字注云：“本去叶平。”亦襲沈括之説也。夫後世如淮西之碑、聖德之頌，説者謂“間用叶音以慕古耳”。孔子何慕乎？乃其贊易，字無正音而一取諸叶，胡爲者也？且叶或一二用，三四用多矣，五六用至多矣，蔓衍數十，更無一不叶，又胡爲者也？故注者云：“慶古本讀羌而今讀磬，當古本讀璫而今讀蕩。”庶得之矣。胡爲以今之讀爲正，而以古之正爲叶也？是以楷書爲正字，篆隸爲模楷而作矣。顛倒古今，反覆倫類，莫此甚也！可乎不可乎倡自一人，天下羣而和之，誤自一世，後世躡而後之。智者不敢生疑，賢者不敢致詰，若安之爲固然，遵之爲謨訓者，九原可作，不啞然而笑乎？夫乾坤毁而不易者，道也；時地易而轉移者，聲也。故生齊則齊言矣，生楚則楚言矣。使聖人而生於後世，有不讀服爲復，讀華爲花，讀慶，當以去聲乎？然溯流窮源，必有説心研慮而異乎世者，此同異之準也。禮曰：“醴酒之用，玄酒之尚。割刀之用，鸞刀之貴。莞簟之安而蒿秸之設。”此所謂反本脩古，不忘其初者也。故磬、蕩之讀而羌、璫之知，服、華之從而逼、敷之辨，楷書之用而篆隸之考，亦不忘古初意也。若徇習俗而昧古昔，是末説而忘先民，豈所貴於豪傑之士乎？將六藝六書之教荒矣。嗟夫！聖人之道，心術内也，形器外也，精神深也，聲音淺也。唐、宋名儒匡坐而談，瞑目而證，皆自謂得聖人之玄解矣。其弟子和之，亦曰：“吾師得聖人之玄解也。”然皓首窮經，曾音響節奏之未辨，如精神心術何？故自謂其玄解者，沈括釋音之類也。弟子和之者，亦從沈括者之類也。宇宙寥寥，此道墜地久矣。惟我太祖皇陵碑之作，妙契古音。如行讀杭，喪讀桑，悵讀昌，壤、攘俱讀穰，量讀梁，相讀湘，創讀倉，慷讀康，尚讀常，亢讀岡，幢讀牀，仰讀昂，響讀香。粹乎，詩、易之韻也！

聖謨宏偉千聖之精神心術，如在草莽之臣，豈能揄揚之哉！

古音考附録

海鵬既刊陳氏毛詩古音考,又讀其所著伏羲圖贊後雜卦傳考音一篇,援證精確,可與詩韻比翼而鳴。思並刻於詩古音後,或疑其下易於詩,未敢也。既讀四庫存目,謂其於音學爲長,宜移以附所作古音考。乃昭若發蒙,竊敢自信,因並采其所著尚書疏衍中五子之歌一篇,聯綴成卷,雖蹈截趾適屨之嫌,竊附比玉成轂之義,庶幾於亭林氏音學五書之外,得所考證云。

考定雜卦傳並韻

第曰:雜卦傳文極奇雅,韻又鏗鏘,真十翼之鼓吹也。歷世既久,容有錯誤。今本諸儒所更定,一以古韻讀之,末有未安。妄附己意,以俟知者考焉。

乾剛坤柔,比樂師憂。臨觀之義,或與或求。

屯見而不失其居,蒙雜而著。

愚按:居古讀倨。詩蟋蟀:"無已大康,職思其居。好樂無荒,良士瞿瞿。"漢韋元成戒子孫詩:"昔我之墜,畏不此居。今我度茲,戚戚其懼。"

震,起也。艮,止也。損、益,盛衰之始也。

大畜,時也。无妄,災也。萃聚,而升不來也。謙輕,而豫怠(虞氏本作怡)也。

按:災古讀咨。易林:"三德五材,和合四時。陰陽順序,國无咎災。"龜筴傳:"十有二月,日至爲期。聖人徹焉,身乃无災。"

來古讀釐。詩頍弁:"爾酒既旨,爾肴既時。豈伊異人,兄弟具來。"匡衡歌:"無説詩,匡鼎來。匡説詩,解人頤。"怠古讀怡。范蠡曰:"得時無怠,時不再來。"(音同上)劉歆列女贊:"齊姜公正,言行不怠。勸勉晉文,反國無疑。"

噬嗑,食也。賁,无色也。兑見,而巽伏也。隨,无故也,蠱則飭也。

按：色古讀失。春秋子服惠伯曰："中不忠，不得其色。下不共，不得其飾。事不善，不得其極。"龜筴傳："與物變化，四時變色。居而自匿，伏而不食。"

伏古讀偪。考工記："不伏其轅。"鄭注云："故書伏作偪。"賈誼鵩賦："禍兮福所倚，福兮禍所伏。憂喜聚門，吉凶同域。"朱穆絶交詩："飛不正向，寢不定息。飢則木攬，飽則泥伏。"

剥，爛也。復，反也。

按：反古讀販。荀子："積反貨而爲商賈。"詩氓："信誓旦旦，不思其反。"楊修節遊賦："迴旋詳觀，目周意倦。極歡遊以從容，乃棄車而來反。"

晉，晝也。明夷，誅也。井通，而困相遇也。

荀云："誅，滅也。"陸、韓云："傷也。"朱子亦云"傷也"。蘇子瞻云："明夷於南狩，得其大首，故曰誅。"此理皆可通。然以誅對晝非其類矣。孫奕云："誅當作昧。明出地上爲晝，明入地下爲昧。"此於義爲近。然與遇諧聲，非其韻矣。焦弱侯云："誅當作夜，晝夜義既相對，而古音尤順。"謹證於左：

按：晝古讀注。張衡西京賦："衛尉八屯，警夜巡晝。植鎩懸瞂（音伐），用戒不虞（古讀去聲）。"夜古讀裕。詩葛生："夏之日，冬之夜。百歲之後，歸於其居（古讀倨）。"振鷺："庶幾夙夜，以永終譽。"離騷："吾令鳳凰飛騰兮，繼之以日夜。飄風屯其相離兮，率雲霓而來御。"

咸，速也。恒，久也。涣，離也。節，止也。

按：久古有二音，讀九，亦讀几。此久讀几。詩六月："吉甫燕喜，既多受祉。來歸自鎬，我行永久。"楚辭："層冰峩峩，飛雪千里些。歸來歸來，不可以久些。"

解，緩也。蹇，難也。

睽，外也。家人，内也。否、泰，反其類也。大壯則止，遯則退也。

按：韓康伯云："大壯則小人止。"儒者皆本之。然易未嘗爲小人謀也。熊叔仁曰："大壯，剛以動而曰止，非其象矣。止，蓋上字之誤。"

大有，衆也。同人，親也。革，去故也。鼎，取新也。小過，過也。中孚，信也。豐，多故也。親寡，旅也。

按：信古讀伸。詩揚之水："終鮮兄弟，維予二人。無信人之言，人實不信。"漢武悼李夫人賦："仁者不誓，豈約親兮。既往不來，申以信兮。"

親寡，旅也。韓康伯云："親寡故寄旅也。"荀本"豐多故親"爲句，"寡旅也"爲句。竊疑六十四卦皆提卦名乃解其義，此獨先親寡而後旅，何也？弱侯云："豐，多故也。旅，寡親也。即曹攄所謂'富貴他人合，貧賤親戚離'者也。"聞者爽然，義成妙對，聲復克諧，不可易矣。

離上而坎下也。小畜，寡也。履，不處也。

按：下古讀虎。詩凱風："爰有寒泉，在浚之下。有子七人，母氏勞苦。"禮運："粢醍在堂，澄酒在下。陳其犧牲，備其鼎俎。"

寡古讀鼓。東方朔七諫："淺智褊能兮，聞見又寡。數言便事兮，見怨門下。"史記敘傳："天下已平，親屬既寡。悼惠先壯，實鎮東土。"

需，不進也。訟，不親也。頤，養正也。大過，顛也。

按：顛古讀真。詩車鄰："有車鄰鄰，有馬白顛。未見君子，寺人之令。"漢謠："邪徑敗良田，讒口亂善人。桂樹花不實，黄爵巢其顛。"

既濟，定也。未濟，男之窮也。歸妹，女之終也。漸，女歸待男行也。姤，遇也，柔遇剛也。夬，決也，剛決柔也。君子道長，小人道憂也。

按：自大過以下，舊簡參錯，今合蘇、蔡所定爲次，可讀矣。然漸"女歸待男行"，較"歸妹"似多寡不協。未濟"男之"二字，亦似本漸"歸妹"而錯。愚以鄙意，妄定於左：

既濟，定也。未濟，窮也。漸，男之待也。歸妹，女之終也。姤，遇也，柔遇剛也。夬，決也，剛決柔也。君子道長，小人道憂也。

五子之歌

夫歌本韻語也，但古今音不同。不知古音，以今音讀，則齟齬弗諧，非韻矣。愚因列古音並證於左，庶幾其可讀焉。

其一曰：皇祖有訓，民可近，不可下。民惟邦本，本固邦寧。予視天下。愚夫愚婦，一能勝予。一人三失，怨豈在明，不見是圖。予臨兆民，凜乎若朽索之馭六馬。爲人上者，奈何不敬？

下古讀虎，予古讀舞，圖古讀覩，馬古讀母。義則不異。皇祖有訓，民可近，不可下（一韻）。民惟邦本，本固邦寧。予視天下（此承上接下二韻）。愚夫愚婦，一能勝予（三韻）。一人三失，怨豈在明，不見是圖（四韻）。予臨兆民，凜乎若朽索之馭六馬（五韻）。爲人上者，奈何不敬（此結語不韻）？如周南："麟之趾，振振公子（古讀止）。于嗟麟兮！麟之定，振振公姓。于嗟麟兮！"蓋趾、子，定、姓爲韻，而"于嗟麟兮"不韻也。又如召南："彼茁者葭，壹發五豝。于嗟乎騶虞！彼茁者蓬，壹發五豵。于嗟乎騶虞！"蓋葭、豝，蓬、豵爲韻，而"于嗟騶虞"則不韻也。

下讀虎。詩凱風:“爰有寒泉,在浚之下。有子七人,母氏勞苦。”禮運:“粢醍在堂,澄酒在下。陳其犧牲,備其鼎俎。”

予讀舞。詩鴟鴞:“徹彼桑土,綢繆牖户(上聲)。今女下民,或敢侮予。”陸機與弟士龍詩:“永安有昨軌,承明子棄予。俯仰悲林薄,慷慨含辛楚。”

圖讀覩。詩烝民:“我儀圖之,維仲山甫舉之,愛莫助(上聲)之。袞職有闕,維仲山甫補之。”焦氏易林:“爲隸所圖,與衆庶伍。”

馬讀母。詩漢廣:“翹翹錯薪,言刈其楚。之子于歸,言秣其馬。”屈原九歌:“霾兩輪兮縶四馬,援中枹兮擊鳴鼓。”

其四曰:關石和鈞,王府則有。荒墜厥緒,覆宗絶祀。

有古讀以,祀古讀倚,故相韻,義亦不異。

有讀以。詩四月:“滔滔江漢,南國之紀。盡瘁以仕,寧莫我有。”封禪頌:“馳我君輿,帝用享祉。三代之前,蓋未嘗有。”

祀讀倚。詩周頌:“於薦廣牡,相予肆祀。假哉皇考,綏予孝子(古讀止)。”邯鄲淳答贈詩:“見養賢侯,於今四祀,既庇西伯,永誓没齒。”

毛詩古音考跋

往年讀焦太史筆乘曰:“古詩無叶音。”此前人未道語也。知言哉!歲在辛丑,嘗爲考證,尚未脱稿,即有建州温陵之遊。留滯三年,徒置舊篋。甲辰春來金陵,稿未攜也。秋末造訪太史,談及古音,欣然相契。假以諸韻書,故本所憶記,復加編輯。太史又爲補其未備,正其音切。於是書成可繕寫,爰以公諸同好。此道久湮,知之者寡。即吴才老、楊用修博採精稽,猶未敢斷言非叶也。太史與愚乃篤於自信,真千載一遘矣!使見者謂爲是也,古音自此可明;謂未盡也,觸類引申,必自是始;如謂非也,則以待後世子雲而已。噫!大道難明,至學未易辯也。愚尤有期於太史者,在此特其小小耳!

萬曆丙午仲夏朔陳第書於謝墩山房。

古無叶韻,始自隋沈重毛詩音義。厥後陸氏釋文采之,顏師古注漢,李善注選,皆用其説。遂相沿至今。夫古人矢口成吟,自然天籟。使韻必待叶,何以漢代馬、鄭諸儒極訓詁箋釋之詳,曾無一語及是,而顧始於沈約四聲之後乎?明陳季立毛詩古音考四卷,力闢其謬,以經證經,下逮秦、漢以降,詞賦歌謡暨諸書中之有韻語者,蒐輯引證,一一吻合。乃知古音自諧,真無事於叶而自無不叶也。自明以來,傳本絶少。余先得屈宋古音義,因購是書,心葵吴君出舊抄相贈,遂成合璧。詩云“人之好我,示我周行”,其吴君之謂矣!癸亥秋日,虞山張海鵬識。

屈宋古音義

屈宋古音義總目

欽定四庫全書提要

屈宋古音義三卷，明陳第撰。第既撰毛詩古音考，復以楚辭去風人未遠，亦古音之遺，乃取屈原所著離騷等二十五篇，除其天問一篇，得二十四篇。又取宋玉九辯九篇、招魂一篇，益以文選所載高唐賦、神女賦、風賦、登徒子好色賦四篇，得十四篇，共三十八篇。其中韻與今殊者二百三十四字，各推其本音，與毛詩古音考互相發明。惟每字列本證，其旁證則閒附字下，不另爲條，體例小異，以前書已明故也。書本一卷，其後二卷，則舉三十八篇各爲箋注，而音仍分見諸句下。蓋以參考古音，因及訓詁，遂附録其後。兼以音義爲名，實則卷帙相連，非别爲一書，故不析置集部，仍與毛詩古音考同入小學類焉。

題屈宋古音義

陳子季立，既葺毛詩古音考，盛行於時。至是謂毛詩之後，莫古於離騷，其音讀一與詩同，而誦者往往失之，豈復成音節哉！得此編，不但楚辭聲韻犁然當心，而與毛詩古韻相爲印證，學者當益自信不疑矣。嘗憶相如作上林賦，尚書給札，一日而作，無二京、三都雕琢十年之苦。賦奏天子，大悦。亦無金華露門諸儒進讀分章摘句之助。迨後數百歲，孟堅删取其要，師古詳爲之釋，讀者顧未易通解。此六書韻學之廢，而士大夫不能學古之過也。近世吴才老、楊用修始以此爲急，而未嘗合詩、騷、古賦參讀之，猶溺於近世叶音之説。得季立之書，奥篇奇字，曲暢旁通，高下抑揚，自中律度。古之作者且含笑地下，不啻如沈約擊節於雌霓之一語而已。季立老矣！强記洽聞，劇談經學，猶如精練少年，蓋未衰也。而學者乃以雷同自安，難字過目，類作含糊囁嚅之狀。聞君之風，其亦可自媿而自勉也夫！

萬曆甲寅冬日瑯琊焦竑書。

屈宋古音義自序

夫楚辭莫妙於屈、宋也。屈原之作，變動無常，淜沛不滯，體既獨造，文亦赴之，蓋千古之絶唱也！宋玉之作，纖麗而新，悲痛而婉，體制頗沿於其師；風諫有補於其國，亦屈原之流亞也。景差、嚴忌、東方朔、王褒、劉向、王逸輩，雖踵而效之，終弗逮矣。余獨慨夫注屈、宋者率不論其音，故聲韻不諧。閒有論音者，又率以叶韻概之，何其不思之甚也！夫毛詩、易象之音，若日月中天，耿然不可易矣。今考之屈、宋，其音往往與詩、易合；其詩、易所無者，又往往與周、秦、漢、魏之歌謡詩賦合，其爲上世之音何疑？自唐顔師古、太子賢注兩漢書，於長卿、子雲、孟堅、平子諸賦，音有與時乖者，直以合韻、叶音當之。後儒相緣，不復致思。故自毛詩、易象、楚辭漢賦與凡古昔有韻之篇，悉委於叶之一字矣！夫顔師古、太子賢豈不稱博雅之士？但未嘗力稽於往古，合併乎羣書，是以一時之誤，而階千載之憒憒耳。余實深慨而嘆息之！往年編輯毛詩古音考，已災木矣。竊念少好楚辭，楚辭之中，尤好屈、宋，一一以古音讀之，聲韻頗諧，故復集此一編，公之同好。噫！豈惟屈、宋是爲？將以羽翼夫毛詩，使天下後世，篤信古音而不疑。是區區論著之夙心也已。

萬曆癸丑除前一日，陳第書於東甌江心寺。

屈宋古音義正文目録

按屈、宋所著，舊有二十五篇：離騷一篇，九歌一十一篇，九章九篇，遠遊一篇，卜居一篇，漁父一篇，天問一篇，共二十五篇。今去天問，而録其二十四篇。宋玉所著，九辯、招魂，舊附於屈原爲楚辭，然高唐、神女、風賦、登徒子好色賦，皆宋玉作也。今彙而合之，共一十四篇。總之爲三十八篇，題之以屈、宋之名，而列其古音目録於左：

降音洪能音泥佩音皮莽音姥在音止隘音益怒上聲舍音暑他音拖化音訛
畝音米穢音意索音素英音央蕊音里服音逼齀音斤瞀音侵悔音喜時音是
態音剃安音煙反音顯遠音演虧音欺懲音長予上聲野音暑節音即巷音諷
家音姑差音磋醢音以當平聲正音征迫音薄屬音注夜音裕下音虎馬音姥
盤音便巧音竅惡音污古音故異平聲迎音瘖調音同媒音迷折音制茅音侔
幃音怡化音嬉沬音迷行音杭待音持馳音駝蛇音陀邦音崩　以上離騷
來音釐末音密絶音節閒音玄上平聲蘭音連蓋音記蘅音杭門音民雲音銀
者音渚爲音怡華音敷天音汀帶音蒂池音沱明音芒雷音羅懷音回簴音舉
姱音甫螭音羅柏音博蕭音颼甲音結雄音盈　九歌
肮音怡道音島志平聲釋音爍白音博恃音洗殆音以好音休去聲言音延
尤音怡顧音古風孚金切滯音帶如音茹遠音煙壇音廛得音的蹠音鵲客音恪
江音工復音逼邱音欺鎮音真聞音煙患音弦北音必歲音試潭音尋進音箭
告音轂默音穆抑音懿改音已怪音記采音泚有音以象音長匹音傳愛音緯
發音歇達他悅切草音楚竢音矣出音砌治音持否音胚昭音周聊音留廚音稠
牛音疑戒音急佩音備代音地載音祭再音至識音志國音役喜去聲失音試
友音以貺音荒慮音魯解音係顛音真媛音然右音以期音記策音尺　九章

聞音因霞音敷德音的存音前門音眠居音倨麾音河厲音冽衛音越樂音撈去聲涕音底疑音牛歌音箕　以上遠遊

通音湯埃音噫濁音獨　以上卜居○漁父

繹音約横音黄舉音倨死音誓誦音宗鑿音助高音告春音親哀音噫偕音几毁音喜躇音注瑕音蒿加音歌敗音備昧音寐約音要湛音雍恙音央　以上九辯

沬音寐石音削祀音以宇音武壺音瓠久音几千音親淵音因災音齎絡音路呼音付姦音堅山音仙寒音玄瓊音强衆音宗羹音郎爽平聲陳音田瑟音失夜音掖假音故漸音潛楓孚金切南音寧　以上招魂

儀音擬會音係磕音記霈音孌邁音厲竄音砌藹音意沛音譬籟音利柱音祖出音赤夭音以巢音稠諧音奚血音緆○讚音薦首音狩覆音阜○口音苦灰音虚袪音顧義音俄　以上高唐○神女○風○登徒子好色賦

凡例四則

一、曩余輯毛詩古音考，其音合於古而異於今者，凡五百字。今檢屈、宋音與毛詩同者八十餘字，則提其本音直注云："詳見毛詩古音考。"其毛詩所無者一百五十餘字，輒旁引他書，以相質證，俾讀者一遊目於此，已得其大旨。至於本文韻脚，復注云："古音某。"庶幾迎刃而解矣。凡此皆以發明古音，以見叶音之説謬也。

一、余初録屈、宋辭賦，只存其正文，不著注。友人謂無注難讀。因取舊注删潤之，間亦附以鄙意。然從前注楚辭者，或以一二句、三四句斷章，雖解其義，而其韻混淆，未易曉也。如離騷屢次轉韻，其韻之多，有至八句、十二句爲一韻者。招魂亦屢次轉韻，韻之多有至十六句、二十句爲一韻者。今余一以韻爲斷，若惜往日、悲回風，有以二十句、二十二句、二十四句爲一韻者。其韻既長，不得不分而注之，然亦書於其下，其他二句、三句韻者，亦明書之。故一開卷，若指諸掌，此則竊取之微意也。

一、楚辭版刻最多，句字多寡異同，不可勝詰。今惟取王叔師章句、朱考亭集注參校之，大都依考亭者居多，以其校讐援引已悉，更不復取之他本也。

一、余往讀楚辭及兩漢、魏、晉諸賦，率題數語於後，知於義無當，然實據一得之見，非敢攘襲前人成説以爲己私珍也。彙成一帙，名曰：辭賦漫題，委之篋中久矣。兹取題屈、宋者附於其後，以請正好古君子。餘無所附者，仍置之故篋云。

屈宋古音義卷一

降音洪。詳見毛詩古音考。

離騷帝高陽之苗裔兮，朕皇考曰伯庸。攝提貞於孟陬兮，惟庚寅吾以降。

九歌雲中君靈皇皇兮既降，猋遠舉兮雲中。覽冀州兮有餘，横四海兮焉窮？

宋玉風賦故其清涼雄風，則飄舉升降。乘凌高城，入於深宫。

能佩能音泥，佩音皮，俱見毛詩古音考。

離騷紛吾既有此内美兮，又重之以修能。扈江離與辟芷兮，紉秋蘭以爲佩。

思美人登高吾不説兮，入下吾不能。固朕形之不服兮，然容與而狐疑。

莽音姥。古馬亦音姥，二字義異而音同。漢有馬何羅者，明德皇后惡其先有叛，以莽易馬，改字不改音也。介子推龍蛇歌："二蛇入國，厚蒙爵土，餘有一蛇，棄於草莽。"何仲言詩："霜洲渡旅雁，胡飆吹宿莽。夜淚坐淫淫，是節偏懷土。"

離騷汩吾若將不及兮，恐年歲之不吾與。朝搴阰之木蘭兮，夕攬洲之宿莽。

九章懷沙滔滔孟夏兮，草木莽莽。傷懷永哀兮，汩徂南土。宋玉風賦莽亦此音。

在音止。詳見毛詩古音考。

離騷昔三后之純粹兮，固衆芳之所在。雜申椒與菌桂兮，豈維紉夫蕙茝。

又吾令豐隆乘雲兮，求虙妃之所在。解佩纕以結言兮，吾令蹇修以爲理。

隘音益。籀文從阜益聲。荀卿知賦："此夫安寬平，而危險隘者邪？修潔之爲親，而雜汙之爲狄者邪？"

離騷惟黨人之偷樂兮，路幽昧以險隘。豈余身之憚殃兮，恐皇輿之敗績。

怒上聲。詳見毛詩古音考。

離騷忽奔走以先後兮，及前王之踵武。荃不察余之中情兮，反信讒而齌怒。國殤、風賦怒皆此讀。

舍音暑。魏了翁云："六經凡下皆音虎，舍皆音暑。"易乾象："潛龍勿用，下也。見龍在田，時舍也。"

離騷余固知謇謇之爲患兮，忍而不能舍也。指九天以爲正兮，夫唯靈修之故也。

他音拖。詩柏舟："汎彼柏舟，在彼中河。髧彼兩髦，實維我儀，之死矢靡他。"儀音俄，盧諶詩："義由恩深，分隨昵加。綢繆委心，自同靡他。"加音歌。

化音訛。易繫："神而化之，使民宜之。"宜音俄。詩棫樸："奉璋峩峩，髦士攸宜。"哀時命："子胥死而成義兮，屈原沈於汨羅。雖體解其不變兮，豈忠信之可化。"

離騷初既與余成言兮，後悔遁而有他。余既不難夫離別兮，傷靈修之數化。九辯化亦此音。

晦音米，晦亦作畝，音義同。詳見毛詩古音考。

離騷余既滋蘭之九畹兮，又樹蕙之百晦。畦留夷與揭車兮，雜杜衡與芳芷。

宋玉高唐賦滂洋洋而四施兮，蓊湛湛而不止。長風至而波起兮，若麗山之孤畝。

穢音意。賈誼旱雲賦："或深潛而閉藏兮，爭離別而並逝。廓蕩蕩其若滌兮，日炤炤而無穢。"張衡温泉賦："六氣淫錯有疾癘兮。温泉汩焉，以流穢兮。"

離騷冀枝葉之峻茂兮，願竢時乎吾將刈。雖萎絶其亦何傷兮，哀衆芳之蕪穢。九辯、招魂，穢皆此讀。

索音素。釋名："索，素也。八卦之説謂之八索。"徐邈："音素。"皋魚引古語云："枯魚銜索，幾何不蠹。"

離騷衆皆競進以貪婪兮，憑不厭乎求索。羌内恕己以量人兮，各興心而嫉妬。

英音央。詳見毛詩古音考。

離騷朝飲木蘭之墜露兮，夕餐秋菊之落英。苟余情其信姱以練要兮，長顑頷亦何傷？九歌、九章、遠遊英皆此讀。

蘂音里。沈約撰類蘂在紙韻。見六朝時，猶有古音也。

離騷擥木根以結茝兮，貫薜荔之落蘂。矯菌桂以紉蕙兮，索胡繩之纚纚（音洗亦音徙）。

服音逼。詩、易及秦、漢古辭，無有不讀逼者，故儀禮戴冠辭曰："吉月令日，始加元服。棄爾幼志，順爾成德。"德讀的，與服韻。此其當世之音，毫無所假借者。唐賈公彦注儀禮曰："服，叶蒲北反。"失之矣，豈古人命冠數語，不能以正韻，而必待於叶耶？以此見唐人之不知古音也。詳見毛詩古音考。

離騷謇吾法夫前修兮，非世俗之所服。雖不周於今之人兮，願依彭咸之遺則。又離騷二服，九章二服，九辯一服，皆此讀。

艱音斤。詳見毛詩古音考。

替音侵。説文："替，象簪也。"古讀侵。崔琦外戚箴："宣王晏起姜后脱簪。齊桓好樂衞姬不音。"

離騷長太息以掩涕兮，哀人生之多艱。余雖好修姱以鞿羈兮，謇朝誶而夕替[①]。

悔音喜。詳見毛詩古音考。

離騷既替余[②]以蕙纕兮，又申之以攬茝。亦余心之所善兮，雖九死其猶未悔。

時音是，古時、是通音。尚書："時日曷喪。"時，是也。"播時百穀"王肅作是。

① "替"，與照曠閣本同。楚辭章句卷一、文選卷三十二離騷經均爲"替"。

② "替余"，楚辭章句卷一、文選卷三十二、離騷經均作"替余"。

“斂時五福”馬融作是。

態音剃。戰國策蘇秦語曰:“科條既備,民多僞態。”司馬相如封禪書:“黑質白章,其儀可喜。旼旼穆穆,君子之態。”喜,去聲。劉向九歎:“欲卑身而下體兮,心隱惻而不置。方圜殊而不合兮,鉤繩用而異態 。”

離騷忳鬱悒余侘傺兮,吾獨窮困乎此時也。寧溘死以流亡兮,余不忍爲此態也。惜誦、懷沙、思美人,態皆同音。

安音煙。詳見毛詩古音考。

離騷鷙鳥之不羣兮,自前世而固然。何方圜之能周兮,夫孰異道而相安?招魂安亦此讀。

反遠反音顯,遠音演,古反、遠常相韻。論語:“唐棣之華,(翩)[偏]其反而。豈不爾思?室是遠而。”詳見毛詩古音考。

離騷悔相道之不察兮,延佇乎吾將反。回朕車以復路兮,及行迷之未遠。九歌、國殤、九章、哀郢,反、遠皆此讀。

虧音欺。易林損之大畜:“十丸同投,爲雉所維。獨得逃脱,完全不虧。”後漢崔琦外戚箴:“爰曁末葉,漸已穨虧。貫魚不叙,九御差池。”晉摯虞太康頌:“耀武六旬,輿徒不疲。飲至數實,干旄無虧。”

離騷高余冠之岌岌兮,長余佩之陸離。芳與澤其雜糅兮,唯昭質其猶未虧。

九章抽思望三五以爲像兮,指彭咸以爲儀。夫何極而不至兮,故遠聞而難虧。

懲音長。説文:“从心,徵聲。”徵,古有長音。參同契:“潛潭見象,發散精光。昴畢之上震出爲徵。”

離騷人生各有所樂兮,余獨好修以爲常。雖體解吾猶未變兮,豈余心之可懲?

予上聲。詳見毛詩古音考。

野音暑。詳見毛詩古音考。

離騷女嬃之嬋媛兮,申申其詈予,曰鮌婞直以亡身兮,終然殀乎羽之野。離騷更有二予、九歌三予、遠遊予,皆此讀。

節音即。詳見毛詩古音考。

離騷汝何博謇而好修兮，紛獨有此姱節。薋菉葹以盈室兮，判獨離而不服。九歌東君節亦此讀。

巷音諷。字一作衖，又作閧。楊子一閧之市詩："丰子之丰兮，俟我乎巷兮，悔予不送兮。"

離騷啓九辯與九歌兮，夏康娱以自縱。不顧難以圖後兮，五子用失乎家巷。

家音姑。詳見毛詩古音考。

離騷羿淫遊以佚田兮，又好射夫封狐。固亂流其鮮終兮，浞又貪夫厥家。

差音磋，今之蹉跎，古作差沱。文子："水雖平必有波，衡雖正必有差。"哀時命："志怦怦而内直兮，履繩墨而不頗。執權衡而無私兮，稱輕重而不差。"

離騷湯禹儼而祗敬兮，周論道而莫差。舉賢而授能兮，循繩墨而不頗。登徒子好色賦差亦同音。

醢音以。説文："从酉㿝聲。㿝，讀若賄。"又按説文："賄从貝有聲。"有，毛詩皆讀以。

離騷阽余身而危死兮，覽余初其猶未悔。不量鑿而正枘兮，固前修以菹醢。

九章涉江忠不必用兮，賢不必以。伍子逢殃兮，比干菹醢。

招魂雕題黑齒，得人肉以祀，以其骨爲醢些。蝮蛇蓁蓁，封狐千里些（祀音以）。

當平聲。易師六五小象："長子帥師，以中行也。弟子輿尸，使不當也。"行音杭。易象傳及小象，當凡二十七，皆平聲讀。樂記："古者天地順而四時當，民有德而五穀昌，疾疢不作，而無妖祥，此之謂大當。"亦平聲讀。後世皆以去聲讀之，誤。

離騷曾歔欷余鬱邑兮，哀朕時之不當。攬茹蕙以掩涕兮，霑余襟之浪浪（平聲）。離騷更有一當與涉江當皆此讀。

正音征。詳見毛詩古音考。

離騷跪敷衽以陳辭兮，耿吾既得此中正。駟玉虬以乘鷖兮，溘埃風余上征。九歌、九章正皆此音。

迫音薄。崔瑗草書勢:"草書之法,蓋又簡略,應時喻指用於卒迫。"

離騷吾令羲和弭節兮,望崦嵫而勿迫。路漫漫其修遠兮,吾將上下而求索(音朔)。招魂迫亦此音。

屬音注。考工記:"犀甲七屬,兕甲六屬,合甲五屬。"鄭玄云:"屬讀如灌注之注。"

離騷前望舒使先驅兮,後飛廉使奔屬。鸞皇爲余先戒兮,雷師告余以未具。

夜音裕。詳見毛詩古音考。

離騷吾令鳳鳥飛騰兮,繼之以日夜。飄風屯其相離兮,帥雲霓而來御。

下音虎。陸德明云:"毛詩一十有七下叶韻,皆當讀如户。"夫謂之如户近之,以爲叶音,失之矣。詳見毛詩古音考。

離騷紛總總其離合兮,斑陸離其上下。吾令帝閽開關兮,倚閶闔而望予。

又離騷二下,及九歌、九章、九辯、招魂、高唐、風賦,凡下皆此讀。

馬音姥。詳見毛詩古音考。

離騷世溷濁而不分兮,好蔽美而嫉妬。朝吾將濟於白水兮,登閬風而緤馬。九歌、國殤馬亦此讀。

盤音便,平聲。古詩:"上枝似松柏,下枝據銅盤。雕文各異類,離婁自相連。"

離騷紛總總其離合兮,忽緯繣其難遷。夕歸次於窮石兮,朝濯髮乎洧盤。

巧音竅。舊説善功曰巧,上聲,禮記"辭欲巧"是也。僞功曰巧,去聲,論語"巧言令色"是也。左思魏都賦:"遐邇悦豫而子來,工徒擬議而騁巧。闡鉤繩之筌緒,承二分之正要。"

離騷吾令鴆爲媒兮,鴆告余以不好。雄鳩之鳴逝兮,余猶惡其佻巧。好音休,去聲,見後。

惡音污。古讀美惡之惡,多如好惡之惡。趙王友幽歌:"我妃既妒兮,誣我以惡。讒女亂國兮,上曾不寤。"易林比之既濟:"精神消落,形骸醜惡,齟齬頓挫,枯槁腐蠹。"

離騷理弱而媒拙兮，恐道言之不固。時溷濁而嫉賢兮，好蔽美而稱惡。

又何所獨無芳草兮？爾何懷乎故宇？世幽昧以眩曜兮，孰云察余之美惡？

古音故。劉向九歎：“興離騷之微文兮，冀靈修之一悟。還余車於南郢兮，復往軌於初古。”

離騷閨中既以邃遠兮，哲王又不寤。懷朕情而不發兮，余焉能忍而與此終古？

異平聲。詩靜女：“自牧歸荑，洵美且異。匪女之爲美，美人之貽。”黄公紹韻會云：“貽可平可仄。”

離騷人好惡其不同兮，惟此黨人其獨異。户服艾以盈要兮，謂幽蘭其不可佩。

九章思美人解篇薄與雜菜兮，備以爲交佩。佩繽紛以繚轉兮，遂委絶而離異。佩音皮。見前。

迎音寤，迓也，吴才老讀。或謂恐是迓字之誤。

離騷百神翳其備降兮，九疑繽其並迎。皇剡剡其揚靈兮，告余以吉故。

調音同。诗：“弓矢既調，射夫既同。”調亦音同。東方朔七諫：“不量鑿而正枘兮，恐矩矱之不同。不論世而高舉兮，恐操行之不調。”

離騷曰：勉升降以上下兮，求矩矱之所同。湯、禹儼而求合兮，摯、咎繇而能調。

媒音迷。詳見毛詩古音考。

離騷苟中情其好修兮，又何必用夫行媒？説操築於傅巖兮，武丁用而不疑。九章、抽思媒亦此音。

折音制。劉向九歎：“懷蘭茝之芬芳兮，妒被離而折之。張絳帷以襜襜兮，風邑邑而蔽之。”

離騷何瓊珮之偃蹇兮，衆薆然而蔽之。惟黨人之不亮兮，恐嫉妒而折之。

茅音侔。詳見毛詩古音考。

離騷時繽紛其變易兮，又何可以淹留？蘭芷變而不芳兮，荃蕙化而爲茅。

幃音怡。说文："从巾韋聲。"韋，古讀怡。張協洛禊賦："粉葩翕習，緣阿被湄。振袖生風，接衽成幃。"梁元帝班婕妤辭："婕妤初選入，含媚向羅幃。何言飛燕寵？青苔生玉墀。"

離騷椒專佞以慢慆兮，樧又欲充其佩幃。既干進而務入兮，又何芳之能祗？

化音嬉。三略："天地神明，與物推移。變動無常，與物轉化。"陈琳大荒賦："越洪寧之蕩蕩兮，追玄漠之造化。跨三五而無偶兮，邈卓立而獨奇。"化一音訛，見前。

離騷固時俗之從流兮，又孰能無變化？覽椒蘭其猶若兹兮，又況揭車與江離？

沬音迷。漢武悼李夫人賦："弟子增欷洿沬悵兮。"沬讀平聲。一音寐，見後。

離騷惟兹佩之可貴兮，委厥美而歷兹。芳菲菲而難虧兮，芬至今猶未沬。

行音杭。詳見毛詩古音考。

離騷靈氛既告余以吉占兮，歷吉日乎吾將行。折瓊枝以爲羞兮，精瓊爢以爲粻。九歌、九章、遠遊、招魂凡行皆同音。

待音持。易蹇初二小象："往蹇來譽，宜待也。王臣蹇蹇，終無尤也。"尤音怡，待後稍轉爲底。東方朔七諫："往者不可及兮，來者不可待。悠悠蒼天兮莫我振理。"魏文帝浮淮賦："衆帆張，羣櫂起。争先逐進，莫適相待。"

離騷路修遠以多艱兮，騰衆車使徑待。路不周以左轉兮，指西海以爲期。

馳音駝。詩卷阿："君子之車，既庶且多。君子之馬，既閑且馳。"

蛇音陀。詳見毛詩古音考。古亦音怡。凡覽古辭賦，在依上下文讀之可也。

離騷屯余車其千乘兮，齊玉軑而並馳。駕八龍之婉婉兮，載雲旗之委蛇。東君、招魂蛇皆此讀。

邦音崩。老子："修之於邦，其德乃豐。"詳見毛詩古音考。

離騷陟升皇之赫戲兮，忽臨睨夫舊鄉。僕夫悲余馬懷兮，蜷局顧而不行(音杭)。

來音釐。詳見毛詩古音考。

湘君望夫君兮未來，吹參差兮誰思？

山鬼被石蘭兮帶杜衡，折芳馨兮遺所思。余處幽篁兮終不見天，路險難兮獨後來。

末音密。荀子禮論"絲末"注與幦同。夏侯湛抵疑："向若垂一鱗迴一翼，令吾子攀其飛騰之勢，挂其羽翼之末。"傅休奕朝時篇："春榮隨露落，芙蓉生木末。自傷命不遇，良時有乖別。"

絶音節。論語讖："孔子讀易，韋編三絶。鐵擿三折，漆書三滅。"揚雄解嘲："炎炎者滅，隆隆者絶。"列女贊："及遭暴秦，王道缺蝕。治内之道，於今廢絶。"

湘君采薜荔兮水中，搴芙蓉兮木末。心不同兮媒勞，恩不甚兮輕絶。

閒音玄。瑚涓切。詳見毛詩古音考。

湘君石瀨兮淺淺，飛龍兮翩翩。交不忠兮怨長，期不信兮告余以不閒。

招魂靡顔膩理，遺視矊些。離榭修幕，侍君之閒些。

上平聲。詳見毛詩古音考。

湘夫人登白薠兮騁望，與佳期兮夕張。鳥何萃兮蘋中？罾何爲兮木上？

蘭音連。易繫辭："同心之言，其臭如蘭。"言音延。潘尼贈陸機："昔子忝私，貽我蕙蘭。今子徂東，何以贈旃？"

湘夫人沅有茝兮澧有蘭，思公子兮未敢言。

招魂光風轉蕙，氾崇蘭些。經堂入奥，朱塵筵些。

蓋音記。四晧紫芝歌："駟馬高蓋，其憂甚大。富貴之畏人兮，不如貧賤之肆志。"大音地。魏文帝雜詩："西北有浮雲，亭亭如車蓋。惜哉時不遇，適與飄風會。"會音係，見後。

湘夫人聞佳人兮召予，將騰駕兮偕逝。築室兮水中，葺之兮荷蓋。

高唐賦榛林鬱盛，葩葉覆蓋。雙椅垂房，糾枝還會。

又蜺爲旌，翠爲蓋。風起雨止，千里而逝。

蘅音杭。衡本音杭，加草音同。

湘夫人白玉兮爲鎮，疏石蘭兮爲芳。芷葺兮荷屋，繚之兮杜蘅。

風賦獵蕙草，離秦蘅。概新夷，被稊楊。

門音民。詳見毛詩古音考。

雲音銀。詳見毛詩古音考。雲又音延。陳琳瑪瑙勒賦："初傷勿用，俟慶雲兮。君子窮達，亦時然兮。"國殤雲此讀。

湘夫人合百草兮實庭，建芳馨兮廡門。九嶷繽兮並迎，靈之來兮如雲。

大司命廣開兮天門，紛吾乘兮玄雲。九章、遠遊、招魂、風賦門皆此音。

者音渚。猗蘭操："逍遥九州，無所定處。世人闇蔽，不知賢者。"詳見毛詩古音考。

湘夫人搴汀洲兮杜若，將以遺兮遠者。時不可兮驟得，聊逍遥兮容與。

爲音怡。老子："愛民治國，能無爲乎？天門開闔，能爲雌乎？明白四達，能無知乎？"王延壽王孫賦："原天地之造化，實神偉而崛奇。道玄微以密妙，信無物而不爲。"扊扅歌："臨當相别時烹乳雞，今適富貴忘我爲？"

大司命靈衣兮披披，玉佩兮陸離。壹陰兮壹陽，衆莫知兮余所爲。

又愁人兮奈何！願若今兮無虧。固人命兮有當，孰離合兮可爲？思美人、悲回風、漁父、招魂爲音皆同。

華音敷。周禮形方氏："正其封疆，無有華離之地。"鄭玄注云："華讀爲㼐。"詳見毛詩古音考。

大司命折疏麻兮瑶華，將以遺兮離居。老冉冉兮既極，不寖近兮愈疏。

天音汀。詩、易多與人韻。詳見毛詩古音考。

大司命乘龍兮轔轔，高馳兮沖天。結桂枝兮延竚，羌愈思兮愁人。哀郢、遠遊、九辯、招魂天俱同音。

帶音蒂。史记平準書"禄帶"劉伯莊音蔕。釋名："帶，蔕也，著於衣，如物之繫蔕也。"漢封功臣丹書："黄河如帶，泰山若礪。國以永存，爰及苗裔。"易林師之噬嗑:"失信不會,憂思約帶。"會音係。

少司命荷衣兮蕙帶,儵而來兮忽而逝。夕宿兮帝郊,君誰須兮雲之際?

池音沱。徐鉉曰:"池沼之池,古通作沱。今别作池,非是。"詳見毛詩古音考。

少司命與女遊兮九河,衝飆至兮水揚波。與女沐兮咸池,晞女髮兮陽之阿。

明音芒,古純此音。詳見毛詩古音考。

東君暾將出兮東方,照吾檻兮扶桑。撫余馬兮安驅,夜皎皎兮既明。懷沙、九辯明皆此讀。

雷音羅。

東君駕龍輈兮乘雷,載雲旗兮委蛇(音陀)。

懷音回。詳見毛詩古音考。

東君長太息兮將上,心低徊兮顧懷。羌聲色兮娱人,觀者憺兮忘歸。河伯懷同音。

簴音舉。晉樂歌:"建五旗,羅鐘簴,列四懸,奏韶武。"

姱音甫,與嫮通。吴才老讀。

東君緪瑟兮交鼓,簫鍾兮瑶簴。鳴篪兮吹竽,思靈保兮賢姱。

抽思憍吾以其美好兮,覽余以其修姱。與余言而不信兮,蓋爲余而造怒(上聲)。

螭音羅。

河伯與女遊兮九河,衝風起兮水横波。乘水車兮荷蓋,駕兩龍兮驂螭。

柏音博。齊人松柏歌:"松耶柏耶,住建共者客耶。"客音恪。詳見毛詩古音考。

山鬼山中人兮芳杜若,飲石泉兮蔭松柏。君思我兮然疑作。

蕭音飀。詩下泉:"洌彼下泉,浸彼苞蕭。愾我寤嘆,念彼京周。"九歎:"白露紛紛以涂涂兮,秋風瀏瀏以蕭蕭。身永流而不還兮,魂長逝而常愁。"

山鬼風颯颯兮木蕭蕭,思公子兮徒離憂。

甲音結。詩:"芄蘭之葉,童子佩韘。雖則佩韘,能不我甲?"

國殤操吴戈兮被犀甲，車錯轂兮短兵接。

雄音盈。詳見毛詩古音考。一音形。

國殤誠既勇兮又以武，終剛强兮不可凌。身既死兮神以靈，魂魄毅兮爲鬼雄。

肬音怡，説文從肉尤聲。尤古讀怡，見後。

九章惜誦竭忠誠以事君兮，反離羣而贅肬。忘儇媚以背衆兮，待明君其知之。

道音島。詩、易皆此讀。詳見毛詩古音考。

惜誦壹心而不豫兮，羌不可保也。疾親君而無他兮，有招禍之道也。橘頌道同音。

志平聲。志古有平、去二聲。易革小象："革言三就，又何之矣。改命之吉，信志也。"太玄："狂衝於冥，翕其志，雖欲稍摇，天不之兹。"

惜誦忠何罪以遇罰兮？亦非余之所志也。行不羣以顛越兮，又衆兆之所咍也。

抽思昔君與我成言兮，曰黄昏以爲期。羌中道而回畔兮，反既有此他志。思美人志同音。

釋音爍。老子："涣若冰將釋，敦兮其若樸。"劉向九歎："日杳杳以西頹兮，路長遠而窘迫。欲酌醴以娱意兮，蹇騷騷而不釋。"迫音薄。易林革之大畜："天門開闢，牢户寥廓。桎梏解脱，拘囚縱釋。"

白音博。詳見毛詩古音考。

惜誦紛逢尤以離謗兮，謇不可釋也。情沈抑而不達兮，又蔽而莫之白也。哀郢、招魂釋，及招魂白，俱同此音。

恃音洗。曹植雜詩："時俗薄朱顔，誰爲發皓齒？俛仰歲將暮，榮耀難久恃。"張載劍閣銘："山河之固，見屈吴起。興實在德，險亦難恃。"

殆音以。説文以聲。詳見毛詩古音考。

惜誦終危獨以離異兮，曰君可思而不可恃。故衆口其鑠金兮，初若是而逢殆。悲回風恃亦此音。

好音休去聲。詩："羔裘豹褎，自我人究究。豈無他人？維子之好。"

惜誦晉申生之孝子兮，父信讒而不好。行婞直而不豫兮，鮌功用而不就。

言音延。詳見毛詩古音考。

惜誦吾聞作忠以造怨兮，忽謂之過言。九折臂而成醫兮，吾至今乃知其信然。

尤音怡。詳見毛詩古音考。

惜誦欲儃佪以干傺兮，恐重患而離尤。欲高飛而遠集兮，君罔謂女何之？

惜往日信讒諛之溷濁兮，盛氣志而過之。何貞臣之無罪兮，被離謗而見尤。

顧音古。詳見毛詩古音考。

涉江世溷濁而莫余知兮，吾方高馳而不顧。駕青虬兮驂白螭，吾與重華遊兮瑶之圃。

風孚金切。詳見毛詩古音考。

涉江乘鄂渚而反顧兮，欸秋冬之緒風。步余馬兮山皋，邸余車兮方林。哀郢風同音。

滯音帶，説文："從水帶聲。"杜篤論都賦："一夫舉礌，千夫沉滯。一人奮戟，三軍阻敗。"

涉江乘舲船余上沅兮，齊吴榜以擊汰。船容與而不進兮，淹回水而凝滯。高唐滯亦此讀。

如音茹。七諫："忽容容其安之兮，超慌忽其焉如。苦衆人之難信兮，願離羣而遠舉。"陶潛雜詩："氣力漸衰損，轉覺日不如。壑舟無須臾，引我不得住。"

涉江入溆浦余儃佪兮，迷不知吾之所如。深林杳以冥冥兮，乃猨狖之所居（居音倨，見後）。如、居相韻，以今音讀之亦順，然古音不可不知。

遠音烟。易繫辭："易之爲書也，不可遠；爲道也，屢遷。"詩角弓："爾之遠矣，民胥然矣。"易林："怒非其遠，因物有遷。"蓋遠有平、上二音，平音煙，上音演。

壇音廛。周禮廛人故書廛爲壇。杜子春讀壇爲廛，以壇、廛通音也。楚相孫叔敖碑:“乃發嘉訓,興祀立壇。勤勤愛敬,念意自然。”桓君山仙賦:“周覽八極,還崦華壇。氾氾濫濫,隨天轉旋。”

涉江鸞鳥鳳皇,日以遠兮。燕雀烏鵲,巢堂壇兮。

得音的。德、得古皆讀的。易謙小象:“鳴謙貞吉,中心得也。勞謙君子,萬民服也。”易林賁之大有:“歲暮花落,陽入陰室。萬物伏匿,歲不可得。”

哀郢發郢都而去閭兮,怊荒忽其焉極?楫齊揚以容與兮,哀見君而不再得。抽思、惜往日、招魂得同此音。

蹠音鵲。説文:“从足庶聲。”庶古讀鵲。詩楚茨:“爲豆孔庶,爲賓爲客。”石鼓詩:“徒騈孔庶,廓騎宣博。”曹植七啓:“蹻捷若飛,蹈虚遠蹠。凌躍超驤,蜿蟬揮霍。”

客音恪。詳見毛詩古音考。

哀郢心嬋媛而傷懷兮,眇不知其所蹠。順風波以從流兮,焉洋洋而爲客。

江音工,説文以工得聲。詳見毛詩古音考。

哀郢將運舟而下浮兮,上洞庭而下江。去終古之所居兮,今逍遥而來東。

復音逼。易林觀之同人:“有頭無目,赫赫栗栗。消耗爲災,三年不復。”傅毅迪志詩:“日月逾邁,豈云旋復。哀我經營,旅力靡及。”按服、伏、復今爲房六切者,古皆爲蒲北切,音之變也。

哀郢忽若去不信兮,至今九年而不復。慘鬱鬱而不開兮,蹇侘傺而含慼。

丘音欺。詳見毛詩古音考。

哀郢曼余目以流觀兮,冀壹反之何時?鳥飛返故鄉兮,狐死必首丘。

鎮音真。説文:“从金真聲。”冯衍顯志賦:“誦古今以散思兮,覽聖賢以自鎮。嘉孔丘之知命兮,大老聃之貴玄(音形)。”

抽思願遥起而横奔兮,覽民尤以自鎮。結微情以陳詞兮,矯以遺夫美人。

聞音烟。參同契:“子繼父業,孫踵祖先。傳世迷惑,竟無見聞。”

患音玄。劉歆遂初賦:"以夫子之博觀兮,何此道之必然。空下時而矐世兮,自命己之取患。"晉樂章:"雖欲盡忠誠,結舌不敢言。結舌亦何憚?盡忠爲身患。"

抽思兹歷情以陳辭兮,蓀佯聾而不聞。固切人之不媚兮,衆果以我爲患。

悲回風孤子吟而抆淚兮,放子出而不還(音旋)。孰能思而不隱兮,昭彭咸之所聞。

北音必。詳見毛詩古音考。

抽思有鳥自南兮,來集漢北。好姱佳麗兮,牉獨處此異域。

歲音試。詳見毛詩古音考。

抽思望孟夏之短夜兮,何晦明之若歲。惟郢路之遼遠兮,魂一夕而九逝。高唐賦歲亦此讀。

潭音尋。韓詩外傳:"逢天之暑,思心潭潭。願乞一飲,以表我心。"陸機赴洛詩:"靖端肅有命,假檝越江潭。親友贈予邁,揮淚廣川陰。"

抽思長瀨湍流,泝江潭兮。狂顧南行,聊以娱心兮。

進音箭。周官:"其利金錫竹箭。"注云:"故書箭爲進。"釋名:"矢又謂之箭。箭,進也。"列子:"周穆王西巡還,道有獻工人偃師,穆王薦之。"薦之,進之也。以此見古薦、進之音同。

抽思軫石崴嵬,蹇吾願兮。超回志度,行隱進兮。

告音轂。天問:"受賜兹醢,西伯上告。何親就上帝罰,殷之命以不救?"

抽思道思作頌,聊以自救兮。憂心不遂,斯言誰告兮?

默音穆。東方朔傳:"吴王穆然。"穆古通默,是默有穆音也。陸雲贈顧驃騎詩:"於鑠祁陽,誕鍾天篤。清輝龍見,玄猷淵默。"

懷沙眴兮杳杳,孔靜幽默。鬱結紆軫兮,離愍而長鞠。

抑音懿。詩:"抑抑威儀。"抑讀如易。懿,文德之懿。國語引詩"抑戒"作"懿戒",可證也。

懷沙撫情效志兮,俛、屈以自抑。刓方以爲圜兮,常度未替。

改音已,説文已聲。老子:"獨立而不改,周行而不殆。"莊子引古詩"美成在久,惡成不及改。"久音几,漢武(問)[舉]賢良(策)[詔]:"習聞其(説)[號],未燭厥理。伊欲風流而令行,刑輕而姦改。”太玄成首:“成微改改,未成而殆。”殆音以。

懷沙易初本迪兮,君子所鄙。章畫志墨兮,前圖未改。

怪音記。易林復之隨:“五心六意,岐道多怪。非君本意,生我恨悔。”音戲。劉歆遂初賦:“運四時而覽陰陽兮,總萬物之珍怪。雖窮天地之極變兮,曾何足乎留意?”

懷沙邑犬羣吠兮,吠所怪也。非俊疑傑兮,固庸態也。

遠遊因氣變而遂曾舉兮,忽神奔而鬼怪。時髣髴以遥見兮,精皎皎以往來(音利)。

采有采音泚,有音以。俱見毛詩古音考。

懷沙文質踈内兮衆不知余之異采。材樸委積兮,莫知余之所有。

象音長。易剥彖:“順而止之,觀象也。君子尚消息盈虚,天行也。”行音杭。謝莊饗神歌:“祗之體,無形象,潛泰幽,洞忽荒。”

懷沙懲違改忿兮,抑心而自强。離慜而不遷兮,願志之有象。

匹音俜平聲。

懷沙懷質抱情,獨無匹兮。伯樂既歿,驥將焉程兮?

愛音緯。詳見毛詩古音考。

懷沙世溷不吾知,人心不可謂兮。知死不可讓,願勿愛兮。

發達發音歇;達,他悦切。俱見毛詩古音考。

思美人蹇蹇之煩冤兮,陷滯而不發。申旦以舒中情兮,志沈菀而莫達。

九辯何氾濫之浮雲兮,猋廱蔽此明月。忠昭昭而願見兮,然雺曀而莫達。

草音楚。飯牛歌:“時不遇兮堯、舜主,牛兮努力食細草。”主音祖。徐幹齊都賦:“琹梗林,燎圃草。驅禽翼獸,十千惟旅。”旅音魯,琹音刊。

思美人擥大薄之芳茝兮,搴長洲之宿莽。惜吾不及古之人兮,吾誰與玩此芳草?莽音姥,見前。

竢出竢音矣。説文:“从立矣聲。”出音砌。易林坤之否:“六龍争極,服在不飾。謹慎管鑰,結禁無出。”飾,去聲。

思美人竊快在其中心兮，揚厥憑而不竢。芳與澤其雜糅兮，羌芳華自中出。

治音持。舊有平、去二聲。凡未治而理之者，平聲；已理而有效者，去聲。經史皆此讀。詩："緑兮絲兮，女所治兮。我思古人，俾無訧兮。"訧音怡。

惜往日國富强而法立兮，屬貞臣而日娭。祕密事之載心兮，雖過失猶弗治。

否音胚。易遯小象："君子好遯，小人否也。嘉遯貞吉，以正志也。肥遯無不利，無所疑也。"志，平聲。

惜往日君含怒以待臣兮，不清澂其然否。蔽晦君之聰明兮，虚惑誤又以欺。

昭音周。王逸九思："倚此兮巖穴，永思兮窈悠。嗟懷兮眩惑，用志兮不昭。"

惜往日臨沅湘之玄淵兮，遂自忍而沈流。卒没身而絶名兮，惜廱君之不昭。

聊音留。蘇秦上秦惠王書："上下相愁，民無所聊。"漢地理志："華聊緑耳之乘。"九思："心煩憒兮意無聊，嚴載駕兮出戲遊。"

惜往日君無度而弗察兮，使芳草爲藪幽。焉舒情而抽信兮，恬死亡而不聊。

悲回風憐思心之不可懲兮，證此言之不可聊。寧溘死而流亡兮，不忍此心之常愁。

廚音稠。古隴西行："談笑未及竟，左顧敕中廚。促令辦麤飯，慎莫使稽留。"

惜往日獨鄣廱而蔽隱兮，使貞臣而無由。聞百里之爲虜兮，伊尹烹於庖廚。

牛音疑。詳見毛詩古音考。

惜往日吕望屠於朝歌兮，寧戚歌而飯牛。不逢湯、武與桓、繆兮，世孰云而知之？

招魂敦脄血拇，逐人駓駓些。參目虎首，其身若牛些。

戒音急。詳見毛詩古音考。

惜往日何芳草之早殀兮，微霜降而下戒。諒不聰明而蔽廱兮，使讒諛而日得。

佩音備。楚辭佩皆音皮,然佩亦有去聲。荀子佹詩:"璇玉瑶珠,不知佩也。雜布與錦,不知異也。"此佩與好韻,好似音戲。

惜往日自前世之嫉賢兮,謂蕙若其不可佩。妒佳冶之芬芳兮,嫫母姣而自好。

代音地。東方朔七諫:"驥躊躇於弊輂兮,遇孫陽而得代。吕望窮困而不聊生兮,遭周文而舒志。"

惜往日雖有西施之美容兮,讒妒入以自代。願陳情以白行兮,得罪過之不意。

招魂蘭膏明燭,華容備些。二八侍宿,射遞代些。

又容態好比,順彌代些。弱顔固植,謇其有意些。

載音祭。詳見毛詩古音考。

惜往日情冤見之日明兮,如列宿之錯置。乘騏驥而馳騁兮,無轡銜而自載。

再音至。漢修成歌:"日崔隤,時不再。願棄軀,死無悔。"馮衍顯志賦:"嗟我思之不遠兮,豈敗事之可悔。雖九死而不眠兮,恐余殃之有再。"悔音戲。

識音志,古讀知識之識,常如默識之識。荀子成相篇:"治亂是非亦可識,託於成相以喻意。"東方朔七諫:"處涽涽之濁世兮,今安所達乎吾志?意有所載而遠逝兮,固非衆人之所識。"馮衍顯志賦:"韓盧抑而不縱兮,騏驥絆而不試。獨慷慨而遠覽兮,非庸庸之所識。"

惜往日寧溘死而流亡兮,恐禍殃之有再。不畢辭以赴淵兮,惜壅君之不識。

國音役。詳見毛詩古音考。

橘頌后皇嘉樹,橘徠服兮。受命不遷,生南國兮。

喜去聲。詳見毛詩古音考。

橘頌深固難徙,更壹志兮。緑葉素榮,紛其可喜兮。

又嗟爾幼志,有以異兮。獨立不遷,豈不可喜兮!

失音試。郤正釋譏:"合不以得,違不以失。得不充詘,失不慘悸。"應禎華林園詩:"在昔先王,躬御斯器。示武懼荒,過亦爲失。"

橘頌閉心自慎，終不過失兮。秉德無私，參天地兮。

友音以。詳見毛詩古音考。

橘頌願歲並謝，與長友兮。淑離不淫，梗其有理兮。

貺音荒。詳見毛詩古音考。

悲回風荼薺不同畝兮，蘭茝幽而獨芳。惟佳人之永都兮，更統世以自貺。

慮音魯。吕氏春秋"黔如作虜首"注："虜，一作慮。"是慮、虜古通音也。箕山歌："日月運照，靡不记睹。遊放其間，何所卻慮？"大招："茝蘭桂樹，鬱彌路只。魂虖歸徠，恣志慮只。"

悲回風惟佳人之獨懷兮，折芳椒以自處。曾歔欷之嗟嗟兮，獨隱伏而思慮。

解音係。晉明堂歌："經始明堂，享祀匪解。於皇烈考，光配上帝。"

悲回風愁鬱鬱之無快兮，居戚戚而不可解。心鞿羈而不開兮，氣繚轉而自締。

顛音真。詳見毛詩古音考。

悲回風上高巖之峭岸兮，處雌蜺之標顛。據青冥而攄虹兮，遂儵忽而捫天。

媛音然。詩君子偕老："子之清揚，揚且之顔也。展如之人兮，邦之媛也。"

悲回風吸湛露之浮涼兮，漱凝霜之雰雰。（音軒，才老讀。）依風穴以自息兮，忽傾寤以嬋媛。

右音以。詳見毛詩古音考。

悲回風軋洋洋之無從兮，馳委移之焉止。漂翻翻其上下兮，翼遥遥其左右。

期音紀。漢淳于長夏君碑："於穆皇祖，天挺應期。佐時理物，紹從先軌。"軌音几。

悲回風漂翻翻其上下兮，翼遥遥其左右。氾潏潏其前後兮，叛張弛之信期。

策音尺。六韜："不知攻戰之策，不可以應敵。"潘尼懷退賦："何時願之多違，奄就羈以服役。困吳坂之峻阻,畏鹽車之嚴筴。”筴、策通。江淹知己賦:“對楚、漢之贍墨,覽魏、晉之鴻策。校遠近之真假,削古今之名實。”

悲回風借光景以往來兮,施黄棘之枉策。求介子之所存兮,見伯夷之放迹。九辯策亦同音。

聞音因。蔡邕陳太丘碑:“於皇先生,抱寶懷珍,微言圮絶,來者曷聞。”

遠遊惟天地之無窮兮,哀人生之長勤。往者余弗及兮,來者吾不聞。

又視儵忽而無見兮,聽惝怳而無聞。超無爲以至清兮,與泰初而爲鄰。

霞音敷。司馬相如大人賦:“呼吸沆瀣兮餐朝霞,咀噍芝英兮嘰瓊華。”至魏、晉轉爲蒿音。

遠遊飡六氣而飲沆瀣兮,漱正陽而含朝霞。保神明之清澄兮,精氣入而麤穢除。

德音的。詳見毛詩古音考。

遠遊順凱風以從遊兮,至南巢而壹息。見王子而宿之兮,審壹氣之和德。

存音前。解嘲:“攫挐者亡,默默者存。位極者高危,自守者身全。”曹植文帝誄:“朝聞夕逝,孔志所存。皇維一没,天禄永延。”參同契:“津液腠理,筋骨緻堅。衆邪辟除,正氣常存。”

遠遊壹氣孔神兮,於中夜存。虚以待之兮,無爲之先。

門音眠。參同契:“故爲亂辭,孔竅其門。智者審思,用意參焉。”又云:“羅列三條,枝莖相連。同出異名,皆由一門。”漢元帝時童謡:“井水溢,滅竈煙。灌玉堂,流金門。”

遠遊虚以待之兮,無爲之先。庶類以成兮,此德之門。

居音倨。詳見毛詩古音考。

遠遊命天閽其開關兮,排閶闔而望予(音汝)。召豐隆使先導兮,問太微之所居。

麾音河。大招:“直贏在位,近禹麾只。豪傑執政,流澤施只。”施,音梭。

遠遊擥彗星以爲旍兮,舉斗柄以爲麾。叛陸離其上下兮,遊驚霧之流波。

厲音例。詳見毛詩古音考。

衛音越。詳見毛詩古音考。按：衛亦有意音。張華尚書令箴：“法制不修，不長厥裔。尚臣司臺，敢告侍衛。”若衛讀越，則厲讀例；衛讀意，則厲讀如字。

遠遊路漫漫其修遠兮，徐弭節而高厲。左雨師使徑待兮，右雷公而为衛。

樂音撈，去聲。七諫：“願無過之設行兮，雖滅没之自樂。痛楚國之流亡兮，哀靈修之過到。”

遠遊欲度世以忘歸兮，意恣睢以担撟（音叫）。内欣欣而自美兮，聊媮娱以自樂。

涕音底。説文弟聲。弟古讀底。詩大東：“周道如砥，其直如矢。君子所履，小人所視。睠言顧之，潸焉出涕。”視音矢。

遠遊思舊故以想像兮，長太息而掩涕。氾容與而遐舉兮，聊抑志而自弭（音米）。

疑音牛。周書逸詩：“馬之剛矣，轡之柔矣；馬亦不剛，轡亦不柔。志氣麃麃，取與不疑。”

遠遊指炎帝而直馳兮，吾將往乎南疑。覽方外之荒忽兮，沛潤瀁而自浮。

歌音箕。淮南子：“良馬易道，使人欲馳。飲酒而樂，使人欲歌。”易林賁之離：“明不處暗，智不履危。終年卒歲，樂以笑歌。”危音宜。

遠遊祝融戒而蹕御兮，騰告鸞鳥迎虙妃。張咸池奏承雲兮，二女御九韶歌。

通音湯。易緯：“煌煌之耀，乾爲之岡。合凝之類，坤握其方。雄雌呿吟，六節摇通。”東方朔七諫：“身寢疾而日愁兮，情沈抑而不揚。衆人莫可與論道兮，悲精神之不通。”

卜居物有所不足，智有所不明。數有所不逮，神有所不通。

埃音噫。龜筴傳：“若爲枯旱，風而揚埃。蝗蟲暴生，百姓失時。”

漁父吾聞之，新沐者必彈冠，新浴者必振衣。安能以身之察察，受物之汶汶者乎？寧赴湘流，葬於江魚之腹中，安能以皓皓之白，而蒙世俗之塵埃乎？〇朱考亭曰："若以埃叶衣，則汶汶叶莫悲反；若從史塵埃作温蠖，則白叶蒲各反，與蠖自相叶矣。"愚謂似此散文，不必泥韻，且以汶叶莫悲，似未有的據，即以蠖叶白，白本有博音，又與汶汶不相涉矣。

濁音獨。老子："曠兮其若谷，渾兮其若濁。"詳見毛詩古音考。

漁父滄浪之水清兮，可以濯吾纓；滄浪之水濁兮，可以濯吾足。

繹音約。詩駉："有驒有駱，有駵有雒。以車繹繹。"

九辯悲憂窮蹙兮獨處廓，有美一人兮心不繹。去鄉離家兮來遠客（音恪），超逍遥兮今焉薄？

横音黄，説文："从木黄聲。"蘇秦語："合從連横，兵革不藏。"揚雄冀州箴："更盛更衰，載從載横。漢興定制，改列藩王。"漢人稱周舉曰："五經從横周宣光。"

九辯收恢台之孟夏兮，然欿傺而沈藏。葉菸邑而無色兮，枝煩挐而交横。

高唐賦於是水蟲盡暴，乘渚之陽。黿鼉鱣鮪，交積從横。

舉音倨。揚雄解嘲："五羖入而秦喜，樂毅出而燕懼。范雎以折摺而危穰侯，蔡澤以噤吟而笑唐舉。"崔駰達旨："或重聘而不來，或屢黜而不去。或冒詢以干進，或望色而斯舉。"

九辯見執轡者非其人兮，故跼跳而遠去。鳧雁皆唼夫粱藻兮，鳳愈飄翔而高舉。

死音誓。死有洗、誓二聲。太玄裝首："裝無儯，禍且至也。季仲播軌，送其死也。"儯音儷。

九辯霰雪雰糅其增加兮，乃知遭命之將至。願徼幸而有待兮，泊莽莽與野草同死。

誦音宗，一音嵩。詳見毛詩古音考。

九辯欲循道而平驅兮，又未知其所從。然中路而迷惑兮，自厭按而學誦。

鑿音助。易林："鈆刀攻玉，無不鑽鑿。龍體具舉，魯班爲輔。"

九辯竊美申包胥之氣晟兮，恐時世之不固。何時俗之工巧兮？滅規矩而改鑿！

高音告。蔡邕郭泰碑："懿乎其純，確乎其操。洋洋搢紳，言觀其高。"陳仲弓碑："於熙文考，天授弘造。淵玄其深，巍峩其高。"晉皇甫謐釋勸："龍潛九泉，硜然執高。棄通道之遠由，守介人之局操。"

九辯處濁世而顯榮兮，非余心之所樂(音撈，去聲)。與其無義而有名兮，寧窮處而守高。

春音親。班固賓戲："炎之如日，威之如神。含之如海，養之如春。"沈約詩："眷言訪舟客，茲川信可珍。洞澈隨深淺，皎鏡無冬春。"

九辯蹇充倔而無端兮，泊莽莽而無垠。無衣裘以禦冬兮，恐溘死而不得見乎陽春。

哀音噫。詳見毛詩古音考。

九辯靚杪秋之遥夜兮，心繚悷而有哀。春秋逴逴而日高兮，然惆悵而自悲。

偕音几。詳見毛詩古音考。

毀音喜。詩汝墳："雖則如燬，父母孔邇。"是以燬讀喜也。按説文燬"從火毀聲"。毀，沈約撰類在紙韻，則古音可知。逸詩："將欲毀之，必重累之。"累音里。陶潛飲酒詩："是非苟相形，雷同共譽毀。三季多此事，達士似不爾。"

九辯四時遞來而卒歲兮，陰陽不可與儷偕。白日晼晚其將入兮，明月銷鑠而減毀。

躇音注。漢武帝李夫人賦："何魂靈之紛紛兮，哀裴回以躊躇。埶路日以遠兮，遂荒忽以辭去。"

九辯年洋洋以日往兮，老嵺廓而無處。事亹亹而覬進兮，蹇淹留而躊躇。

瑕音簑，亦音蒿。古音胡，後稍轉矣。詳見毛詩古音考。

加音歌。詳見毛詩古音考。

九辯彼日月之照明兮，尚黯黮(音闇淡)而有瑕。何況一國之事兮，亦多端而膠加。瑕、加爲韻，以今音讀之亦得，然古音不可不知。

敗音備。詳見毛詩古音考。

昧音寐。傅毅迪志詩："誰能革濁？清我濯溉。誰能昭闇？啓我童昧。"溉音既。

九辯事綿綿而多私兮，竊悼後之危敗。世雷同而炫曜兮，何毀譽之昧昧？

約音要。禮記："大信不約。"唐山夫人歌："雷震震，電耀耀，明德鄉，治本約。"

九辯邅翼翼而無終兮，忳惛惛而愁約。生天地之若過兮，功不成而無効。

湛音雍。楊用修謂湛有七音，此其一也。

九辯乘精氣之摶摶兮，鶩諸神之湛湛。驂白霓之習習兮，歷羣靈之豐豐。

恙音央。説文："从心羊聲。"

九辯計專專之不可化兮，願遂推而爲臧。賴皇天之厚德兮，還及君之無恙。

沬音寐。封禪書："協氣横流，武節猋逝。邇陜游原，遐闊泳沬。"曹植應詔詩："玄駟藹藹，揚鑣漂沬。流風翼衡，輕雲承蓋。"音記。

招魂朕幼清以廉絜兮，身服義而未沬。主此盛德兮，牽於俗而蕪穢（音意）。

石音削。東方朔七諫："悲楚人之和氏兮，獻寶玉以爲石。遇厲、武之不察兮，羌兩足以畢斮。"班固留侯銘："赫赫將軍，受兵黄石，規圖勝負，不出帷幄。"

招魂十日代出，流金鑠石些。彼皆習之，魂往必釋些。釋音鑠，見前。

祀音以。詳見毛詩古音考。

招魂雕題黑齒，得人肉以祀，以其骨爲醢些。醢音以見前。

宇音武。後漢史岑出師頌："素旄一麾，渾一區宇。蒼生更始，朔風變楚。"郭璞崑崙贊："崑崙月精，水之靈府。惟帝下都，西羌之宇。"

壺音瓠。鶡冠子："中流失船，一壺千金。"壺以瓠爲腰舟浮水也。邯鄲淳投壺賦："敬不可久，禮成於飫。乃設大射，否則投壺。"

招魂幸而得脱，其外曠宇些。赤蟻若象，玄蠭若壺些。

久音几。詳見毛詩古音考。

招魂層冰峩峩，飛雪千里些。歸來！歸來！不可以久些。

千音親。詳見毛詩古音考。

招魂一夫九首，拔木九千些。豺狼從目，往來侁侁些。

淵音因。詳見毛詩古音考。

招魂懸人以嬉，投之深淵些。致命於帝，然後得瞑些。

災音齋。易旅小象："旅瑣瑣，志窮災也。""得童僕貞，終無尤也。"尤音怡。龜筴傳："十有二月，日至爲期。聖人徹焉，身乃無災。"易林師之解："三德五材，和合四時。陰陽順序，國無咎災。"

招魂參目虎首，其身若牛（音疑）些。此皆甘人，歸來！歸來！恐自遺災些。

絡音路。淮南子："黃雲絡前。"高誘讀作道路之路。

呼音付。詩"式號式呼"，左傳"三呼迭對"，禮"城上不呼"，孟子"呼於垤澤之門"皆此音。易林："衣裳顛倒，爲王來呼。成就東周，封受太傅。"王延壽夢賦："或盤跚而欲走，或拘攣而不能步。或中瘡而宛轉，或捧痛而號呼。"

招魂秦篝齊縷，鄭緜絡些。招具該備，永嘯呼些。

姦音堅。龜策傳："寒暑不和，賊氣相姦。同歲異節，其時使然。"傅休奕桃賦："禦百鬼之妖慝兮，列神荼以司姦。辟凶邪而濟正兮，豈惟榮美之足言？"

招魂天地四方，多賊姦些。像設君室，靜閒安些。安音煙。

山音仙。詳見毛詩古音考。

招魂層臺累榭，臨高山些。網户朱綴，刻方連些。

寒音玄。伯奇履霜操："履朝霜兮採晨寒，考不明其心兮聽讒言。"天問："何所冬暖？何所夏寒？焉有石林？何獸能言？"荆軻易水歌："風蕭蕭兮易水寒，壯士一去兮不復還。"還音旋。

招魂冬有突厦，夏室寒些。川谷徑復，流潺湲些。

瓊音强。吴才老讀。

招魂砥室翠翹，挂曲瓊些。翡翠珠被，爛齊光些。

衆音宗。三略："引威自與，動違於衆。無進無退，苟然取容。"易解象："解利西南，往得衆也。其來復吉，乃得中也。"

招魂九侯淑女，多迅衆些。盛鬋不同制，實滿宫些。

羹音郎，亦音岡。詳見毛詩古音考。

招魂肥牛之腱，臑若芳些。和酸若苦，陳吳羹些。

爽平聲。詳見毛詩古音考。

招魂露雞臛蠵，厲而不爽些。粔籹蜜餌，有餦餭些。

陳音田。古陳、田通音，故陳敬仲奔齊後改爲田。漢雷陳諺："膠漆自謂堅，不如雷與陳。"易林咸之未濟："秋粱未成，無以至陳。水深難涉，使我不前。"

招魂鄭、衛妖玩，來雜陳些。激楚之結，獨秀先些。

瑟音失。詩定之方中："揆之以日，作于楚室。樹之榛栗，椅桐梓漆，爰伐琴瑟。"江淹詩："慨無握中策，徒慙青絲質。羈旅去故鄉，感遇踰琴瑟。"此古音也，舊注謂日叶爲若，瑟叶爲朔，殊無所據。

招魂晉制犀比，費白日些。鏗鍾摇簴，揳梓瑟些。

夜音掖。夜縣古屬東海，今作掖，又借作液。漢樂歌："浹嘉夜，茝蘭芳。"

招魂娱酒不廢，沈日夜些。蘭膏明燭，華鐙錯些。

假音故。大招："瓊轂錯衡，英華假只。茝蘭桂樹，鬱彌路只。"

招魂結撰至思，蘭芳假些。人有所極，同心賦些。

漸音潛，水流入也。左傳文五年："沈潛剛克"，書作"沈漸"。禹貢"東漸於海"，亦此音。

招魂朱明承夜兮，時不可淹。皋蘭被徑兮，斯路漸。

楓孚金切，説文："从木風聲。"風，古皆孚金切。張衡西京賦："木則樅栝椶楠，梓棫楩楓。嘉卉灌叢，蔚若鄧林。"

南音寧。詳見毛詩古音考。

招魂湛湛江水兮，上有楓。目極千里兮，傷春心。魂兮歸來！哀江南！

儀音擬。漢書外戚傳"皆心儀霍將軍女"是也。弟子職："相切相磋，各長其儀。周而復始，謂弟子之紀。"

高唐賦惟高唐之大體兮，殊無物類之可儀比。巫山赫其無疇兮，道互折而層累（音里）。登巉巖而下望兮，臨大阺之稸水（音洗）。沈約撰類，累、水皆在紙韻。

會音係。吴才老曰："今聲濁叶泰，古聲清叶祭。"列子："窈然無際，天道自會。"

蔡邕漢津賦:"願乘流以上下,窮滄浪乎三筵。觀朝宗之形兆,看洞庭之交會。"魏文帝雜詩:"吹我東南行,行行至吴會。吴會非我鄉,安能久留滯?"

高唐賦勢薄岸而相擊兮,隘交引而卻會。崪中怒而特高兮,若浮海而望碣石(古音試)。此篇後有三會,皆此音。

礚音記。劉向九歎:"譬彼流水,紛揚礚兮。波逢洶涌濆滂沛兮。"沛音譬,見後。

高唐賦礫磥磥而相摩兮,巆震天之礚礚。巨石溺溺之瀺灂兮,沫潼潼而高厲。

霈音嬖。與沛同音。易林坤之旅:"潼滃蔚薈,扶首來會。津液下降,流潦滂霈。"會音係。

高唐賦水澹澹而盤紆兮,洪波淫淫之溶滴。奔揚踊而相擊兮,雲興聲之霈霈。

邁音厲。詳見毛詩古音考。

高唐賦奔揚踊而相擊兮,雲興聲之霈霈。猛獸驚而跳駭兮,妄奔走而馳邁。

竄音砌。魏大饗碑:"吴兒讋,蜀虜竄,區夏清,八荒艾。"音乂。

高唐賦虎豹豺兕,失氣恐喙(音係)。雕鶚鷹鷂,飛揚伏竄。

藹音意。揚雄雲賦:"東西絡繹,南北油裔。隨風徘徊,流行晻藹。"陸機挽歌:"悲風徽行軌,傾雲結流藹。振策指靈丘,駕言從此逝。"

沛音嬖。吴才老曰:"今聲濁,叶隊,古聲清,叶祭。"漢郊祀歌:"靈之來,神哉沛。先以雨,般裔裔。"瓠子歌:"歸舊川兮神哉沛,不封禪兮安知外。"外音裔。王褒九懷:"望淮兮沛沛,濱流兮則逝。榜舫兮下流,東注兮礚礚。"

高唐賦徙靡澹淡,隨波闇藹。東西施翼,猗狔豐沛。

籟音利。説文:"从竹賴聲。"賴古讀利。班固答賓戲:"福不盈眦,禍溢於世。凶人且以自悔,況吉士而是賴。"

高唐賦緑葉紫裹,朱莖白蒂。纖條悲鳴,聲似竽籟。

柱音祖。郭璞登樓賦:"雄戟列於廊房,戎馬繫乎講柱。寤苕華而增怪,歎飛駟之過户。"户音甫。庾信哀江南:"月榭風臺,池平樹古。倚弓於玉女窗扉,繫馬於鳳凰樓柱。"

高唐賦狀似砥柱,在巫山之下(音虎)。

出音赤。詳見毛詩古音考。

高唐賦久而不去，足盡汗出。悠悠忽忽，怊悵自失。

夭音以。東方朔七諫："獨冤抑而無極兮，傷精神而壽夭。皇天既不純命兮，余生終無所依。"依音倚。

高唐賦薄草靡靡，聯延夭夭。

巢音稠。易林隨之无妄："茀如木居，與類相投。願慕羣旅，不離其巢。"又訟之解："南徙無廬，鳥破其巢。伐木思切，不利動摇。"

高唐賦王睢鸝黄，正冥楚鳩。姊歸思婦，垂雞高巢。

諧音奚。後漢語："諧不諧，在赤眉。"周澤傳："時人爲之語曰：'生世不諧，作太常妻。'"王儉褚淵碑："如風之偃，如樂之諧。光我帝典，緝我遺黎。"

高唐賦王乃乘玉輿，駟蒼螭，垂旒旌，旆合諧。

血音絺。易歸妹上六："女承筐無實，士刲羊無血。"需六四："需於血，出自穴。"穴音隙。

高唐賦飛鳥未及起，走獸未及發。弭節奄忽，蹄足灑血。舉功先得，獲車已實。發音歇，見前。

讚音薦。馬融長笛賦："留眎瞠眙，累稱屢讚。失容墜席，搏拊雷抃。"

神女賦上古既無，世所未見。瓌姿瑋態，不可勝讚。

首音狩。易明夷九三："明夷於南狩，得其大首。"北山移文："紐金章綰，墨綬跨屬。城之雄冠，百里之首。"

神女賦似逝未行，中若相首。目略微眄，精彩相授。

覆音阜。蓋謂之覆，音與阜同。覆幬、覆露是也。傾謂之覆，音與腹同，傾覆、顛覆是也。此阜字上從襾，下從復。襾，音罅，非從西也。束皙補亡詩："漫漫方輿，迴迴洪覆。何類不繁？何生不茂？"

神女賦意離未絶，神心怖覆。禮不皇訖，辭不及究。

口音苦。詳見毛詩古音考。

風賦侵淫谿谷，盛怒於土囊之口。緣太山之阿，舞於松柏之下。

灰音虛。陳琳柳賦："有孤孑之細柳，獨幺枰而剽殊。隨枯木於爨側，將並實於土灰。"

風賦動沙堁，吹死灰。駭溷濁，揚腐餘。

袪音顧。鄭詩："遵大路兮，摻執子之袪兮，無我惡兮。"袪下叶惡，顧音可知也。此音顧，則妙音暮方順。豈有稱詩兩句，而判然不相涉乎？

登徒子好色賦遵大路兮攬子袪，贈以芳華辭甚妙。

義音俄。按周官儀、義古皆音俄。易鼎小象："鼎耳革，失其義也。""覆公餗，信如何也。"尚書："無偏無陂，遵王之義。"

登徒子好色賦目欲其顔，心顧其義。揚詩守禮，終不過差（音嗟，見前）。

屈宋古音義卷二

屈原原字平，與楚同姓，仕爲三閭大夫。上官靳尚妬其能，譖毁之。王流之江南。原乃作離騷，終不見省。遂赴汨淵而死。

離騷

帝高陽之苗裔兮，朕皇考曰伯庸。攝提貞於孟陬（諏）兮，惟庚寅吾以降（古音洪）。德合天地曰帝。高陽，顓頊有天下之號也。顓頊之後，有熊繹者，事周，封爲楚子。至楚武王生子瑕，受屈爲卿，故云苗裔。父死稱考。伯庸，原父字。原自述與君共祖，見恩深而義厚也。攝提，星名，隨斗柄以指十二辰。其曰"貞於孟陬"，言正指寅位之月。正月爲孟陬，庚寅，日辰也。降，下也。

皇覽揆余於初度兮，肇錫余以嘉名。名余曰正則兮，字余曰靈均。皇，皇考也。覽，觀也。揆，度也。肇，始也。錫，賜也。嘉，善也。言父伯庸觀我始生日月，皆合天地正中，故錫我以善名。正，平也。則，法也。靈，神也。均，調也。舊注以平爲正則，爲名；以原爲靈均，爲字。張鳳翼以正則爲原名也，以靈均爲平字也，皆未有的據。可以稱名，亦可以稱字，是置覆設謎使人射猜之，豈理也哉！愚謂名正則，字靈均，皆少時之名，如司馬相如少名犬子，及封、胡、羯、末之類，見其父篤愛之意，何必强以原、平當之乎？劉向九歎靈懷篇曰："兆出名曰正則兮，卦發字曰靈均。余幼既有此鴻節兮，長愈固而彌純。"注云："生有形兆，伯庸名我爲正則，以法天；筮而卜之卦得坤，字我曰靈均，以法地。幼少有大節度以應天地，長大修行而彌純固。"其意得之矣。

紛吾既有此内美兮，又重之以修能（古音泥）。扈江離與辟芷兮，紉秋蘭以爲佩(古音皮)。紛,盛貌。修,遠也。言己之生,内含美秀,又重有致遠之能。扈,披也。離、芷皆香草。紉,結也。披結香草爲佩,言修身清潔,博采衆善也。

汩(於筆)余若將不及兮,恐年歲之不吾與。朝搴阰(毗)之木蘭兮,夕攬洲之宿莽(古音姥)。汩,疾也。搴,拾取也。阰,山名。攬,采也。木蘭去皮不死,宿莽經冬不凋,故取以自喻。

日月忽其不淹兮,春與秋其代序。惟草木之零落兮,恐美人之遲暮。不撫壯而棄穢兮,何不改乎此度也?乘騏驥以馳騁兮,來吾導夫先路!草曰零,木曰落。美人,喻君也。春秋迭代,忽而草木零落,則歲復盡矣,而君年亦向衰乎!壯而棄穢則易,過時則難。若駕馭賢才,譬乘駿馬以馳騁,則我爲之先驅矣。

昔三后之純粹兮,固衆芳之所在(古音止)。雜申椒與菌桂兮,豈維紉夫蕙茝(音齒)!言三王所以有純美之德,以賢人爲之輔佐,猶雜用多賢,非獨任一二人已也。

彼堯、舜之耿介兮,既遵道而得路。何桀、紂之昌披兮,夫唯捷徑以窘步。耿,光也。介,大也。遵,循也。路,亦道也。堯、舜所以光大者,以遵道而得路。昌披,或作猖披,縱恣之意。捷,疾也。徑,邪道。窘,迫也。桀、紂違背天道,舉動惶遽,欲涉邪徑,故至於滅亡。

惟黨人之偷樂兮,路幽昧以險隘(古音益)。豈余身之憚殃兮,恐皇輿之敗績。讒人相與朋黨,苟且偷樂,所行皆暗昧傾險之道。我欲諫諍,非恐身之被咎,但恐君國傾危耳。

忽奔(去聲)走以先(去聲)後兮,及前王之踵武。荃不察余之中情兮,反信讒而齌(齊)怒(古上聲)。奔走先後,四輔之助也。踵武,先王之跡也。荃,香草,借以喻君。齌,疾也。不察我情,反信讒人,疾怒我也。

余固知謇謇之爲患兮,忍而不能舍(古音暑)也。指九天以爲正兮,夫唯靈修之故也。曰黄昏以爲期兮,羌中道而改路。謇謇,直言也。直言爲患,非不知之,恐君之敗,故欲忍而不能自止。靈修,言秀慧修飾,借以喻君。正猶証也。言九天可鑒,予心莫非爲君,匪躬之故也。黄昏,親迎之期。羌,發語辭。

初既與余成言兮，後悔遯而有佗（拖）。余既不難夫離别兮，傷靈修之數（朔）化（古音訛）。成言，要約之言也，謂懷王始與我平議國政，後用讒言，中道悔恨，隱其情而有佗志。我非難與君離别，但傷君志之數變無常操耳。

余既滋蘭之九畹兮，又樹蕙之百畝（古音米）。畦留夷與揭車兮，雜杜衡與芳芷。滋，蒔也。樹，種也。十二畝爲畹，二百四十步爲畝，五十畝爲畦。留夷、揭車、杜衡、芳芷，皆香草。

冀枝葉之峻茂兮，願竢時乎吾將刈。雖萎絶其亦何傷兮？哀衆芳之蕪穢（古音意）。言已培植善類，願及時收用，乃爲讒邪所害。於我無傷，但恐衆賢之喪氣，若衆芳之蕪穢耳。

衆皆競進以貪婪兮，憑不厭乎求索（古音素）。羌内恕己以量人兮，各興心而嫉妒。競，争也。愛財曰貪，愛食曰婪。憑，滿也。在位之人皆貪婪於財利，雖滿其欲，猶復求索，不知厭飽。責己則恕，度人則刻，各生妒心也。

忽馳騖以追逐兮，非余心之所急。老冉冉其將至兮，恐修名之不立。馳騖，追逐，競進，貪婪也。衆之所急，己之所緩，恐冉冉漸老，悠遠之名不立。

朝飲（去聲）木蘭之墜露兮，夕餐秋菊之落英（古音央）。苟余情其信姱以練要兮，長顑（坎）頷（旱）亦何傷？英，花也。顑頷，不飽貌。取香潔以爲飲食，苟性情信美，中心簡練而合道要，雖長不飽，亦無所傷。

擥木根以結茝兮，貫薜荔之落蘂（古音里）。矯菌桂以紉蕙兮，索胡繩之纚纚（音徙）。擥，持也。貫，穿也。蘂，花心也。持木根以結茝，而穿薜荔之花。胡繩，亦香草，莖葉可爲繩索，矯草木，束香草，仍用胡繩爲索。纚纚，索美貌，喻己以道義自約束也。

謇吾法夫前修兮，非世俗之所服（古音逼）。雖不周於今之人兮，願依彭咸之遺則。謇，詞也。前修，謂前代修習道德之人。服，用也。言我平日所行，皆以法前修，故不爲世俗所用。彭咸，殷賢大夫，諫其君不聽，自投水而死。

長太息以掩涕兮，哀人生之多艱（古音斤）。余雖好修姱以鞿（機）羈兮，謇朝誶(碎)而夕替(古音侵)。人生多艱，謂遇合之難。鞿羈，所以制馬。韁在口曰鞿，革絡頭曰羈。誶，諫也。詩云："誶予不顧。"替，廢也。言己雖修好，然己爲讒人所鞿羈，故朝諫而夕廢也。

既替余以蕙纕(思羊)兮，又申之以攬茝。亦余心之所善兮，雖九死其猶未悔(古音喜)。纕，佩帶也。言雖以忠信見廢，猶攬芳以自結束，以我心所喜在此，即九死猶無悔恨。

怨靈修之浩蕩兮，終不察夫民心。衆女嫉余之蛾眉兮，謠諑(卓)謂余以善淫。衆女，喻讒臣也。蛾眉，喻忠直也。謠諑，謂譖毁也。方言云："楚南謂愬爲諑。"

固時俗之工巧兮，偭規矩而改錯。背繩墨以追曲兮，競周容以爲度。偭，背也。錯，置也。周，合也。規矩，所以定方圓；繩墨，所以正曲直。羣邪背之，惟争求合取容，以爲常法。

忳(屯)鬱邑余侘(詐)傺(熾)兮，吾獨窮困乎此時(古音是)也。寧溘死以流亡兮，余不忍爲此態(古音剃)也。忳，憂貌。侘，立也。傺，住也。言守正不回，所以忳忳而憂鬱，孤立而失志，獨爲時所困。然我寧奄然而死，形骸流亡，不忍以忠正之性，爲邪淫之態。

鷙鳥之不羣兮，自前世而固然。何方圜(員)之能周兮，夫孰異道而相安(古音煙)？鷙，謂鷹鸇之類，喻忠正也。言鷙鳥不與衆同羣，非獨今日而已。方木圓穴，不可相合，猶忠邪異道，誰能相安？

屈心而抑志兮，忍尤而攘詬。伏清白以死直兮，固前聖之所厚。罪自外至曰尤，物自來而取之曰攘。詬，恥也。言己屈志而含忍，然士有伏清白之志以死忠直之節者，固前聖之所嘉也。

悔相(去聲)道之不察兮，延佇乎吾將反(古音顯)。迴朕車以復路兮，及行迷之未遠(古音演)。察，審也。佇，立貌。言相君之不審，故長立而望，將還以終己之志，庶幾未遠之復乎？

步余馬於蘭皋兮，馳椒丘且焉(如字)止息。進不入以離(麗)尤兮，退將修吾初服(古音逼)。澤曲曰皋，土高四墮曰椒丘。欲進復退，徘徊於忠君潔己之間。此以下言修初服也。

製芰荷以爲衣兮，集(集)芙蓉以爲裳。不吾知其亦已兮，苟余情其信芳。言人雖不見知，而己則可以自信。

高余冠之岌岌兮，長余佩之陸離。芳與澤其雜糅兮，唯昭質其猶未虧（古音欺）。岌岌，高貌。陸離，參差貌。芳，香也。澤，潤也。言此香潤雜會於己，不得施用，而明潔之體，猶未爲虧缺也。

忽反顧以游目兮，將往觀乎四荒。佩繽紛其繁飾兮，芳菲菲其彌章。人生各有所樂（五教）兮，余獨好修以爲常。雖體解吾猶未變兮，豈余心之可懲（古音長）。荒，遠也。章，明也。繽紛，盛貌。菲菲，香氣也。言我雖欲遠去，亦整其衣冠，彌加明潔。懲，艾也。言雖遭支解，且不能變更，亦何懲艾哉！

女嬃（須）之嬋（禪）媛（爰）兮，申申其詈予（古上聲），曰："鯀婞（胡剄）直以亡身兮，終然殀乎羽之野（古音暑）。水經：原有賢姊，聞原放逐，來歸諭令自寬。今原故宅東有女嬃廟。嬋媛，眷戀留連之意。申申，重也。曰，女嬃詞。婞，狠也。言鯀不順堯命，乃殛之於羽山，比屈原於鯀，亦將遇害。

汝何博謇而好修兮，紛獨有此姱節（古音即）？薋（茲）菉（緑）葹（施）以盈室兮，判獨離而不服（古音逼）。"博謇，謂博洽而謇諤。姱，美也。薋，蒺藜也。菉，王芻。葹，枲耳也。三者皆惡草，以喻讒佞。盈室，猶满朝也。判，别貌。女嬃言：衆人皆爲讒佞之行，而汝獨服守忠直，不與衆同。

衆不可户説（税）兮，孰云察余之中情？世並舉而好朋兮，夫何煢獨而不予聽（平聲）？屈原外困於讒，内詈於嬃，自歎時莫己知也。因言世俗之人，並爲朋黨，而我忠耿孤獨，誰肯聽我！

依前聖以節中兮，喟憑心而歷茲。濟沅、湘以南征兮，就重華而陳詞。言我依前聖節度而不得用，故歎息憤懣而行。澤，畔也。舜葬蒼梧之野，故欲渡沅、湘而南就舜而陳其辭。

啓九辯與九歌兮，夏康娱以自縱。不顧難以圖後兮，五子用失乎家巷（古音諷）。啓，禹子。九辯，謂禹辯九州之物産也。九歌，謂水、火、金、木、土、穀、正德、利用、厚生，九功之敘，皆可歌也。言啓作九辯、九歌之樂章，以詔後王，而尚有太康之娱樂自縱者，不顧患難，卒以失國。太康,啓子。五子,太康之弟。五子之歌,見尚書。

羿淫遊以佚田兮,又好射(石)夫封狐。固亂流其鮮終兮,浞又貪夫厥家(古音姑)。封狐,大狐也。羿因夏衰,代之爲政。娱樂田獵,不恤人事。信任寒浞,使爲國相。浞專權殺羿,貪取其家以爲妻也。羿以亂得政,身即滅亡。

澆身被服强圉兮,縱欲而不忍。日康娱而自忘兮,厥首用夫顛隕。澆,浞子也。浞取羿妻生澆。澆恃多力,故縱欲不能自制,淫樂自忘其身,卒爲少康所誅。

夏桀之常違兮,乃遂焉而逢殃。后辛之菹醢兮,殷宗用而不長。后,君也。辛,殷紂名。殺比干,醢梅伯,世遂不長。

湯、禹嚴而祇敬兮,周論道而莫差(古音嗟)。舉賢而授能兮,循繩墨而不頗。此言湯、禹、文、武之德。

皇天無私阿兮,覽民德焉錯輔。夫維聖哲以茂行兮,苟德用此下土。上天觀民之有德,而置其輔相之力,故維明德乃得用事於天下。

瞻前而顧後兮,相(去聲)觀人之計極。夫孰非義而可用兮?孰非善而可服(古音逼)?前後禹桀以下興亡之迹。服亦用也。

阽余身而危死兮,覽余初其猶未悔(古音喜)。不量鑿而正枘兮,固前修以菹醢(古音以)。言雖身危,終無所悔者,以工不量度其鑿,而方正其枘。喻臣不量君,而竭其忠信,此前代之賢臣所以罹禍耳。

曾(層)歔欷余鬱邑兮,哀朕時之不當(平聲)。攬茹蕙以掩涕兮,霑余襟之浪浪(平聲)。哀不遇明時而涕泣也。自啓九辯至此,皆就重華所陳之辭。

跪敷衽以陳辭兮,耿吾既得此中正(古音征)。駟玉虬以乘鷖兮,溘埃風余上征。有角曰龍,無角曰虬。鷖,鳳凰别名。既得明此中正之道矣,將乘虬駕鳳,奄塵埃而上征,離時俗,遠羣小也。

朝發軔於蒼梧兮,夕余至乎縣圃。欲少留此靈瑣兮,日忽忽其將暮。軔,楮輪木也,將行則發之。縣圃,在崑崙山。靈,神也。瑣,門鏤,神之門也。喻欲少留於君側,忽將衰老矣。

吾令羲和弭節兮,望崦嵫而勿迫(古音薄)。路漫漫其修遠兮,吾將上下而求索(音朔)。羲和,日御。弭,按也。崦嵫,日所入之山。言恐年老,欲令日御按節徐行,望日所入之山,且勿迫近也。天地廣大,其路漫遠,不可卒徧。吾方上下左右以求索賢人,與己合志也。

飲(去聲)余馬於咸池兮,總余轡乎扶桑。折若木以拂日兮,聊須臾以相羊。淮南子曰:"日出暘谷,浴於咸池,拂於扶桑。"若木,在崑崙西極,其華光照下地。今飲馬結轡於此,又取若木之枝擊日御使迴,即羲和弭節意。

前望舒使先驅兮,後飛廉使奔屬(古音注)。鸞皇爲余先戒兮,雷師告余以未具。吾令鳳皇飛騰兮,又繼之以日夜(古音裕)。飄風屯其相離兮,帥雲霓而來御。望舒,月御。飛廉,風伯。鸞,俊鳥。皇,雌鳳。未具,謂嚴裝未備也。既阻於雷師,又離於飄風,其能以進道耶?

紛總總其離合兮,斑陸離其上下(古音虎)。吾令帝閽開關兮,倚閶闔而望予(古上聲)。時曖曖其將罷(疲)兮,結幽蘭而延佇。世溷濁而不分兮,好蔽美而嫉妬。朝吾將濟於白水兮,登閬風而緤馬(古音姥)。忽反顧以流涕兮,哀高丘之無女。總總,聚貌。斑,亂貌。陸離,分散貌。已游觀天下,見讒佞相聚,乍離乍合,斑然亂而不可知。帝,天帝。閽,主門者。閶闔,天門也。言將上愬天帝,而閽人已倚門而望我。曖曖,昏貌。言帝閽雖望我,時已昏黑,行復疲倦,故結香草而望,遠不能入也。於是復歎世之亂,不能分别善惡,好隱人之美,而嫉妬忠良也。白水,神泉。閬風,仙山。緤,係也。高丘,楚山名。女,即下虙妃之流,喻賢也。言我將登仙山以係馬,忽復反顧流涕,憂楚國之無賢。

溘吾遊此春宫兮,折瓊枝以繼佩(古音皮)。及榮華之未落兮,相下女之可詒。春宫,東方青帝之舍。繼,續也。下女,神女之侍也。言我奄然至於青宫,見萬物始生,乃折瓊草之枝,以續佩帶,欲及榮華未落而詒下女,庶得通意神妃也。

吾令豐隆乘雲兮,求虙妃之所在(古音止)。解佩纕以結言兮,吾令蹇修以爲理。豐隆,雲師。虙妃,伏羲氏女,洛水神也。纕,佩帶也。蹇修,伏羲氏之臣。爲理,爲媒以通辭理也。

紛總總其離合兮，忽緯繣（化）其難遷。夕歸次於窮石兮，朝濯髮乎洧盤（古音便）。緯繣，乖戾也。遷，移也。次，舍也。窮石，弱水出處。洧盤，水名，出崦嵫山。言解佩纕遺蹇修矣，讒人又離間之遂使乖戾，其意難移。彼且次窮石而濯洧盤，相去遠矣。

保厥美以驕傲兮，日康娱以淫遊。雖信美而無禮兮，來違棄而改求。言虙妃負美傲世，日安樂淫遊，美而無禮，故又將棄之而改求。愚謂此以虙妃喻世之高潔不仕者，若漁父之儔，守清貞之美，而薄君臣之分，故不能與之事君也。

覽相（去聲）觀於四極兮，周流乎天余乃下（古音虎）。望瑶臺之偃蹇兮，見有娀（嵩）之佚女。瑶臺，玉臺也。偃蹇，高貌。娀女，契母簡狄，帝嚳之次妃。

吾令鴆爲媒兮，鴆告余以不好（古音嗅）。雄鳩之鳴逝兮，余猶惡其佻（挑）巧（古音竅）。鴆，惡鳥也。有毒殺人，以喻讒賊。言我使之爲媒，反爲離間。又使雄鳩銜命而往，其性輕佻巧利，多語而無實，復不可信也。

心猶豫而狐疑兮，欲自適而不可。鳳皇既受詒兮，恐高辛之先我。詒，遺也。高辛，帝嚳有天下之號。言自適不可，鳳皇雖受詒而往，又恐爲帝嚳所先，終不可得耳。

欲遠集而無所止兮，聊浮遊以逍遥。及少康之未家兮，留有虞之二姚。少康，夏后相之子也。有虞，國名，姓姚氏，舜後。少康奔有虞，虞因妻以二女。此言既失簡狄，欲適遠方，又無所向，故欲留此二姚。

理弱而媒拙兮，恐導言之不固。世溷濁而嫉賢兮，好蔽美而稱惡（古音污）。閨中既邃遠兮，哲王又不寤。懷朕情而不發兮，余焉能忍與此終古（古音故）？理，即蹇修爲理之理。此又言二姚之難留。閨中，宫門中也。路既難通，君又難寤，懷忠信之情，無所啓發，安能忍而於此終居乎？

索瓊茅以筳（廷）篿（專）兮，命靈氛爲余占之。曰："兩美其必合兮，孰信修而慕之？索，取也。瓊茅，靈草也。筳，小破竹也。楚人名結草折竹卜曰篿。靈氛，古明占筮者。言己欲去欲止，憂懣不知所從，乃取神草以代竹筳，使靈氛卜之也。曰者，靈氛語辭。兩美，謂君明臣忠，則必相合。楚無明君，誰能信修行愛慕之？

思九州之博大兮，豈唯是其有女？"曰："勉遠逝而無狐疑兮，孰求美而釋女（汝）？何所獨無芳草兮，爾何懷乎故宇？"世幽昧以眩曜兮，孰云察余之美惡（古音污）？美女以喻君。言天下廣大，豈惟楚國有女乎？固當遠去而無疑。設有求賢臣者，必不舍汝而他取也。芳草，賢人也。猶云何處無賢可與，而汝獨懷故居乎？眩曜，惑亂貌。言當代之君皆暗昧惑亂，誰能察我之善而用之乎？原以此答靈氛難去之辭也。

民好惡其不同兮，惟此黨人其獨異（平聲）。户服艾以盈要（平聲）兮，謂幽蘭其不可佩（古音皮）。言好善惡惡，人豈有不同者乎？而讒佞之黨，獨與人殊。服艾棄蘭，豈好惡之正乎？

覽察草木其猶未得兮，豈珵（呈）美之能當？蘇糞壤以充幃兮，謂申椒其不芳。珵，美玉也。言視草木猶未知香臭，豈能辯玉而得其當乎？相玉書言："珵大六寸，其曜自照。"蘇，取也。幃，香囊也。取糞土以充香囊，反謂申椒不香。喻近小人而遠君子也。

欲從靈氛之吉占兮，心猶豫而狐疑。巫咸將夕降兮，懷椒糈（所）而要（平聲）之。巫咸，古神巫也。降，下也。椒，香物，所以降神。糈，精米，所以享神。巫咸將夕從天下，願懷椒糈要之，使告吉凶也。

百神翳（縊）其備降兮，九疑繽其並迎（古音瘖）。皇剡剡其揚靈兮，告余以吉故。翳、繽，皆盛貌。九疑，山名。皇，大也。剡剡，光貌。言神大揚其光靈告我以吉也。

曰："勉升降以上下兮，求榘（矩）矱（烏郭）之所同。湯、禹儼而求合兮，摯、咎繇而能調（古音同）。曰，巫咸辭。升降、上下，升於天，而下於地。矩，法也。矱，度也。言當上下以求夫賢君之與己同法度者，如湯之得伊摯，禹之得臯陶，始能調和也。

苟中情其好修兮，何必用夫行媒（古音迷）？説操築於傅巖兮，武丁用而不疑。行媒，喻左右臣也。君誠能中心好善，何必左右薦達？高宗夢傅説是也。

吕望之鼓刀兮，遭周文而得舉。寧戚之謳歌兮，齊桓聞以該輔。

吕望，太公也。寧戚，衞人商賈，宿齊東門外。桓公夜出，寧戚方飯牛，叩角而歌。公聞之，舉用爲卿。該，備也。以備輔佐。

及年歲之未晏兮，時亦猶其未央。恐鵜(啼)鴂之先鳴兮，使夫百草爲之不芳。”及年歲未晚以有爲，而今時亦且未盡也。鵜鴂，伯勞也。秋分前鳴，則草木凋落。言歲月之易去也。以上皆巫咸辭。

何瓊佩之偃蹇兮，衆薆然而蔽之。惟此黨人之不亮兮，恐嫉妬而折(古音制)之。此答巫咸之辭。偃蹇，衆盛貌。言佩懷美德，衆人薆然而蔽之。讒佞之黨，不信忠直，恐其妬我而折挫之。此以見矩矱之難求也。

時繽紛其變易兮，又何可以淹留？蘭芷變而不芳兮，荃蕙化而爲茅(古音侔)。言時俗溷濁，紛紛變易，君子且變爲小人，豈可久留乎？

何昔日之芳草兮，今直爲此蕭艾也？豈其有他故兮，莫好修之害也！言君子所以變爲小人，以上不好忠正之故也。

余以蘭爲可恃兮，羌無實而容長。委厥美以從俗兮，苟得列乎衆芳。羌，語辭。言我以蘭爲可怙恃，乃無實才，但有美容而已。棄其美質，以隨諂佞，苟欲列於衆賢之位，而無進賢之心也。

椒專佞以慢慆兮，樧(殺)又欲充其佩幃(古音怡)。既干進而務入兮，又何芳之能祗？固時俗之從流兮，又孰能無變化(古音嬉)？覽椒蘭其若茲兮，又況揭車與江離？惟茲佩之可貴兮，委厥美而歷茲。芳菲菲而難虧兮，芬至今猶未沬(古音迷)。慆，淫也。樧，茱萸也，似椒而非，以喻似賢而非者。幃，香囊也，以喻親近。言椒亦芳烈之物，而今變爲邪穢。樧本惡物，反引以充香囊。此輩但知求進，又何能敬守其芬芳之節乎？世俗詭隨，賢者皆變，況衆人乎？譬之椒、蘭尚變，況揭車、江離者，又何望乎？此言蘭言椒，指賢人之改節者。舊注直以爲指子椒，非也。茲佩，原自況也，已有可貴之質，世委而棄之，以至於此。然其芬芳不可得，而虧損者至今其猶未已。沬，猶已也。上委厥美，乃自委；此委厥美，人委之。

和調度以自娱兮，聊浮游而求女。及余飾之方壯兮，周流觀乎上下(古音虎)。己雖不用，猶調和一身之法度，守忠貞以自樂。女即上文虙妃、娀、姚之類。飾，即上文冠服之類。方壯，即上文年未晏之意。周流上下，即靈氛所謂遠逝，巫咸所謂升降也。

靈氛既告余以吉占兮，歷吉日乎吾將行（古音杭）。折瓊枝以爲羞兮，精瓊爢（音糜）以为粻。飲食皆香潔。爲（去聲）余駕飛龍兮，雜瑶象以爲車。何離心之可同兮？吾將遠逝以自疏。龍，神物。象，［象］牙也，與玉間雜，以爲車飾。忠詐異道，何可苟同？故將遠去自疏也。

邅吾道夫崑崙兮，路修遠以周流。揚雲霓之晻藹兮，鳴玉鸞之啾啾。邅，轉也。言將轉至崑崙之山，涉遠路以周流。旌旗晻藹，玉鸞啾啾，範我馳驅也。

朝發軔於天津兮，夕余至乎西極。鳳皇翼其承旂兮，高翱翔之翼翼。天津，即析木之津，在箕、斗之間，日月五星於此往來，故謂之津。西極，日所入。交龍爲旂，建於車後，鳳皇承之，翱翔翼翼而敬也。

忽吾行此流沙兮，遵赤水而容與。麾蛟龍使梁津兮，詔西皇使涉予（古上聲）。流沙，沙流如水，見禹貢。遵，循也。赤水，出崑崙。容與，遊戲貌。舉手曰麾。詔，告也。西皇，帝少皞也，以金德王，故言西涉渡也。

路修遠以多艱兮，騰衆車使徑待（古音持）。路不周以左轉兮，指西海以爲期。遊崑崙山，道路長遠而多險難，故令衆車奔騰，邪徑相待。不周，山名，在崑崙西北。

屯余車其千乘兮，齊玉軑（大）而並馳（古音駝）。駕八龍之婉婉兮，載雲旗之委蛇（古音陀）。屯，聚也。軑，車轄也。八龍，八方之龍。按：蛇古亦音怡，馳讀如字，其韻亦得。

抑志而彌節兮，神高馳之邈邈（音莫）。奏九歌而舞韶兮，聊假日以媮樂。言雖自抑徐行，神亦高遠而莫能及。九歌，九德之歌，禹樂。九韶，舜樂。

陟升皇之赫戲（曦）兮，忽臨睨夫舊鄉（古音崩）。僕夫悲余馬懷兮，蜷（拳）局顧而不行（古音杭）。言升天庭，對光曜，忽復下視楚國而愁思也。懷，思也。蜷局，不進貌。御者悲泣，我馬思歸，蜷局迴顧，而不肯行也。此言終不忍去之意。

亂曰：已矣哉！國無人莫我知兮，又何懷乎故都！既莫足與爲美政兮，吾將從彭咸之所居！亂者，樂節之名。凡作篇章既成，撮其大要，以爲亂辭也。故曰關雎之亂。已矣者，絶望之辭。無人，謂無賢人。將從彭咸，謂欲自沈也。〇愚按：離騷韻，六句爲韻者一段，八句爲韻者五段，十二句爲韻者二段，餘皆四句爲韻。今皆以韻分章，以便誦讀云。

題離騷

余觀注離騷者多矣，率搜索於句字，而忽略其大體，故但見其汪洋浩瀚，而不能究其託興寓言之指歸。則其惓惓故國之思，欲去而終不忍去，抑鬱無聊，不欲死而終不能以不死者，無以發洩於千載之下矣。善乎！太史公之傳之也，曰："其志潔，故其稱物芳；其行廉，故死而不容自疏。"又曰："其存君興國而欲反覆之，一篇之中三致志焉。"此真得離騷之意於文章蹊徑之外，而不徒以文詞視之也。余於是隱約離騷分爲七節：自"帝高陽之苗裔"，至"余不忍爲此態也"爲第一節。言己之不得於君也。自"鷙鳥之不羣"，至"豈余心之可懲"爲第二節。言己之不遇，而不改其素也。自"女嬃之嬋媛"，至"霑余襟之浪浪"爲第三節，蓋託敷詞於重華，言己於善敗之跡，嘗三復於王所也。自"跪敷衽以陳詞"，至"高丘之無女"爲第四節。言欲輕舉遠去，忽哀故國之無人也。自"溘吾遊此春宫"，至"焉能忍與此終古"爲第五節。言黨人衆多，賢人不可見，難與之久處也。自"索瓊茅以筳篿"，至"吾將遠逝以自疏"爲第六節。言卜筮皆勉其遠遯，將從之以遠適四方也。自"邅吾道夫崑崙兮"，至"蜷局顧而不行"爲第七節。言逍遥娱樂，庶幾藉以自遣，然睠顧楚國，終不能忘而自離也。"亂"則總結前意，謂義無可往，惟以死自誓而已矣。蓋其悲思慷慨之懷，溯洊出之，若江河之流原無間斷，乃其脈理之聯落闗瑣，亦自璀燦而不可亂。所謂"一篇之中三致志"者，是耶非耶？嗟夫！余讀"哀高丘之無女"與"忽臨睨夫舊邦"，則悽然，欲無涕下不可得矣！

九歌

舊注謂沅、湘之間，其俗信鬼好祀。原見其初辭鄙陋，因爲更定，且以事神之言，寓忠君之意。朱考亭又謂諸篇"皆以祀神不答，而不能忘其敬愛，比事君不合，而不能忘其忠赤，尤足以見其懇切之意”云。

東皇太一

太乙，星名。漢書：“天神貴者太一。”舊注：祠在楚東，以配東帝，故云東皇。

吉日兮辰良，穆將愉(俞)兮上皇。撫長劍兮玉珥(耳)，璆(求)鏘鳴兮琳琅。辰，十二時也。言既擇吉日，又得良時。穆，敬也。愉，樂也。上皇，謂東皇太一。言己將修祭祀，必擇辰日，齋戒恭敬，以晏樂天神也。玉珥，劍鐔也。璆、鏘皆玉聲，琳、琅皆玉名。以玉爲佩，鏘然而鳴也。

瑶席兮玉瑱(鎮)，盍將把兮瓊芳。蕙肴蒸兮蘭藉，奠桂酒兮椒漿。以玉鎮席，瓊枝爲香。蕙草蒸肉，藉之以蘭。桂花釀酒，以椒薦漿。皆取香美也。

揚枹(浮)兮拊(府)鼓，疏緩節兮安歌，陳竽瑟兮浩倡。拊，擊也。疏，希也。舉枹擊鼓，緩節而舞，徐歌相和，以樂神。竽，笙類，三十六簧。瑟，琴類，二十五絃。浩，大也，言大作樂。

靈偃蹇兮姣(狡)服，芳菲菲兮滿堂。五音紛兮繁會，君欣欣兮樂康。楚人謂巫爲靈子。偃蹇，舞貌。姣，好也。菲菲，芳貌。五音，宫、商、角、徵、羽也。紛，盛貌。繁，衆也。言備樂以樂神，欲令神之喜樂而康寧也。〇此篇惟一韻。

雲中君

雲中君，雲神也，漢書亦見郊祀志。

浴蘭湯兮沐芳，華采衣兮若英(古音央)。靈連蜷(權)兮既留，爛昭昭兮未央。華采，五色也。言己將修饗祭以祀靈神。浴蘭沐香，衣五采之英，故神悦其鮮潔而降。連蜷，長曲貌。爛，光貌。昭昭，明貌。未央，未已也。

蹇將憺(旦)兮壽宫，與日月兮齊光。龍駕兮帝服，聊翱遊兮周章。蹇，詞也。憺，安也。壽宫，供神之處，其光采與日月同。周章，猶周流也。

靈皇皇兮既降(古音洪)，猋(標)遠舉兮雲中。覽冀州兮有餘，横四海兮焉窮？思夫君兮太息，極勞心兮慅慅(音沖)。靈，謂神也。

皇皇，美貌。降，下也。猋，去疾貌。雲中，神所居。言神復還其處也。覽，望也。兩河之間曰冀州。有餘，謂所望之遠不止此一州。出入須臾之間，橫行四海，無有窮極也。夫君，謂神。慅慅，心動也。

湘君

湘水神，堯長女，舜正妃也。

君不行兮夷猶，蹇誰留兮中洲？美要眇兮宜修，沛吾乘兮桂舟。念沅、湘兮無波，使江水兮安流？君，謂湘君也。不行，不來也。中洲，水中可居者。言不知其爲誰而淹流於彼。要眇，漢書作幼妙。思神容儀，美好又宜修飾，乃乘桂舟以迎之，又恐行或危殆，故願無波而安流也。

望夫君兮未來（古音釐），吹參差兮誰思？二句韻。君，謂湘君。參差，洞簫也。誰思，謂當復思誰。言思神之專。

駕飛龍兮北征，邅吾道兮洞庭。薜荔拍（博）兮蕙綢（儔），蓀橈兮蘭旌。望涔（岑）陽兮極浦，橫大江兮揚靈。駕飛龍，言神。邅吾道，言迎神也。拍，周禮醢人："豚拍、魚醢。"綢，衾褥也，以薜荔與蕙爲之，言其香潔。涔陽，江碕名。揚神之靈，敬愛至矣。

揚靈兮未極，女嬋媛兮爲余太息。橫流涕兮潺湲，隱思君兮陫（費）側。嬋媛，眷戀貌。潺湲，水流貌。隱，痛也。陫側，追窄而反側也。獨言女人嬋媛者何？蓋女人易感而多悲，猶宮怨、閨怨之意。

桂櫂兮蘭枻（洩），斲冰兮積雪。采薜荔兮水中，搴（牽）芙蓉兮木末（古音密）。心不同兮媒勞，恩不甚兮輕絶（古音節）。桂櫂、蘭枻，至於斲冰、積雪，辛勤甚矣，而神終不至。譬之薜荔緣木，而采之於水；芙蓉生水，而搴之於木，豈可得乎？所以然者，心不同，故恩不甚也。皆喻意。

石瀨（賴）兮淺淺（牋），飛龍兮翩翩。交不忠兮怨長，期不信兮告余以不閒（古音弦）。淺淺，流貌。翩翩，飛貌。若曰石瀨則淺淺矣，飛龍則翩翩矣，皆往而不反之意。故交不以忠，則其怨必長；期不以信，則必告我以不暇。即所謂心不同，而媒勞者也。

鼂（朝）騁騖兮江皋，夕弭節兮北渚。鳥次兮屋上，水周兮堂下（古音虎）。朝騁於江，夕息於渚，惟見鳥飛水流，而不見神望之至也。

捐余玦兮江中，遺余佩兮澧浦。采芳洲兮杜若，將以遺(去聲)兮下女。時不可兮再得，聊逍遥兮容與。捐玦遺佩與采杜若，皆欲以貽下女。下女者，湘君之從，不敢指言湘君，而托之下女耳。然相遇之時，難以再得，惟自徘徊而已。此喻己之思君也。

湘夫人

堯次女，舜次妃也。正妃稱君，故降稱夫人。

帝子降兮北渚，目眇眇兮愁予(古上聲)。嫋(裊)嫋兮秋風，洞庭波兮木葉下(古音虎)。帝子，謂堯女也。降，下也。眇眇，好貌。嫋嫋，秋風貌。言望之不見，使我心愁，但見秋風之起波落木而已。

登白薠兮騁望，與佳期兮夕張。鳥何萃兮蘋中？罾何爲兮木上(古平聲)？薠草，秋生。佳期，與佳人期。夕張，設帷幄以待夕，然徒勞耳。譬鳥當集木而在蘋中，罾當在水而在木上。喻神之不可度思也。

沅有芷兮澧有蘭(古音連)，思公子兮未敢言(古音延)。荒忽兮遠望，觀流水兮潺湲。公子，指湘夫人。思之而望，望之惟見流水也。

麋何爲兮庭中？蛟何爲兮水裔？朝騁余馬兮江皋，夕濟兮西澨(音逝)。言麋當在山林而在庭中，蛟當在深淵而在水涯。己雖朝夕來往，終不得神之所在矣。

聞佳人兮召予，將騰駕兮偕逝。築室兮水中，葺(緝)之兮荷蓋(古音記)。倘聞湘夫人見招乎，築室水中所不辭也。

荃壁兮紫壇，匊(播)芳椒兮成堂。桂棟兮蘭橑(老)，辛夷楣兮葯(約)房。罔(網同)薜荔兮爲帷，擗蕙櫋(綿)兮既張。白玉兮爲鎮，疏石蘭兮爲芳。芷葺兮荷屋，繚(了)之兮杜衡(古音杭)。橑，椽也。楣門上欙也。櫋，屋聯也。繚，束也。此託言水中之室，精緻如此。

合百草兮實庭，建芳馨兮廡門(古音民)。九嶷繽兮並迎(去聲)，靈之來兮如雲(古音銀)。言水中之室如此，庶幾夫人之來乎？乃舜使九嶷山神來迎，而衆神多從之，則湘夫人又去矣。

捐余袂兮江中，遺余褋(牒)兮澧浦。搴汀洲兮杜若，將以遺(去聲)兮遠者(古音渚)。時不可兮驟得，聊逍遥兮容與。袂，衣袖也。

襟,襘襦也。遠者,亦下女也。此亦前章之意。

大司命

司命,星名,主知生死。

廣開兮天門,紛吾乘兮玄雲(古音銀)。令飄風兮先驅,使涷(東)雨兮灑塵。吾,謂大司命也。飄風,回風。涷雨,暴雨。乘玄雲而役風伯、雨師,先驅而清道也。

君回翔兮以下(古音虎),踰空桑兮從女。紛總總兮九州,何壽夭兮在予(古上聲)!君、予皆指司命。空桑,山名。謂回翔以下,我欲踰空桑從之,而九州之壽夭,有不在司命乎?

高飛兮安翔,乘清氣兮御陰陽。吾與君兮齊速,導帝之兮九阬(音岡)。陰,殺氣;陽,生氣。君,指司命。冀欲與之齊速。齊速,並其疾驅也。道帝而廵九州,以見壽夭之權有本矣。

靈衣兮披披,玉佩兮陸離。壹陰兮壹陽,衆莫知兮余所爲(古音怡)。一陰一陽,言死生禍福之倚伏,人豈得而知之乎?

折疏麻兮瑶華(古音敷),將以遺兮離居。老冉冉兮既極,不寖近兮愈疏。此以下原陳志於司命也。疏麻,神麻。瑶華,玉華。言欲以此二物以遺所離居之人,謂君也。不然老之將至,不寖近而益疏矣。此忠愛無極之意也。

乘龍兮轔轔,高駝兮沖天(古音汀)。結桂枝兮延竚,羌愈思兮愁人。乘龍沖天,神去我已遠,吾猶延竚思之,令人愁也。

愁人兮奈何!願若今兮無虧(古音欺)。固人命兮有當,孰離合兮可爲(古音怡)?虧,缺也。願固守其節,無有虧缺,此在我可必者,若禀命有當然之分。一離一合,豈人之所能乎?此順受正命之意也。嗟夫,始欲從之空桑,又欲與之齊速,冀得命也。既而曰:"莫知所爲",又曰:"孰離合可爲",見命之不可移也。此篇其意精妙,可與列子力命並觀。

少司命

周禮大宗伯:"以槱燎祀司中、司命。"疏引星傳云:"三台:上台,司命。"又:"文昌宫第四亦曰司命。"故有两司命。

秋蘭兮麋蕪，羅生兮堂下(古音虎)。緑葉兮素枝，芳菲菲兮襲予(古上聲)。夫(扶)人兮自有美子，蓀何以兮愁苦？秋蘭，託以起興也。蓀，指司命。言凡民皆有所懽，而神何獨愁苦耶？含擁衛下民意，與章末相應。

秋蘭兮青青(菁)，緑葉兮紫莖。滿堂兮美人，忽獨與余兮目成。此言命與己合，譬始之得君也。

入不言兮出不辭，乘回風兮載雲旗。悲莫悲兮生别離，樂莫樂兮新相知。此言命與己離，譬君之疑己也。而悲樂之感係之矣。

荷衣兮蕙帶(古音蒂)，儵而來兮忽而逝。夕宿兮帝郊，君誰須兮雲之際？荷衣蕙帶，神之服也。儵來忽去，神之妙也。帝，謂天帝。言司命宿於天帝之郊，若有所待於雲際。謂命本於天也。

與女遊兮九河，衝飈(標)至兮水揚波。古本無此二句，疑是河伯章中誤入。

與女沐兮咸池(古音陀)，晞女髮兮陽之阿。望美人兮未來，臨風怳兮浩歌。咸池，星名，蓋天池也。晞，乾也。美人，謂司命也。怳，失意貌。此言欲親命，而命不可親。

孔蓋兮翠旌，登九天兮撫彗(穗)星，竦(竦)長劍兮擁幼艾，荃獨宜兮爲民正(古音征)。設言司命以孔雀之翅爲車蓋，翡翠之羽爲旌旗，昇九天之上，撫持彗星，欲掃除邪惡。竦，執也。幼，少也。艾，老也。司命執長劍，誅邪臣，擁護國之少長，其執心公方實，宜爲萬民之正。此所以愁苦，亦原自喻之意。

東君

日神也。禮曰："天子朝日於東門之外。"又曰："王宫祭日也。"漢志亦有東君。

暾(吞)將出兮東方，照吾檻兮扶桑。撫余馬兮安驅，夜皎皎兮既明(古音芒)。余謂日言其一晝二夜，皎皎然，繼明不息也。

駕龍輈(舟)兮乘雷(古音羅)，載雲旗兮委蛇(古音陀)。二句韻。以龍爲車轅，乘雷而行；以雲爲旌旗，委蛇而長。原自喻也。

長太息兮將上，心低佪兮顧懷(古音回)。羌色聲兮娱人，觀者憺兮忘歸。將上，上沅也。顧懷，思楚也。忽見祀神者，聲色之盛，可以娱樂，故憺然意安而忘歸也。“聲色娱人”，下詳言之。

絙(庚)瑟兮交鼓，簫鍾兮瑶簴(古音古)。鳴鷈(池)兮吹竽，思靈保兮賢姱(古音甫)。翾(暄)飛兮翠曾，展詩兮會舞。靈保，巫也。此言備樂以樂神，又見巫之賢美。其舞也，身體翾然若飛，似翠鳥之舉。展詩，陳詩也。謂歌樂章，以應舞節。

應律兮合節(古音即)，靈之來兮蔽日。二句韻。

青雲衣兮白霓裳，舉長矢兮射天狼。操余弧兮反淪降(古音洪)，日出東方入西方，故用其方色爲飾。此想神之來，其作用如此。天狼，賊星；射之，誅惡也。則已之弧不必張矣。

援北斗兮酌桂漿。撰余轡兮高駝翔，杳冥冥兮以東行(古音杭)。此言神既誅惡，已弧不張，惟酌酒振轡，杳冥東行而已。亦希冀之辭，以致其無聊之意。

河伯

大河之神。

與女(汝)遊兮九河，衝風起兮水横波。乘水車兮荷蓋，駕兩龍兮驂螭(古音羅)。言河伯以水爲車，驂駕螭龍而戲遊也。

登崑崙兮四望，心飛揚兮浩蕩。二句韻。崑崙，河源所出。

日将暮兮悵忘歸，惟極浦兮寤懷(古音回)。二句韻。言登崑崙而忘歸，念極浦，則覺悟而懷思。喻不忘故也。

魚鱗屋兮龍堂，紫貝闕兮朱宫，靈何爲兮水中？三句韻。

乘白黿兮逐文魚，與女遊兮河之渚，流澌(斯)紛兮將來下(古音虎)。子交手兮東行，送美人兮南浦。波滔滔兮來迎，魚鱗鱗兮媵予(古上聲)。子、美人，皆指河伯。子，原自稱也。謂乘黿逐魚，共遊河渚，而流澌間之，故兩相别。滔滔之波，故來相迎，而鱗鱗之魚，亦且相送。此篇之意，大都謂故國不能忘情，而豚魚猶可感通，其意深矣。

山鬼

以上諸篇皆人慕神之辭。此篇以人況君，以鬼喻己，而爲鬼媚人之辭。

若有人兮山之阿，被薜荔兮帶女蘿。二句韻。若有人，謂山鬼也，似有似無，不可以物色。阿，曲隅也。

既含睇(弟)兮又宜笑，子慕予兮善窈窕。二句韻。睇，微眄也。窈窕，好貌。子，設爲鬼之命人，予乃鬼之自命也。

乘赤豹兮從文貍，辛夷車兮結桂旗。被石蘭兮帶杜蘅，折芳馨兮遺所思。余處幽篁兮終不見天，路險難兮獨後來(古音釐)。赤豹、文貍，皆奇獸。所思，指人之悦己者也。所處既深，其路阻險，悦己者之來，得無後乎?

表獨立兮山之上，雲容容兮而在下(古音虎)。杳冥冥兮羌晝晦，東風飄兮神靈雨。留靈修兮憺忘歸，歲既晏兮孰華予(古上聲)?表，特也。靈修，即前所思也。欲俟其至，留使忘歸。不然，則歲晚而無與爲娱，孰有以我爲美者? 此所以欲留之也。

采三秀兮於山間，石磊磊兮葛蔓蔓。怨公子兮悵忘歸，君思我兮不得閒。三秀，芝草也。芝草一歲三秀。公子，靈修也。山鬼雖怨公子之不來，而亦知其必思己也。

山中人兮芳杜若，飲石泉兮蔭松栢(古音博)，君思我兮然疑作。三句韻。

靁(雷)填填(田)兮雨冥冥，猨啾啾兮狖(右)夜鳴。二句韻。山中人即山鬼也。然，信也。疑，不信也。蓋以神人道殊，知其雖思我，而不能無疑信之雜。

風颯颯(撒)兮木蕭蕭(古音颼)，思公子兮徒離憂。山鬼念山中多雷雨、狖猨、風木之警，計人必不來，而已徒思之而憂之。此其意可以默會。注者一一舉楚事實之，則淺而鑿矣!

國殤

謂死於國事者。小爾雅云:"無主之鬼謂之殤。"

操吴戈兮被犀甲(古音結)，車錯轂兮短兵接。二句韻。言國殤始從軍之時，手持吴戟，身披犀鎧而行。錯，交也。短兵，刀劍也。言戎車相迫，輪轂交錯，長兵不施，故用刀劍以相接擊也。

旌蔽日兮敵若雲(古音延),矢交墜兮士争先。二句韻。兩軍相射,流矢交墜。壯夫奮怒,争先在前也。

凌余陣兮躐余行(古音杭),左驂殪(意)兮右刃傷。二句韻。凌,犯也。躐,踐也。殪,死也。言己所乘左驂馬死,右騑馬被刃瘡也。

霾(埋)兩輪兮縶四馬(古音姥),援玉枹(浮)兮擊鳴鼓。天時懟(隊)兮威靈怒(古上聲),嚴殺盡兮棄原野(古音暑)。霾輪絆馬,示必死之意。天命雖墜,威靈奮發。誓言壯士盡死,骸骨棄於原野,而不土葬也。

出不入兮往不反(古音顯),平原忽兮路超遠(古音演)。二句韻。

帶長劍兮挾秦弓,首雖離兮心不懲。誠既勇兮又以武,終剛强兮不可淩。身既死兮神以靈,魂魄毅兮爲鬼雄(古音盈)。既死之後,精神强壯,魂魄武毅,長爲百鬼之雄傑也。

禮魂

盛禮兮會鼓,傳芭兮代舞。姱女倡兮容與。春蘭兮秋菊,長無絶兮終古。此統言祭祀之禮,盛禮、會鼓,禮樂備也。代舞、容與,巫覡齊也。春蘭、秋菊,時物彰也。無絶終古,享祀篤也。

題九歌

舊説謂沅、湘之俗,信鬼好祀,原爲更定其祝辭,且以事神之言,寓忠君之意。以今觀之,惟東皇太乙篇有玉瑱、瓊芳、肴蒸、桂酒之文,而東君篇亦有鳴鯱、吹竽、展詩、會舞之語,頗似享神。其餘絶不見祭祝之意。舊説又以浴蘭湯、華采衣,皆指巫而言,亦似牽附。大都原之忠愛,無刻而忘,故借題託興,以發其惓勤懇惻之懷,如離騷所云:“求虙妃之所在”,見“有娀之佚女”,“留有虞之二姚”,“聊浮游而求女”,“命靈氛爲余占”,“皇剡剡其揚靈”是也。安有祭祀之歌,而通篇言神之不至耶?吁!余讀屈原之作,而最有取於是歌也何者?九章、卜居、漁父,其言實,離騷、遠遊則虚實半,九歌純乎虚者也。如仙人神女,浮游於青雲彩霞之上,若可見若不可見,若可知若不可知,而其深致,又未嘗不可見不可知者也。蓋虚以寓實,實不離虚。其詞藻之妙,操觚摛采者,既模擬而莫之及;而理道之精,通經學古者,將探索而未之到。文而至是,神矣哉!神矣哉!

九章

九章者，屈原之所作也。屈原既放，思君憂國，隨事感觸，輒形諸聲。後人輯之，得其九章，非一時作也。

惜誦

惜誦以致愍兮，發憤以抒情。所非忠而言之兮，指蒼天以爲正（古音征）。惜，憫也。誦，論也。爲憫惜之論，以致其憂愍之意，故發憤以抒其情。使其非忠，天當証之。

令五帝以折中兮，戒六神與嚮服（古音逼）。俾山川以備御兮，命咎繇使聽直。五帝，謂五方之神也，東爲太皞，南爲炎帝，西爲少昊，北爲顓頊，中央爲黄帝。六神，謂六宗之神也。尚書："禋於六宗。"嚮服，嚮聽而使之服罪。御，侍也。復令山川之神，備列而處，又使聖臣咎繇，聽我之言忠直與否。

竭忠誠以事君兮，反離羣而贅肬（古音怡）。忘儇（喧）媚以背衆兮，待明君其知之。贅肬，肉外之餘肉，爲人擯棄，亦猶是也。

言與行其可迹兮，情與貌其不變（上聲）。故相臣莫若君兮，所以證之不遠（古音演）。左傳："知子莫若父，知臣莫若君。"故君之相臣，察言觀行，審貌度情，所以證驗之，豈遠乎？

吾誼先君而後身兮，羌衆人之所仇也。專惟君而無他兮，又衆兆之所讐也。羌，語辭。怨耦曰仇，交怨曰讐。

壹心而不豫兮，羌不可保也。疾親君而無他兮，有招禍之道（古音島）也。忠信事君，而不猶豫，然身不可保也，何者？急欲親君，而無私交，則衆害己，有招禍之道矣。

思君其莫我忠兮，忽忘身之賤貧。事君而不貳兮，迷不知寵之門（古音民）。憂國忘身，故不知賤貧，寧無二心而不用，絶不知變節以求寵。

忠何辠以遇罰兮，亦非余心之所志（古平聲）也。行不羣以顛越兮，又衆兆之所咍也。顛，殞也。越，墜也。咍，笑也。楚人謂相嘲笑曰咍。

紛逢尤以離謗兮，謇不可釋(古音爍)也。情沈抑而不達兮，又蔽而莫之白(古音博)也。罪自外至曰尤，中情沈抑，不得自達，左右又壅蔽，無肯暴白其心。

心鬱邑余侘(詫)傺(熾)兮，又莫察余之中情。固煩言不可結而詒兮，願陳志而無路。朱考亭云："中情，以韻叶之，當作善惡；惡又當從去聲讀。"蓋據離騷"孰云察余之善惡也"。此意近之，然改二字矣。愚疑情或是愫字，與路韻。"煩言不可結而詒"，謂多言不能結而貽君。騷云："解佩纕以結言"，思美人云："言不可結而詒"，與左傳"嘖有煩言"不同。

退靜默而莫余知兮，進號呼又莫余聞。申侘傺之煩惑兮，中悶瞀(茂)之忳忳。申，重也。瞀，亂也。忳忳，憂貌。

昔余夢登天兮，魂中道而無杭。吾使厲神占之兮，曰有志極而無旁。杭、航通。詩云："一葦杭之。"厲神，殤鬼也。左傳："晉侯夢大厲。"旁，輔也。夢登天而無航，猶欲事君而無助也，但有勞極心志已耳。

終危獨以離異兮，曰君可思而不可恃(古音洗)。故衆口其鑠金兮，初若是而逢殆(古音以)。終危獨者，謂果若厲神之言也。思君在己，恃君實難。

懲熱羹而吹齏(齎)兮，何不變此志也？欲釋階而登天兮，猶有曩之態(古音剃)也。釋階登天，譬舍諂諛而欲上進，此原之故態。

衆駭遽以離心兮，又何以爲此伴也？同極而異路兮，又何以爲此援也？衆人駭我所爲，則心離矣，故不可以爲侶。同事一君，而志不同，猶欲同至一處，而各行一路，誰與援引而進乎？

晉申生之孝子兮，父信讒而不好(古休去聲)。行婞(悻)直而不豫兮，鮌功用而不就。豫，猶豫也。獻公信讒，而不好孝子，以喻懷王；鮌專很直，而不就水功，原以自喻。

吾聞作忠以造怨兮，忽謂之過言(古音延)。九折臂而成醫兮，吾至今乃知其信然。忠而獲怨，是作忠即造怨也。吾始忽畧其言，今閱歷多，乃知之矣，猶左傳"三折肱爲良醫"也。

矰(曾)弋機而在上兮，罻(尉)羅張而在下(古音虎)。設張辟(臂)以娛君兮，願側身而無所。辟，法也。小人設機械之法以樂君，則君子無容身之處矣。

欲儃(禮)佪(回)以干傺(熾)兮,恐重患而離尤(古音怡)。欲高飛而遠集兮,君罔謂女何之?儃佪,猶低佪也。干,求也。傺,住也。罔,無也。欲不進,則恐重得禍患;欲遠去,君得無謂"汝舍我何往乎?"

欲横奔而失路兮,蓋堅志而不忍。背膺牉(判)以交痛兮,心鬱結而紆軫。横奔失路,言違道妄作也。通前三者皆不得爲,猶判背膺而交痛矣。紆,曲也。軫,隱也。

擣木蘭以矯蕙兮,糳(昨)申椒以爲糧。播江離與滋菊兮,願春日以爲糗(嗅)芳。矯,猶糅也。言雖放逐猶取芳潔,不變節也。

恐情質(贄)之不信兮,故重著以自明。撟(矯)兹媚以私處兮,願曾(增)思而遠身。質,猶交質之質。媚,愛也,謂愛君也。言欲矯愛而隱處,庶高舉遠身,而可以避害乎?

涉江

余幼好此奇服兮,年既老而不衰。帶長鋏(結)之陸離兮,冠切雲之崔(摧)嵬。奇服,喻特節也。帶長劍、冠切雲,所謂奇服。言握利器而秉高行也。

被明月兮珮寶璐(路)。世溷濁而莫余知兮,吾方高馳而不顧(古音古)。駕青虬兮驂白螭(痴),吾與重華遊兮瑶之圃。被,猶服也。明月,珠名。璐,玉名。不顧,所謂家國非之而不顧。虬螭,神獸。重華,舜也。言己想得虞、舜而與之遊。

登崑崙兮食玉英(古音央),與天地兮比壽,與日月兮齊光。哀南夷之莫吾知兮,旦余將濟乎江、湘。南夷,謂楚也。

乘鄂渚而反顧兮,欸(哀)秋冬之緒風(古孚金切)。步余馬兮山皋,邸余車兮方林。鄂渚,地名。欸,歎也。緒,餘也。

乘舲(零)船余上沅兮,齊吴榜以擊汰。船容與而不進兮,淹回水而凝滯(古音帶)。舲,船之有牖者。吴榜,吴之刺船人也。汰,疲也。容與,徐動貌。淹,留也。回水,回流也。凝滯,若有戀也。

朝發枉渚兮,夕宿辰陽。苟余心之端直兮,雖僻遠其何傷?枉渚、辰陽，皆地名。自傷去國日遠，又爲自解之辭。

入溆浦余儃佪兮，迷不知吾之所如(古音茹)。深林杳以冥冥兮，乃猨狖(右)之所居(古音倨)。山峻高以蔽日兮，下幽晦以多雨。霰雪紛其無垠兮，雲霏霏其承宇。此道當日之景。或曰："日喻君，山喻臣，雨、霰、雪、雲喻佞人。"

哀吾生之無樂兮，幽獨處乎山中。吾不能變心以從俗兮，固將愁苦而終窮。接輿髡首兮，桑扈臝(裹)行(古音杭)。接輿，楚狂接輿也。髡，剔也。桑扈，隱士也。解裳臝裎，以倣夷狄。

忠不必用兮，賢不必以。伍子逢殃兮，比干葅醢(古音以)。與前世而皆然兮，吾又何怨乎今之人？余將董道而不豫兮，固將重昏而終身。觀於伍子、比干，則前世可知。我將守正道，而不猶豫，但當重複暗昧，以終其身而已。

亂曰：鸞鳥鳳皇，日以遠(古平聲)兮。燕雀烏鵲，巢堂壇(古音田)兮。露申辛夷，死林薄兮。腥臊並御，芳不得薄兮。叢木曰林，草木交錯曰薄。腥臊，臭惡也。御，用也。薄，附也。

陰陽易位，時不當兮。懷信侘傺，忽乎吾將行(古音杭)兮。亂喻賢臣遠而佞人用，忠邪倒置，所謂陰陽易位也。

哀郢

皇天之不純命兮，何百姓之震愆？民離散而相失兮，方仲春而東遷。震，動也。愆，過也。言皇天不純一其施，則萬物夭傷；人君不純一其政，則百姓震動以觸罪。仲春時和，民可相樂，乃離散相失，可悲也已。

去故鄉而就遠兮，遵江、夏以流亡。出國門而軫懷兮，甲之鼂(朝)吾以行(古音杭)。言己亦循江、夏之水而去故鄉。軫，痛也。懷，思也。甲，日也。鼂，旦也。此紀其行之時。

發郢都而去閭兮，怊荒忽之焉極？楫齊揚以容與兮，哀見君而不再得(古音的)。言其乘船，士卒齊舉楫櫂，低佪容與，咸不忍遽行。意蓋傷我遠去，不得再事於君也。

望長楸而太息兮，涕淫淫其若霰。過夏首而西浮兮，顧龍門而不見。長楸，喬木。龍門，楚東門。望而不見，自傷日以遠也。

心嬋(禪)媛(爰)而傷懷兮，眇不知其所蹠(古音鵲)。順風波而從流兮，焉洋洋而爲客(古音恪)。嬋媛，牽引貌。眇，遠也。蹠，踐也。聽船順風，遂洋洋遠客而無所歸矣。

淩陽侯之氾濫兮，忽翱翔之焉薄？心絓結而不解兮，思蹇産而不釋(古音削)。陽侯，大波之神。薄，止也。絓，懸也。蹇産，詰曲貌。

將運舟而下浮兮，上洞庭而下江(古音工)。去終古之所居兮，今逍遥而來東。言離先祖涉江湖也。

嗟靈魂之欲歸兮，何須臾而忘反(古音顯)；背夏浦而西思兮，哀故都之日遠(古音演)。精神夢魂，常欲反國，背水嚮郢，何遼遼乎？

登大墳以望遠兮，聊以舒吾憂心。哀州土之平樂(洛)兮，悲江介之遺風(古孚金切)。平樂，地平而人樂。介，間也。遺風，故家遺俗。念平樂而感遺風，益哀悲矣。

當陵陽之焉至兮，淼南渡之焉如？曾不知夏之爲丘兮，孰兩東門之可蕪？夏，江夏也。信用讒佞，國將丘墟，郢城兩東門，可使荒廢而無路耶？

心不怡之長久兮，憂與愁其相接。惟郢路之遼遠兮，江與夏之不可涉。路遥水隔，憂思不斷。

忽若去而不信兮，至今九年而不復(古音逼)。慘鬱鬱而不開兮，蹇侘傺而含感。不信而去，久而不復，悵然住立，内結毒也。

外承歡之汋(綽)約兮，諶(辰)荏(稔)弱而難持。忠湛湛(禫)而願進兮，妬被(披)離而鄣之。汋約，婉好貌。諶，誠也。荏，亦弱也。湛湛，厚貌，不讀淡。言小人委曲媚君，誠能使君心志柔弱而不能自持，願忠者爲所蔽而不得進矣。

彼堯、舜之抗行兮，瞭杳杳其薄天(古音汀)。衆讒人之嫉妬兮，被以不慈之僞名。堯、舜之德配天矣，小人猶有不與子之謗，況其下乎？

憎愠惀(論)之修美兮，好夫人之慷慨。衆踥(妾)蹀(牒)而日進兮，美超遠而踰邁。藴藉爲愠，思慮爲惀憎。修美惡，君子也，好忼慨，重讒佞也，故小人日進，君子日遠。

亂曰：曼（萬）余目以流觀兮，冀壹反之何時？鳥飛返故鄉兮，狐死必首（去聲）丘（古音欺）。信非吾罪而棄逐兮，何日夜而忘之？曼，遠意。首丘，謂以首枕丘而死，不忘其所自生也。

抽思

心鬱鬱之憂思兮，獨永歎乎增傷。思蹇產之不釋兮，曼遭夜之方長。蹇產，詰曲貌。

悲秋風之動容兮，何回極之浮浮！數惟蓀之多怒兮，傷余心之慢慢（音憂）。回極，斗極也，以其旋轉，故謂之回。浮浮，高貌。秋氣清，故斗極高。蓀，香草，以喻君。多怒則民病矣。慢慢，痛貌。

願遥起而横奔兮，覽民尤以自鎮（古平聲）。結微情以陳詞兮，矯以遺夫美人。尤，病也。鎮，止也。本欲遠去，及覽民尤，則思以慰安之，故因而自止，然不忘陳情於君耳。

昔君與我成言兮，曰黄昏以爲期。羌中道而回畔兮，反既有此他志（古平聲）。憍吾以其美好兮，覽余以其修姱（音甫）。與余言而不信兮，蓋爲余而造怒（古上聲）。願承閒而自察兮，心震悼而不敢。悲夷猶而冀進兮，心怛傷之憺憺（音亶）。自察，自明也。憺憺，悲傷貌。

兹歷情以陳辭兮，蓀詳（佯）聾而不聞（古音煙）。固切人之不媚兮，衆果以我爲患（古音弦）。切直之人，不能邪媚，讒佞之輩，以爲傷己。

初吾所陳之耿著兮，豈不至今其庸亡？何獨樂斯之蹇蹇兮？願蓀美之可完。初吾所陳，豈不至今尚在，其庸有亡乎？非樂謇謇之言，欲以成君之美耳。

望三五以爲像兮，指彭咸以爲儀。夫何極而不至兮，故遠聞而難虧（古音欺）。法王霸，效賢人，何極力之不至？何修名之不立？

善不由外來兮，名不可以虚作。孰無施而有報兮？孰不實而有穫？上不施惠則下不効勞。君不履信則臣多行僞。

少歌曰：與美人抽思兮，並日夜而無正（古音征）。憍吾以其美好兮，敖朕辭而不聽（平聲）。少歌，小吟歌謡。正，猶證也。謂日夜爲君抽思，無有證其是者。

倡曰：有鳥自南兮，來集漢北（古音必）。好姱佳麗兮，牉獨處此異域。既惸獨而不羣兮，又無良媒在其側。道卓遠而日忘兮，願自申而不得（古音的）。望北山而流涕兮，臨流水而太息。倡，起唱發聲也。鳥，自喻。良媒，喻左右之臣。

望孟夏之短夜兮，何晦明之若歲（古音試）！惟郢路之遼遠兮，魂一夕而九逝。精魂還歸，一夕凡九。

曾不知路之曲直兮，南指月與列星。願徑逝而不得兮，魂識路之營營。營營，辛苦貌。

何靈魂之信直兮，人之心不與吾心同。理弱而媒不通兮，尚不知余之從容。亂曰：長瀨湍流，泝江潭（古音尋）兮。狂顧南行，聊以娱心兮。逆流而上曰泝。狂顧，急遽而驚視也。南行幽藏於山谷，亦以娱己之心耳。

軫石崴嵬，蹇吾願兮。超回志度，行隱進（古音箭）兮。軫，方也，故曰軫之方也，以象地。崴嵬，高貌。言雖放棄執履忠信，志如軫石之不可轉，高山之不可卑，是己之願。超越回邪，志在法度，行隱隱以進。

低佪夷猶，宿北姑兮。煩冤瞀（戊）容，實沛徂兮。北姑，地名。瞀，亂也。徂，去也。言思念煩冤，容貌憒亂，誠欲隨水沛然而流去也。

愁歎苦神，靈遥思兮。路遠處幽，又無行媒（古音迷）兮。靈遥思者，神遠思也。無行媒者，無紹介也。

道思作頌，聊以自救兮。憂心不遂，斯言誰告（古音縠）兮？中道作頌，以舒怫鬱之念，救傷懷之心。憂心不達，無所告愬也。

懷沙

滔滔孟夏兮，草木莽莽（古音姥）。傷懷永哀兮，汩（於筆）徂南土。汩，行貌。徂，往也。春陽暢茂之時，往居江南之土，故心傷而長悲思也。

眴（瞬）兮杳杳，孔靜幽默（古音穆）。鬱結紆軫兮，離慜而長鞠。眴，視貌。杳杳，深冥貌。孔，甚也。默，無聲也。紆，曲也。軫、慜皆痛也。

鞠，窮也。

撫情效志兮，俛屈以自抑（古音懿）。刓方以爲圜兮，常度未替。撫，循也。抑，按。刓，削也。即欲變方爲圜，而常度終不能廢。

易初本廸兮，君子所鄙。章畫志墨兮，前圖未改（古音已）。本，原也。廸，行也。易初本迪，謂變其初之原行。章，明也。志，念也。欲明其經畫，念其繩墨，所謂前圖也。

内厚質正兮，大人所晠。晠，史記作盛，音義同，古通用，讀平聲。巧倕不斲兮，孰察其揆正（古音征）？内重厚，質端正，大人所甚美。然不施用，何由知之乎？揆，度也。

玄文處幽兮，矇瞍謂之不章。離婁微睇兮，瞽以爲無明（古音芒）。持玄墨之文，居幽冥之處，則矇瞍以爲不明。以離婁之明，微有所睇，盲人輕之，以爲無明。此正足前意。

變白以爲黑兮，倒上以爲下（古音虎）。鳳皇在笯（奴）兮，雞鶩（木）翔舞。笯，籠落也。忠佞不别，亦猶是也。

同糅玉石兮，一概而相量。夫惟黨人之鄙妬兮，羌不知余之所臧。莫照我之善意也。

任重載盛兮，陷滯而不濟。懷瑾（近）握瑜兮，窮不知所示。有所陷滯，則重任不濟，時值困阨，則寶玉徒懷。

邑犬羣吠兮，吠所怪（古音記）也。非俊疑傑兮，固庸態（古音剃）也。文質疏内兮，衆不知余之異采（古音泚）。材樸委質兮，莫知余之所有（古音以）。有文有質，其内疏通，衆不知也，不猶材樸之委地乎？

重仁襲義兮，謹厚以爲豐。重華不可遻（晤）兮，孰知余之從容。從容，謂優悠於道義也。

古固有不並兮，豈知其故也？湯、禹久遠兮，邈不可慕也。忠佞不並立，其來已久，惟湯、禹能辯之。

懲違改忿兮，抑心而自強。離慜而不遷兮，願志之有象（古平聲）。象，法也。言自勉修身，雖遇患不徙，願志行流於世，爲人所法也。

進路北次兮，日昧昧其將暮。舒憂娱哀兮，限之以大故。言將北歸郢都，而日暮不得前，於是欲舒憂娱哀，大故又將限之。謂死亡將至也。

亂曰:浩浩沅、湘,分流汩(骨)兮。修路幽蔽,道遠忽兮。汩,流貌。言沅、湘之水,分汩而流,將歸乎海。而己之路,則幽蔽超忽也。此下舊有“曾唫恒悲,永歎慨兮。世既莫吾知,人心不可謂兮”四句。意與下文相混,今依考亭削之。

懷質抱情,獨無匹(古音僻)兮。伯樂既歿,驥將焉程兮。匹,雙也。言懷敦篤之質,抱忠信之情,不與衆同,故孤煢獨行,無有雙匹也。然不遇明君,安所用之?猶驥之服鹽車耳。

民生禀命,各有所錯兮。定心廣志,余何畏懼兮!錯,置也。禀命若置,誰能移之?定心則不亂,廣志則不隘,此樂天安命之道也,何愧歉之有?

曾(增)傷爰哀,永歎喟兮。世溷莫吾知,人心不可謂兮。知死不可讓,願勿愛(古音緯)兮。明告君子,吾將以爲類兮。告,語也。類,法也。詩云:“永錫爾類”,言己將執忠死節,故以此明白告諸君子,宜以我爲法度也。

思美人

思美人兮,擥涕而竚眙(音夷)。媒絶路阻兮,言不可結而詒。美人指君。眙,直視貌。詒,遺也。

蹇蹇之煩冤兮,陷滯而不發(古音歇)。申旦以舒中情兮,志沉菀(鬱)而莫達(古乎悦切)。欲日日陳情,不得通也。

願寄言於浮雲兮,遇豐隆而不將。因歸鳥而致辭兮,羌迅高而難當。豐隆,雲師,不爲我傳。歸鳥飛高,又不可值。

高辛之靈晟(盛)兮,遭玄鳥而致詒。欲變節以從俗兮,媿易初而屈志(古平聲)。高辛,帝嚳也。嚳妃吞燕卵而生契,爲堯三公。屈原自傷不遭聖主而遇亂世,豈肯變節而易初乎?

獨歷年而離愍兮,羌馮心猶未化(古音嬉)。寧隱閔而壽考兮,何變易之可爲(古音怡)?馮,憤懣也。寧罹憂終身,終不改變。

知前轍之不遂兮,未改此度也。車既覆而馬顛兮,蹇獨懷此異路。前轍,直道也。此其道與衆人異,故曰異路。獨懷此異路,豈以顛覆而改乎？

勒騏驥而更駕兮，造父爲我操之。遷逡次而勿驅兮，聊假日以須時。指嶓冢之西隈兮，與纁黄以爲期。纁黄，日入之色。勒驥更駕，遷延俟時，時之未遇，日入爲期，則終身可知矣。

開春發歲兮，白日出之悠悠。吾且蕩志而愉樂兮，遵江夏以娱憂。開春發歲，物皆欣欣；乘春作樂，庶消憂乎？

擥大薄之芳茝（齒）兮，搴長洲之宿莽（古音姥）。惜吾不及古之人兮，吾誰與玩此芳草（古音楚）？芳草，喻道也。古人不相及矣，即擥茝搴莽何爲乎？

解萹薄與雜菜兮，備以爲交佩（古音備）。佩繽紛以繚（了）轉兮，遂萎絶而離異。吾且儃佪以娱憂兮，觀南人之變態（古音剃）。竊快在其中心兮，揚厥憑而不竢（古音矣）。芳與澤其雜糅兮，羌芳華自中出（古音砌）。發舒憤懣已無所待於時矣，乃其芳華之質，本自性生，非外鑠也。

紛郁郁其遠烝兮，滿内而外揚。情與質信可保兮，羌居蔽而聞章。雖在山澤，而名宣布。

令薜荔以爲理兮，憚舉趾而緣木。因芙蓉以爲媒兮，憚搴裳而濡足。仰託薜荔，則憚緣木；俯藉芙蓉，則憚濡足。終不賴左右先容之意。

登高吾不説兮，入下吾不能（古音泥）。固朕形之不服兮，然容與而狐疑。登高入下，正緣木、濡足之意。

廣遂前畫兮，未改此度也。命則處幽吾將罷兮，願及白日之未暮也。獨煢煢而南行兮，思彭咸之故也。得遂前畫，度則不改，其如命何？吾將老矣，儻及日之未暮，而君寤乎？恐終不寤，我則從彭咸而已！

惜往日

惜往日之曾信兮，受命詔以昭時。奉先功以照下兮，明法度之嫌疑。昭時，昭明時之政治。先功，祖業也。嫌疑，同異可否之間。

國富强而法立兮，屬貞臣而日娭（嬉）。祕密事之載心兮，雖過時猶弗治(平聲)。載,存也。即有過差,猶能相諒。

心純厖而不泄兮,遭讒人而嫉之。君含怒以待臣兮,不清澂其然否(古音胚)。讒人,靳尚及上官也。

蔽晦君之聰明兮,虛惑誤又以欺。弗參驗以考實兮,遠遷臣而弗思。信讒諛之溷濁兮,盛(古盛)氣志而過之。遷怒而督過也。

何貞臣之無罪兮,被讟(讀)謗而見尤(古音怡)! 慚光景之誠信兮,身幽隱而備之。信而見疑,故見光景而慚,是以竄身幽隱,然修身亦不敢缺,故云備。謂雖處草野,行彌篤也。自"惜往日之曾信"至此,二十二句爲一韻。

臨沅、湘之玄淵兮,遂自忍而沈流。卒没身而絶名兮,惜壅君之不昭(古音周)。君無度而弗察兮,使芳草爲藪幽。焉舒情而抽信兮,恬死亡而不聊(古音留)。獨鄣壅而蔽隱兮,使貞臣而無由。聞百里之爲虜兮,伊尹烹於庖厨(古音稠)。芳草宜植於階庭,豈可幽之於藪澤? 賢人放竄,亦猶是也。自"臨沅、湘"至此,十二句爲一韻。

呂望屠於朝歌兮,寧戚歌而飯牛(古音疑)。不逢湯、武與桓、繆兮,世孰云而知之? 四句韻。

吳信讒而弗味兮,子胥死而後憂。介子忠而立枯兮,文君寤而追求。封介山而爲之禁兮,報大德之優遊。六句韻。晉文公出奔,介子推從。道乏糧,割股肉以食文公。及反國,賞諸從行者,不及子推。子推遂逃介山隱。文公覺悟追而求之。不出。文公因燒其山。子推抱樹燒而死。文公遂以介山封子推,使祭祀之,以報其德。

思久故之親身兮,因縞素而哭之。或忠信而死節兮,或訑謾而不疑。弗省察而按實兮,聽讒人之虛辭。芳與澤其雜糅兮,孰申旦而别之? 八句韻。親身,切身,謂割股。世無明智,賢愚惑矣。

何芳草之早殀兮,微霜降而下戒(古音棘)。諒不聰明而蔽壅兮,使讒諛而日得(古音的)。四句韻。

自前世之嫉賢兮,謂蕙若其不可佩(古音備)。妬佳冶之芬芳兮,嫫(謨)母姣而自好(古音戲)。雖有西施之美容兮,讒妬入以自代(古音地)。願陳情以白行兮,得罪過之不意。情冤見之日明兮,如列宿(秀)之錯置。不意,謂出於意外也。情實冤枉,有如列星,豈難明乎?

乘(駑馬)[騏驥]而馳騁兮,無轡銜而自載(古音祭);乘氾(泛)泭(敷)以下流兮,無舟檝而自備。背法度而心治兮,辟與此其無異。舍法度而任意爲治,若乘船車而無轡櫂,其危必矣!

寧溘死而流亡兮,恐禍殃之有再(古音至)。不畢辭以赴淵兮,惜壅君之不識(古音至)。有再,恐邦之淪喪,其禍更大,所不忍見。獨惜蔽君之罪,而人不知耳。自"前世之嫉賢"至末,二十句爲一韻。

橘頌

后皇嘉樹,橘徠(來)服(古音逼)兮。受命不遷,生南國(古音役)兮。頌橘爲天地間之嘉樹也,生於江南,渡淮則化爲枳。

深固難徙,更一志兮。緑葉素榮,紛其可喜(古去聲)兮。橘青葉白華。紛然,盛貌。

曾(層)枝剡棘,圓果摶兮。青黄雜糅,文章爛(平聲)兮。摶,圓貌。先青後黄,爛然文采。

精色内白,類任道(古音島)兮。紛緼宜修,姱而不醜兮。其外精明,其内潔白,似任道之人,紛緼而盛,修長而美,無醜惡之態。

嗟爾幼志,有以異兮。獨立不遷,豈不可喜(古去聲)兮。爾指橘。天性所生,少長不異。

深固難徙,廓其無求兮。蘇世獨立,横而不流兮。死而復生曰蘇。凡與世移徙,不免有求也,再生而變,亦謂之流也。橘則不然。

閉(别)心自慎,終不過失(古音試)兮。秉德無私,參天地兮。橘皮包裹,故曰自慎;堅貞不二,故曰無私。

願歲並謝,與長友(古音以)兮。淑離不淫,梗其有理兮。並謝猶永謝。淑,善也。離,麗也。梗,强也。有理,有條理也。

年歲雖少,可師長兮。行比伯夷,置以爲像兮。凡橘易壞,不如松柏之久長,故云年雖少可爲師長,其特立不遷;行比伯夷,故可置以爲法也。

此篇皆原自喻其志節之意。

悲回風

悲回風之摇蕙兮，心冤結而内傷。物有微而隕性兮，聲有隱而先倡（平聲）。回風謂之飄風。隕，落也。秋令已行，微物凋隕，風聲雖隱，實先爲之倡矣。

夫何彭咸之造思兮，暨志介而不忘。萬變其情豈可蓋兮，孰虚僞之可長！因回風而感彭咸，其志介然，歷萬變而不易，亦以實耳。若設虚僞，豈能久乎？

鳥獸鳴以號羣兮，草苴比而不芳。魚葺鱗以自别兮，蛟龍隱其文章。苴，枯草也。回風一至，則鳥獸、草木、鱗魚、蛟龍，皆有改變。喻讒人之可畏也。

故荼薺不同畝兮，蘭茝（齒）幽而獨芳。惟佳人之永都兮，更統世以自貺（古音芳）。都，淑也。貺，守也。荼苦薺甘，不可同畝；蘭茝雖幽，不失其香。故惟佳人常守其善，統承先世而不自失。

眇遠志之所及兮，憐浮雲之相羊。介眇志之所惑兮，竊賦詩之所明（古音芒）。守高遠之節，與浮雲齊，乃爲世所疑，不得不賦以自明也。自“悲回風”至此，二十句爲一韻。

惟佳人之獨懷兮，折芳椒以自處。曾歔欷之嗟嗟兮，獨隱伏而思慮（古音魯）。涕泣交而淒淒兮，思不眠以至曙。終長夜之曼曼兮，掩此哀而不去。心常悲慕。

寤從容以周流兮，聊逍遥以自恃（古音洗）。傷太息之愍歎兮，氣於邑而不可止。氣逆憤懣，結不下也。

糺（久）思心以爲纕（襄）兮，編愁苦以爲膺。折若木以蔽光兮，隨飄風之所仍。糺，戾也。纕，佩帶也。編，結也。膺，胸也，謂絡胸者也。初欲蔽日以少稽留，卒任其飄颻而已。

存髣髴而不見兮，心踴躍其若湯。撫珮衽以按志兮，超惘惘而遂行（古音杭）。髣髴，謂形似也，蓋指君而言。失志惶遽，則直逝矣。

歲曶曶（音忽）其若頽兮，時亦冉冉而將至。薠（煩）蘅槁而節離兮，芳已歇而不比。時，謂衰老之期也。節離，草枯則節處斷落。比，合也。此言志意已盡，不可復爲。

憐思心之不可懲兮，證此言之不可聊(古音留)。寧溘死而流亡兮，不忍此心之常愁。聊，賴也。

孤子唫而抆(吻)淚兮，放子出而不還(音旋)。孰能思而不隱兮？昭彭咸之所聞(古音煙)。思則必痛，所聞於先賢者可覩矣。

登石巒以遠望兮，路眇眇之默默。入景響之無應兮，聞省想而不可得。景，古影字。山高路遠，故影響俱無，而聽視寂滅。

愁鬱鬱之無快兮，居戚戚而不可解(古音係)。心鞿羈而不開兮，氣繚轉而自締。謂其氣繚繞回轉，而自相結也。

穆眇眇之無垠兮，莽芒芒之無儀。聲有隱而相感兮，物有純而不可爲(古音怡)。儀，猶像也。眇眇、芒芒，言愁之無極。聲有隱而相感，今不能感王矣。物有純而不可爲，謂如松栢之純，堅不可易也。

邈曼曼之不可量兮，縹綿綿之不可紆。愁悄悄之常悲兮，翩冥冥之不可娛。凌大波而流風兮，託彭咸之所居。此亦言其自沉之意。

上高巖之峭岸兮，處雌蜺之標顛(古音真)。據青冥而攄虹兮，遂儵忽而捫天(古音汀)。所至高眇，不可逮也。

吸湛露之浮涼兮，漱凝霜之雰雰(古音軒)。依風穴以自息兮，忽傾寤以嬋媛(古音然)。心覺自傷，展轉不釋。

馮崑崙以瞰霧兮，隱岷山以清江(古音工)。憚涌湍之磕磕兮，聽波聲之洶洶。言已欲瞰清邪惡，復爲讒人所危、俗人所謗訕也。

紛容容之無經兮，罔芒芒之無紀。軋(押)洋洋之無從兮，馳逶移之焉止。漂翻翻其上下兮，翼遥遥其左右(古音以)。氾潏潏其前後兮，伴(判)張弛之信期(古音紀)。言憂心反覆不定，而失其起居之常也。

觀炎氣之相仍兮，窺煙液之所積。悲霜雪之俱下兮，聽潮水之相擊。炎氣，火氣也，火氣鬱而爲煙，煙氣流而爲液。言上觀炎陽煙液之氣，下視霜雪江潮之流，憂思無不在也。

借光景以往來兮，施黄棘之枉策(古音尺)。求介子之所存兮，見伯夷之放迹。心調度而弗去兮，刻著志之無適。黄棘，棘刺也。枉，曲也。去，舍也。言己願借神光電景，飛注往來，施黄棘之刺以爲馬策，欲其利用急疾，往求介子、伯夷之迹。蓋心調度乎二子之間而弗舍，猶刻著於志而無復他適矣！

曰：吾怨往昔之所冀兮，悼來者之愁愁(逖)。浮江、淮而入海兮，從子胥而自適。望大河之洲渚兮，悲申徒之抗迹。昔日之所希冀者俱不能遂，故怨，今則流落而逖逖遠矣，故觸目而思子胥、悲申徒。申徒狄遁世離俗，擁石赴河，故言抗迹也。

驟諫君而不聽兮，任重石之何益？心絓結而不解兮，思蹇産而不釋。郭璞江賦"悲靈均之任石"注"任石，即投汨羅。"此言諫而不聽，死亦無益，但心思戀戀，不忘故，不容苟生耳。自"觀炎氣"至末，二十句爲一韻。

題九章

舊説屈原既放，思君憂國，輒形諸聲。後人輯之，得其九章。愚按離騷一篇，已足以盡意矣！然放逐幽憂之日，情不能以無感，感不能以無言，言不能以不盡，盡不能以不怨，怨不能以不死。故自惜誦以至悲回風，未始有出於離騷之外也。離騷括其全，九章條其理，譬之根幹枝葉，總之皆樹；源委波瀾，總之皆水，未始異也。且其慕古哀時，思善疾惡；怨靈修之不彰，悲黨人之壅濁；厲素履之芳潔，將超遠而不安；願儼合於湯、禹，終殉跡於彭咸。每篇之中，不離此意。蓋其意膠葛而纏綿，故其詞重複而間作。要以舒其中心之鬱懑，未嘗琱琢以冀有傳於後世也。乃後世篤好而推先之，正以其文情併合，芬藹可掬，有異於修詞之士所爲耳！觀其言曰："臨沅、湘之玄淵，遂自忍而沈流。卒没身而絶名，惜壅君之不昭。"噫！名固未嘗絶也。悲夫！悲夫！

遠遊

遠遊者，屈原之所作也。屈原履方直之行，不容於世，思託配仙人，與俱遊戲，周歷天地，無所不到。然猶懷念楚國，思慕舊故，忠信之篤，仁義之厚也。是以君子珍重其志，而瑋其辭焉。

悲時俗之迫阨（隘）兮，願輕舉而遠遊。質菲薄而無因兮，焉託乘（去聲）而上浮？遭沈濁而汙穢兮，（濁）［獨］鬱結其誰語！夜耿耿而不寐兮，魂營營而至曙。惟天地之無窮兮，哀人生之長勤。往者余弗及兮，來者吾不聞（古音因）。天地無窮，人生若器，眇然一身，不能及於前後，感慨深矣！此遠遊之所以作也。

步徙倚而遥思兮，怊惝（厰）怳而永懷（古音回）。意荒忽而流蕩兮，心愁悽而增悲。彷徨東西，靡所據依。

神儵忽而不反兮，形枯槁而獨留。内惟省以端操兮，求正氣之所由。魂靈易逝，身體塊處，故反身循省，欲求正氣之所自來也。

漠虚靜以恬愉兮，澹無爲而自得。聞赤松之清塵兮，願承風乎遺則。虚靜無爲，所謂正氣也。

貴真人之休德兮，美往世之登仙。與化去而不見兮，名聲著而日延。身與化遷，名流千億也。

奇傅説之託辰星兮，羨韓衆（終）之得一。形穆穆以浸遠兮，離人羣而遁逸。傅説，武丁相，死後其星著於房尾。韓終，見列仙傳。

因氣變而遂曾（層）舉兮，忽神奔而鬼怪（古音記）。時髣髴以遥見兮，精皎皎以往來（古音利）。神靈皎然，往來不滯。

絶氛埃而淑尤兮，終不反其故都。免衆患而不懼兮，世莫知其所如。淑尤，淑善而絶尤也。自此以上，皆美仙人之脱離也。

恐天時之代序兮，耀靈曄而西征。微霜降而下淪兮，悼芳草之先零。聊仿（旁）佯（羊）而逍遥兮，永歷年而無成。誰可與玩斯遺芳兮？長鄉（去聲）風而舒情。高陽邈以遠兮，余將焉所程？耀靈，日也。曄，閃電貌。高陽，顓頊也。此一節，皆恐將老而學仙之不及也。

重曰：春秋忽其不淹兮，奚久留此故居（古音倨）？軒轅不可攀援兮，吾將從王喬以娱戲！憤懣未盡，復陳辭也。黄帝始作車服，天下號之爲軒轅氏。王喬,見列仙傳。

飡六氣而飲沆瀣(械)兮,漱正陽而含朝霞(古音敷)。保神明之清澄兮,精氣入而麤穢除。陵陽子明經言:"春食朝霞,日始出,赤黄氣。秋食淪陰,日没以後,赤黄氣。冬飲沆瀣,北方夜半氣。夏食正陽,南方日中氣。并天地玄黄之氣,是爲六氣。"

順凱風以從遊兮,至南巢而壹息。見王子而宿之兮,審壹氣之和德(古音的)。宿,留也。究問元精之祕要也。

曰:道可受兮,而不可傳。其小無内兮,其大無垠(古音研)。無滑(骨)而魂兮,彼將自然。壹氣孔神兮,於中夜存(古音前)。虚以待之兮,無爲之先。庶類以成兮,此德之門(古音眠)。此王子之答。道可心受,不可言傳,無内無垠,無不在也。惟在不滑亂其魂而已。不滑其魂,神氣自全,虚而無爲,萬化自出。此至道之要也。

聞至貴而遂徂兮,忽乎吾將行(古音杭)。仍羽人於丹丘兮,留不死之舊鄉。至貴者,王子之言。仍,就也。羽人,仙人。丹丘,晝夜常明之處。山海經言:"有羽人之國,不死之民。"

朝濯髪於湯(陽)谷兮,夕晞余身兮九陽。吸飛泉之微液兮,懷琬琰之華英(古音央)。湯谷,在東方少陽之位。淮南言:日出湯谷,入虞淵。陽谷,日所出。九陽,日所入也。陽極於九,故曰入爲九陽。陵陽子明經曰:"日入爲飛泉。"

玉色頩(俜)以脕(晚)顔兮,精醇粹而始壯。質銷鑠以汋(綽)約兮,神要眇以淫放。頩,美貌。脕,潤貌。莊子曰:"汋約如處子。"淫放,神有餘也。

嘉南州之炎德兮,麗桂樹之冬榮。山蕭條而無獸兮,野寂寞其無人。(或)[載]營魄而登霞兮,掩浮雲而上征。抱我靈魄而上升。霞,或謂與遐通。此遊南方也。

命天閽其開關兮,排閶闔而望予(古上聲)。召豐隆使先導兮,問太微之所居(古音倨)。豐隆,雲師。太微,垣天庭也。

集重陽而入帝宫兮,造旬始而觀清都。朝發軔於太儀兮,夕始臨乎於微閭。積陽爲天,故曰重陽。旬始,星名。或曰:"氣如雄雞見北斗旁。"太儀，天之帝庭，習威儀之所。周禮云："東北曰幽州，其山鎮曰醫無閭。"此遊東北也。

屯余車之萬乘兮，紛溶與而並馳。駕八龍之婉婉兮，載雲旗之逶蛇(古音怡)。建雄虹之采旄兮，五色雜而炫燿。服偃蹇以低昂兮，驂連蜷(權)以驕驁。衡下夾轅兩馬曰服，衡外挽靷兩馬曰驂。驕驁，縱恣也。

騎(去聲)膠葛以雜亂兮，斑漫衍而方行(古音杭)。撰余轡而正策兮，吾將過乎句芒。膠葛，猶交加也。斑，文貌。漫衍，無極貌。句芒，木神。月令："孟春之月。其帝太皥，其神句芒。"此遊東方也。

歷太晧以右轉兮，前飛廉以啓路。陽杲杲(稿)其未光兮，凌天地以徑度。太晧，即太皥，古通用。

風伯爲余先驅兮，辟(壁)氛埃而清涼。鳳皇翼其承旂兮，遇蓐(辱)收乎西皇。飛廉，風伯。"孟秋之月。其帝少晧，其神蓐收"。西皇，即少晧。此遊西方也。

擥彗星以爲旍兮，舉斗柄以爲麾(古音蒿)。叛(判)陸離其上下兮，遊驚霧之流波。時曖(愛)曃(逮)其曭(儻)莽兮，召玄武而奔屬(燭)。後文昌使掌行兮，選署衆神以並轂。玄武，北方七宿。文昌，星名。悉召羣靈，以爲侍從。此遊北方也。

路曼曼其悠遠兮，徐弭節而高厲(古音冽)。左雨師使徑待兮，右雷公而爲衛(古音越)。厲，凴凌之意。

欲度世以忘歸兮，意恣睢以担(挈)撟(古音叫)。内欣欣而自美兮，聊婾娱以淫樂(古音撈)。恣睢，放肆貌。担撟，軒舉貌。

涉青雲以汎濫遊兮，忽臨睨夫舊鄉。僕夫懷余心悲兮，邊馬顧而不行(古音杭)。舊鄉，楚都。邊，旁也；謂兩驂也。騑驂局顧而不忍去。

思舊故以想像兮，長太息而掩涕(古音底)。氾(泛)容與而遐舉兮，聊抑志而自弭(音米)。涕泣者情，自抑者理。此下復言遊四方天地，以終遠遊之意。

指炎帝而直馳兮，吾將往乎南疑(古音牛)。覽方外之荒忽兮，沛罔(網)瀁(養)而自浮。月令孟夏："其帝炎帝，其神祝融。"南疑，山也。罔瀁，水盛貌。

祝融戒而蹕御兮，騰告鸞鳥迎虙妃。張咸池奏承雲兮，二女御九韶歌（古音箕）。使湘靈鼓瑟兮，令海若舞馮夷。玄螭（痴）蟲象並出進兮，形蟉（流）虯而逶蛇（古音怡）。蹕，止行人。御，禦也。咸池，堯樂。承雲，黄帝樂。二女，堯女。御，侍也。韶，舜樂，九奏乃成。湘靈，湘水之神。海若，海神。馮夷，水仙。莊子言："馮夷得之以游大川。"象，國語所謂"龍罔象"也。玄螭、蟲象，皆水中神物也。此重言南方之遊。

雌蜺（五結）便娟以增撓兮，鸞鳥軒翥而翔飛。音樂博衍而終極兮，焉乃逝以徘徊。焉，語辭。

舒並節以馳騖兮，逴（綽）絶垠乎寒門（古音民）。軼（逸）迅風於清源兮，從顓頊乎增冰。並節，猶御轡也。寒門，北極之門。月令孟冬："其帝顓頊，其神玄冥。"此重言北方之遊。

歷玄冥以邪徑兮，乘間維以反顧。召黔嬴（縲）而見之兮，爲余先乎平路。孝經緯曰："天有六間。"黔嬴，水神。

經營四荒兮，周流六漠；上至列缺兮，降望大壑。六漠，六合也。列缺，天隙。大壑，在東海，名曰歸墟。

下峥嵘（宏）而無地兮，上寥廓而無天（古音汀）。視儵忽而無見兮，聽惝（敞）怳而無聞（古音因）。超無爲以至清兮，與太初而爲鄰。峥嵘，深遠貌。寥廓，廣遠也。列子曰："太初，氣之始。"遊至是極矣。

題遠遊

愚按離騷："駟玉虬以乘鷖兮，溘埃風余上征。"又曰："飲余馬於咸池兮，總余轡於扶桑。"又曰："路不周以左轉兮，指西海以爲期。"固皆遠遊之意。原猶以爲未盡也，乃作此篇。汪洋超脱，以布寫其無聊不得已之懷。彼其舍故都，離儕人，餐六氣，專精神，逍遥於丹丘，役使夫百靈，内欣欣而媮樂，直至出宇宙，而與太初者鄰，可謂遊之至矣！乃其所神遊者至遠，而其所顧懷者至近。區區楚國，非清都帝鄉也；汎汎汨羅，非南疑寒門也；憔悴澤畔，非軒鸞鳥而駕八龍也；負石自沈，非召黔嬴而貫列缺也。何行背其言，而事反其見耶？蓋其懷舊眷故之念，迫切於真誠，反側於夢寐，故寧死而不忍自疏，其天性爾也。猶之箕子囚、比干死，豈必效微子之行遯耶？嗟夫！士各有志，所謂漠虚静以恬愉，澹無爲而自得者,竟付之空談而已。賈誼之弔曰:"歷九州而相其君兮,何必懷此都也?"揚雄之反曰:"聖哲之不遭兮,固時命之所有。"噫!原之見此早矣,其如天性何哉?

卜居

原憫當世違正習邪,故陽爲不知,而假卜以風切之,非真有疑而問也。

屈平既放,三年不得復見。竭智盡忠,蔽障於讒。心煩慮亂,不知所從。乃往見太卜鄭詹尹曰:"余有所疑,願因先生決之。"詹尹乃端策拂龜。策,蓍也。筮用策,卜用龜。

曰:"君將何以教之?"屈原曰:"吾寧悃悃款款,朴以忠乎?將送往勞(去聲)來,斯無窮乎?"悃款,誠實傾盡之貌。送往勞來,隨俗高下也。

寧誅鉏草茅,以力耕乎?將遊大人,以成名乎?寧正言不諱,以危身乎?將從容富貴,以媮(偷)生乎?寧超然高舉,以保貞乎?將哫(足)訾(貲)慄斯,喔(握)咿(伊)嚅(儒)唲(兒),以事婦人乎?哫訾,以言求媚也。慄,怯畏也。斯,語助辭。喔咿嚅唲,强言笑貌。婦人,君之所寵,若鄭袖之類。

寧廉潔正直,以自清乎?將突梯滑稽,如脂如韋,以絜楹乎?突梯,委順貌。滑稽,詼諧也。如脂如韋,潤澤而柔弱。絜,如大學"絜矩"之絜。楹,爲户楹,易以旋轉故用爲喻。

寧昂昂若千里之駒乎?將氾氾若水中之鳧?與波上下,偷以全吾軀乎?寧與騏驥亢軛乎?將隨駑馬之迹乎?寧與黄鵠比翼乎?將與雞鶩争食乎?亢,舉也。軛,轅也。黄鵠,一舉千里。

此孰吉孰凶?何去何從?此結上八條,正問卜之詞。

世溷濁而不清:蟬翼爲重,千鈞爲輕;黄鐘毁棄,瓦釜雷鳴;讒人高張,賢士無名。吁嗟默默兮,誰知吾之廉貞?"詹尹乃釋策而謝曰:"夫尺有所短,寸有所長;物有所不足,智有所不明;數有所不逮,神有所不通(古音湯)。用君之心,行君之意。龜策誠不能知事！”妙在“用君之心”二句，如人飲水，冷暖自知者也。

題卜居

舊説謂原憫世之違正習邪，故假卜以警俗，非真有疑而問也。愚按離騷：“索瓊茅以筳篿兮，命靈氛爲余占之。”又曰：“巫咸將夕降兮，懷椒糈而要之。”皆卜居之意。原猶以爲未盡也，故八設條目，以行之必不能兼，事之必致相反者，決去就，定從違，且以見己之廉貞，不以見棄而悔改也。嗟夫！物各有性，人各有天。松柏桃李不可轉移，君子小人豈能反覆？龍逢、比干固不以利禄刑殺而易其操，飛廉、惡來亦豈以齒利劍沉九族而滅其趾？故數有所不逮，君子安之於數也；神有所不通，君子不要之神也。卜居之旨遠矣！語曰：“道不同，不相爲謀。”又曰：“匹夫不可奪志也。”然哉！然哉！

漁父

此設爲問答之辭。

屈原既放，遊於江潭，行吟澤畔，顔色憔悴，形容枯槁。漁父見而問之曰：“子非三閭大夫與？何故至於斯？”屈原曰：“舉世皆濁我獨清，衆人皆醉我獨醒，是以見放！”漁父曰：“聖人不凝滯於物，而能與世推移。世人皆濁，何不淈（胡骨）其泥而揚其波？衆人皆醉，何不餔其糟而歠其釃？淈泥，餔糟，同其塵也。揚波，歠釃，藏其清也。此處濁世之道。

何故深思高舉史記作‘懷瑾握瑜’，自令放爲？”屈原曰：“吾聞之，新沐者必彈冠，新浴者必振衣；安能以身之察察，受物之汶汶者乎！寧赴湘流，葬於江魚之腹中；安能以皓皓之白，蒙世俗之塵埃乎！”言不能淈泥、餔糟同流合汙。

漁父莞爾而笑，鼓枻而去，乃歌曰：“滄浪之水清兮，可以濯我纓；滄浪之水濁（古音獨）兮，可以濯我足。”遂去不復與言。歌意喻隨其清濁而善用之也。

題漁父

此原設爲問答之辭，以見己之不能和光同塵也。夫淈泥、揚波，餔糟、歠釃之說,可言而不可行。何者?鳳凰、鴟鴞不同聲而鳴,故以下惠之和,而三黜於魯;以孔子之温恭,而所到不容。以此知涉亂世之難也。若稍爲隱忍,以希冀苟安,則其究必流於小人之歸,而蕙蘭、申椒變而不芳矣。奚可哉?奚可哉?語曰:"邦無道,危行言遜。"此亦江海之士所宜,然非所論於析圭、擔爵之君子也。噫!賢者之遇亂國、闇君,廓然肥遯而高舉,遠矣哉!遠矣哉!

屈宋古音義卷三

宋玉玉，屈原弟子，楚大夫。

九辯

舊注：玉惜其師忠信見放，故作此辭以辯之。皆代原之意。

其一

悲哉！秋之爲氣也。蕭瑟兮，草木摇落而變衰。憭（了）慄兮，若在遠行，登山臨水兮，送將歸。一歲之運，至秋則陽氣向衰，陰氣用事，有叔世之象，故遭放逐者，尤有感於秋也。蕭瑟，秋風貌。憭慄，猶悽愴。遠行在客也，又登高望遠，臨流歎逝，以送將歸之人。因别緒而動鄉心，是以悲耳，秋氣似之。

泬（血）寥（遼）兮，天高而氣清，寂漻（聊）兮，收潦而水清。憯悽增欷兮，薄寒之中（去聲）人，泬寥，蕭條慘澹貌。寂漻，虚也。潦，夏發則水濁，至秋而收，則水清。薄，迫也。中，傷也。

愴怳（況）懭（壙）悢（朗）兮，去故而就新。坎廩兮，貧士失職而志不平，廓落兮，羇旅而無友生。惆悵兮，而私自憐。愴怳、懭悢，失意貌。去故就新，言時改也。坎廩，不平也。廓落，空寂也。皆秋氣感人之狀。

燕翩翩其辭歸兮，蟬寂寞而無聲。雁廱廱而南遊兮，鵾鷄啁（朝）哳（札）而悲鳴。雁，陰起則南，故云南遊。鵾鷄，似鶴，黄白色。啁哳，聲繁細貌。

獨申旦而不寐兮，哀蟋蟀之宵征。時亹亹而過中兮，蹇淹留而無成。申，重也。亹亹，進而不已之意。過中，向衰也。蹇，語詞。

其二

悲憂窮戚兮獨處廓，有美一人兮心不繹(古音約)。去鄉離家兮徠遠客(古音恪)，超逍遥兮今焉薄？廓，空也，謂窮戚處於空澤也。一人，謂屈原。繹、懌同。薄，止也。

專思君兮不可化(古音訛)，君不知兮可奈何！二句韻。君，指楚王。

蓄怨兮積思(去聲)，心煩憺(旦)兮忘食事。願一見兮道余意，君之心兮與余異。君臣異心，意豈能達？

車既駕兮朅而歸，不得見兮心傷悲。二句韻。楊慎曰："舊注朅，去也。"又按吕氏春秋："膠鬲見武王於鮪水曰：'西伯朅去，無欺我也。'武王曰：'不子欺，將伐殷也。'膠鬲曰：'朅至？'武王曰：'將以甲子日至。'注：'朅，何也。'"然則朅之爲言盍也，若以解楚辭，則謂車既駕矣，盍而歸乎？以不得見而心傷悲也。意尤婉至。

倚結軨兮長太息，涕潺(殘)湲(爰)兮下霑軾。忼慨絶兮不得，中瞀(戊)亂兮迷惑。私自憐兮何極？心怦怦(烹)兮諒直。軨，車軾下縱横木。軾，車所憑者。瞀，昏也。怦怦，心急貌。

其三

皇天平分四時兮，竊獨悲此凜秋。白露既下百草兮，奄離披此梧楸。去白日之昭昭兮，襲長夜之悠悠。離芳藹之方壯兮，余萎(委)約而悲愁。凜，凜然而寒也。奄，忽也。離披，分散貌。芳藹，盛也。約，窮也。

秋既先戒以白露兮，冬又申之以嚴霜。收恢台之孟夏兮，然欿傺而沈藏。葉菸(於)邑而無色兮，枝煩挐(袽)而交横(古音黄)。顔淫溢而將罷(疲)兮，柯彷彿而萎黄。萷(朔)櫹槮(森)之可哀兮，形銷鑠而瘀(豫)傷。惟其紛糅而將落兮，恨其失時而無當。恢台，盛大貌。欿傺，陷止也。言收斂長養之氣，使陷止沈藏也。菸邑，殘瘁也。煩挐，紛亂也。淫溢，積漸也。罷，敝也。萷，木梢也。橚槮，蕭疏也。瘀，病也。紛糅，衆雜貌。喻不值賢君，而年將老。

擥騑轡而下節兮，聊逍遥以相佯。歲忽忽而遒（囚）盡兮，恐余壽之弗將。悼余生之不時兮，逢此世之俇（匡）攘。澹容與而獨倚兮，蟋蟀鳴此西堂。心怵惕而震盪（蕩）兮，何所憂之多方！仰明月而太息兮，步列星而極明（古音芒）。擥轡下節，不急馳也。俇攘，狂遽貌。極，至也。仰視星宿，不能卧寐，以至天明。

其四

竊悲夫蕙華之曾敷兮，紛旖（倚）旎（你）乎都房。何曾華之無實兮，從風雨而飛颺。曾，重也。敷，布也。都，大也。房，花房也。旖旎，盛貌。華而不實，乃因風雨而飛颺。

以爲君獨服此蕙兮，羌無以異於衆芳。閔奇思（上聲）之不通兮，將去君而高翔。心閔憐之慘悽兮，願一見而有明（古音芒）。重無怨而生離兮，中結軫而增傷。初謂君專意見任，而歎其終以衆芳目之。閔，傷也。奇思，謂忠策。高翔，遠去也。無過放逐，是以傷耳。

豈不鬱陶而思君兮，君之門以九重。猛犬狺狺（銀）而迎吠兮，關梁閉而不通。天子九門，謂關門、遠郊門、近郊門、城門、皋門、庫門、雉門、應門、路門也。猛犬，指讒邪也。狺狺，犬争吠聲。閉，喻塞賢路。

皇天淫溢而秋霖兮，后土何時(兮)[而]得漧（干）？塊獨守此無澤兮，仰浮雲而永歎（平聲）！喻君澤普施，而我獨不霑，故仰望而長歎。

其五

何時俗之工巧兮，背繩墨而改錯。卻騏驥而不乘兮，策駑駘（臺）而取路。喻易置禮法，棄賢而取不肖也。

當世豈無騏驥兮，誠莫之能善御。見執轡者非其人兮，故跼（局）跳而遠去。鳧雁皆唼（翣）夫粱藻兮，鳳愈飄翔而高舉（古音倨）。喻見君不好善，故賢人皆遠矣，不肖者食禄，則賢人高舉而不留。

圜鑿而方枘（芮）兮，吾固知其鉏鋙而難入。衆鳥皆有所登棲兮，鳳獨遑遑而無所集。喻羣邪得位,而賢才遠竄也。

願銜枚而無言兮,嘗被君之渥洽。太公九十乃顯榮兮,誠未遇其匹合。放逐可以隱忍,感舊不能無言。因嘆不如太公之遇合也。

謂騏驥兮安歸?謂鳳凰兮安棲?變古異俗兮世衰,今之相(去聲)者兮舉肥。變古道易舊俗,世之所以衰也。相,謂相馬者。古語云:"相馬失之瘦,相士失之貧。"即舉肥之意也。

騏驥伏匿而不見兮,鳳凰高飛而不下(古音虎)。鳥獸猶知懷德兮,何云賢士之不處?言鳥獸皆知所擇,何賢士獨無所擇,而肯安處乎?

驥不驟進而求服(古音逼)兮,鳳亦不貪餧(於爲)而妄食。君棄遠而不察兮,雖願忠其焉得?欲寂寞而絶端兮,竊不敢忘初之厚德。獨悲愁其傷人兮,憑鬱鬱其何極!服,駕也。餧,食也。言士不求君,君當求士也。絶端,謂滅其端緒,不使人知,即上文銜枚無言之意。初德,即嘗被渥洽之意。

其六

霜露慘悽而交下兮,心尚幸其弗濟。霰雪雰糅其增加兮,乃知遭命之將至。願徼幸而有待兮,泊莽莽與壄(野)草同死(古音誓)。霜露下而霰雪至,喻亂之滋甚也,冀脱免而卒遭徂落也。

願自往而徑進兮,路壅絶而不通。欲循道而平驅兮,又未知其所從。然中路而迷惑兮,自壓按而學誦(古音嵩)。性愚陋以褊淺兮,信未達乎從容。喻阻於邪佞,不識趣舍之所宜也。壓按,裁抑之意。學誦,歌謡之謂。又自傷褊急,不能從容。

竊美申包胥之氣晟(盛)兮,恐時世之不固。何時俗之工巧兮,滅規矩而改鑿(古音助)。楚伍子胥得罪於楚,將適吴,見申包胥而謂之曰:"我必亡郢。"申包胥答曰:"子能亡之,我能存之。"及子胥爲吴王闔閭臣,興兵伐楚,破郢。昭王出奔。於是,申包胥乃之秦請救,哭於秦庭,七日七夜不絶聲,勺飲不入口。秦伯哀之,爲發兵救楚。昭王復國。此言申包胥氣晟,必踐其言者,所以愧後人之不固言也。何今人之滅規矩乎?滅規矩,正食言之謂也。

獨耿介而不隨兮，願慕先聖之遺教。處濁世而顯榮兮，非余心之所樂(耀)。與其無異而有名兮，寧窮處而守高(古音告)。言始終耿介，庶無愧申包胥乎？

食不媮(偷)而爲飽兮，衣不苟而爲温。竊慕詩人之遺風兮，願託志乎素餐。蹇充倔而無端兮，泊莽莽而無垠(銀)。無衣裘以禦冬兮，恐溘死而不得見乎陽春(古音親)。雖速死不及春，終不變節。蹇，語詞。充倔無端，即禮"不充詘富貴"之意。

其七

靚(静)杪秋之遥夜兮，心繚悷而有哀(古音噫)。春秋逴逴(綽)而日高兮，然惆悵而自悲。四時遞來而卒歲兮，陰陽不可與儷偕(古音几)。白日晼(宛)晚其將入兮，明月銷鑠而減毁(古音喜)。逴逴，往也。年齒將老，悵然悲秋。儷，偶也。不可偶而與之偕，言其迅速之甚。

歲忽忽而遒(囚)盡兮，老冉冉而愈弛。心摇悦而日幸兮，然怊(超)悵而無冀。中憯惻之悽愴兮，長太息而增欷(上聲)。弛，放也。心雖冀幸，終難自必，故悽愴增欷而已。

年洋洋以日往兮，老嵺(遼)廓而無處。事亹亹而覬(冀)進兮，蹇淹留而躊躇(古音煑)。

其八

何氾濫之浮雲兮，猋(標)壅蔽此明月。忠昭昭而願見兮，然霒(陰)曀(翳)而莫達(古他悦切)。言正直之人，爲邪佞隱蔽。

願晧日之顯行兮，雲蒙蒙而蔽之。竊不[自]料而願忠兮，或黕(膽)點(玷)而汙之。日以喻君，雲喻羣小，故竭死不顧生之臣，反被以惡名也。

堯、舜之抗行兮，瞭冥冥而薄天(古音汀)。何險巇之嫉妒兮，被以不慈之僞名。言堯、舜之德，已配天矣，而小人猶有"不與子"之謗。

彼日月之照明兮，尚黯(闇)黮(淡)而有瑕(古音蒿)。何況一國之事兮，亦多端而膠加（古音歌）。謂賢愚反戾。

被（披）荷裯（幬）之晏晏兮，然潢洋而不可帶。既驕美而伐武兮，負左右之耿介。以荷葉爲被，雖香好，然浩浩蕩蕩而不可帶，何者？虛而無實也。況君自驕其美，自伐其武，曾荷被之不若，而左右耿介之臣，寧不爲所負乎？

憎慍惀（論）之修美兮，好夫人之慷慨。衆踥（妾）蹀（牒）而日進兮，美超遠而逾邁。解見哀郢。

農夫輟耕而容與兮，恐田野之蕪穢（古音意）。事緜緜而多私兮，竊悼後之危敗（古音備）。世雷同而炫曜兮，何毀譽之昧昧（古音寐）！羣黨相譽，善惡不分也。

今修飾而窺鏡兮，後尚可以竄藏。願寄言夫流星兮，羌儵忽而難當。卒壅蔽此浮雲兮，下暗漠而無光。言君及今而修飾鑑戒，猶可以自全，但歲月急遽，譬若流星，恐卒爲小人所蔽，忠臣不得自明矣！意謂時難再得，迷難遽復。此寄言於君之意也。

其九

堯、舜皆有所舉任兮，故安枕而自適。諒無怨於天下兮，心焉取此怵惕！椉（乘）騏驥之瀏瀏（溜）兮，馭安用夫彊策（古音尺）？諒城郭之不足恃兮，雖重介之何益？瀏瀏，如水之流也。言所任得人，無怨於下，則不假威刑，自成美化。不然城郭、甲兵，不足恃矣。

邅翼翼而無終兮，忳（屯）惛惛（昏）而愁約（古音要）。生天地之若過兮，功不成而無効。約，窮也。若過，如過隙也。

願沈滯而無見兮，尚欲布名乎天下（古音虎）。然潢洋而不遇兮，直怐（搆）愗（茂）而自苦。怐愗，愚昧貌。

莽洋洋而無極兮，忽翱翔之焉薄？國有驥而不知乘兮，焉皇皇而更索（音朔）？不識賢者，空求無益。

寧戚謳於車下兮，桓公聞而知之。無伯樂之善相兮，今誰使乎譽之？罔流涕以聊慮兮，惟著意而得之。紛忳忳（屯）之願忠兮，妬被（披）離而鄣之。謂不必流涕深思，惟留意求賢，則得賢。所恨妒人鄣蔽，願忠者不得進矣。

願賜不肖之軀而别離兮，放遊志乎雲中。乘精氣之摶摶（團）兮，騖諸神之湛湛（古音雍）。驂白霓之習習兮，歷羣靈之豐豐。乞身而退，放志升雲。精氣，日月之光燿也。摶摶，專貌。湛湛，清貌。習習，飛貌。豐豐，多貌。

左朱雀之茇茇（旆）兮，右蒼龍之躍躍（瞿）。屬雷師之闐闐（田）兮，通飛廉之衙衙（音御）。茇茇，飛揚貌。躍躍，説文："先行貌。"衙衙，疏遠貌。飛廉，風伯也。

前輕輬（涼）之鏘鏘兮，後輜乘之從從。載雲旗之委蛇兮，扈屯騎之容容。以上皆言空中遊戲、諸神擁衞之狀。

計專專之不可化兮，願遂推而爲臧。賴皇天之厚德兮，還及君之無恙（古平聲）。推，如推納溝中之推。言神遊曠遠，雖云退矣，然計己思君之心，專專而不可化。所謂"我心匪石，不可轉也"。安得遂推君而爲善？倘賴天之靈，冀及君之無恙而一竄，是我之所願。恙，説文："憂也。"一曰：蟲入腹，食人心。古者艸居，多被此毒，故相問無恙乎？

題九辯

愚讀九辯，其志悲，其託興遠，其言紆徐而婉曲，稍露其本質，即輒爲蓋藏，以此傷其抑鬱憤怨之深，亦以此知楚王之終不悟，而黨人接跡於世。故恐有不密，階禍而波及於罪也，不亦悲乎！夫原介而不屈，忠而見逐，其設心本以死自誓，故其出詞直致，而無復諱忌，如云："傷靈脩之數化"，"怨靈脩之浩蕩"，"哀朕時之不當"，"余焉能忍與此終古"，"何離心之可同"，"又何懷乎故都"。此所以赴汨羅而從彭咸也。玉即殉其師以死，亦何益成敗之數乎？雖然，北郭騷以頭託白晏子，亦感其分粟養母已耳！師弟子之恩，故不止此。太史公曰："楚有宋玉、唐勒、景差之徒，皆好辭而以賦見稱。然皆祖屈原之從容辭令，終莫敢直諫。"愚謂宋玉諸賦，大抵婉雅之意多，勁奮之氣少，律以北郭騷難矣哉！難矣哉！

又題

九辯從古相傳，皆謂宋玉所作。王逸章句具在，可考也。宋洪興祖得離騷釋文古本一卷，其篇次與今本不同，首離騷，次九辯，而後九歌、天問、九章、遠遊、卜居、漁父、招隱士、招魂、九懷、七諫、九歎、哀時命、惜誓、大招、九思。故王逸於九章哀郢注云："皆解於九辯中。"儒者因是謂九辯亦屈原所作。不知古本所次，不依作者之先後，故置招隱士於招魂之前，又置王褒九懷於東方朔七諫之前，而置大招於最後。陳説之以爲篇第混淆，乃考其人之先後，定爲今本，厥有由矣。儒者又謂："啟九辯與九歌"，乃原所自序。啟，開也，非指禹子。下文夏康五子，直以古事爲今事，不敢質言如上；就重華而陳詞，亦非真有重華之可就也。此最爲確論。然天問有云："啟棘賓商，九辯九歌。"王逸注謂："棘，陳也。賓，列也。九辯九歌，啟所作樂也。言啟能備修明禹業，陳列宫商之音，備其禮樂也。"似又指啟矣。愚讀九辯久竊怪其過於含蓄，意謂其懼不密之禍也。近弱侯謂余曰："九辯非宋玉作也。反覆九首之中，並無哀師之一言可見矣。夫自悲與悲人，語自迥别，不可誣也。"愚於是熟復之，内云："有美一人兮心不繹。"頗似指其師，然離騷九章中，原所自負者不少，以是而信弱侯之見，卓絶於今古也。

招魂

張鳳翼曰："古者人死，則以其服升屋而招之。此必原始死而玉作以招之也。舊注皆云施之生時，欲以諷楚王。殊未妥。"

朕幼清以廉潔兮，身服義而未沬（古音寐）。主此盛德兮，牽於俗而蕪穢（古音意）。此宋玉代爲屈原之詞，言其幼性清而廉潔，至今行義而未已，常以盛德爲主，恐牽於世俗，則不能無蕪穢矣。其自治之嚴如此。

上無所考此盛德兮，長離殃而愁苦。帝告巫陽曰："有人在下（古音虎），我欲輔之。魂魄離散，汝筮予（古上聲）之。"考，校也。上無以考其盛德，故放逐而自沉。帝，天帝也。女曰巫，陽其名也。玉假天帝及巫陽以爲辭端。人，謂屈原。筮予，筮問其魂魄所在而招之，使反其身也。

巫陽對曰："掌夢！上帝其命難從！若必筮予之，恐後之謝，不能復用巫陽焉。"此一節巫陽對語，似有脱誤，然其大意謂此掌夢之事，帝今命我，有不可從。何者？筮之遲也。如必筮其所在，而後招以與之，則恐後期而其魂徂謝，且將不得用巫陽之技矣。

乃下招曰："魂兮歸來！去君之恒幹，何爲乎四方些？舍君之樂處，而離彼不祥些。些，蘇賀反，語詞也。幹，體也。此下乃歷詆上下四方之不善，而盛稱楚國之樂。

魂兮歸來！東方不可以託些。長人千仞，惟魂是索(音朔)些。十日代出，流金鑠石(古音削)些。彼皆習之，魂往必釋(古音削)些。歸來！歸來！不可以託些。託，寄也。八尺曰仞。索，求也。言東方有長人之國，人長千仞，惟求人魂而食之。鑠，銷也。東方有扶桑之木，十日並在其上，以次更行，其熱酷烈，金石皆爲銷釋。彼處居人，能習其熱；如魂往，則必銷化也。

魂兮歸來！南方不可以止些。雕題黑齒，得人肉以祀，以其骨爲醢(古音以)些。蝮蛇蓁蓁，封狐千里些。雄虺九首，往來儵忽，吞人以益其心些。歸來！歸來！不可以久淫些。雕，畫也。題，額也。雕刻其額，以丹青涅之齒，則盡黑；得人之肉，則用以祭神，復以其骨爲醬而食之。蝮，大蛇也。蓁蓁，積聚之貌。山海經："蝮蛇，色如綬文，大者百餘斤。"封狐，大狐也，健走千里求食。虺，亦蛇也。九首，一身九頭也。儵忽，疾急貌。淫，淹也。

魂兮歸來！西方之害，流沙千里些。旋入雷淵，爢(迷)散而不可止些。幸而得脱，其外曠宇(古音武)些。赤蟻若象，玄蠭若壺(古音瓠)些。五穀不生，藂(叢)菅(姦)是食些。其土爛人，求水無所得(古音的)些。彷徉無所倚，廣大無所極些。歸來！歸來！恐自遺賊些。爢，碎也。曠宇，無人之土也。壺，乾瓠也。菅，茅屬。其地不生五穀，但食此菅草也。西方之土，温暑而乾，焦爛人肉，渴欲求水，不可得。今環靈、夏之間，有旱海六七百里無水泉，即其證也。倚，依也。其土廣大，遥遠無極，雖欲彷徉求所依止，亦不可得也。自遺賊，猶云自貽伊慼也。

魂兮歸來！北方不可以止些。層冰峨峨，飛雪千里些。歸來！歸來！不可以久(古音几)些。北方寒冰重累，峨峨如山，其風疾急，雪飛千里。

魂兮歸來！君無上天(古音汀)些！虎豹九關，啄害下人些。一夫九首，拔木九千(古音親)些。豺狼從(宗)目，往來侁(莘)侁些。

懸人以嬉，投之深淵(古音因)些。致命於帝，然後得瞑些。歸來！歸來！往恐危身些。虎豹、九關，言天門九重，虎豹守之，下人有欲上者，則齧殺之也。又有人一身九頭，有力，從朝至暮，可拔大木九千株。從，豎也。侁侁，衆貌。豺狼得人，先懸其頭，用之嬉戲，已乃投之深淵而棄之也。瞑，止也。言投人已訖，致其所受之命於天帝乃止。

魂兮歸來！君無下此幽都些。土伯九約，其角觺觺(宜)些。敦脄(梅)血拇(母)，逐人駓駓(丕)些。參(三)目虎首，其身若牛(古音疑)些。此皆甘人，歸來！歸來！恐自遺災(古音齎)些。幽都，地下后土所治也。地下幽冥，故稱幽都。土伯，后土之侯伯也。約，屈也。觺觺，角利貌。其身九屈，有角觸害人也。敦，厚也。脄，背也。拇，手大指也。駓駓，走貌。參，三也。甘，美也。言此物食人以爲甘美也。

魂兮歸來！入修門(古音眠)些。工祝招君，背(倍)行先些。秦篝(構)齊縷，鄭綿絡(古音路)些。招具該備，永嘯呼(古音付)些。魂兮歸來！反故居(古音倨)些。修門，郢城門。入，言歸楚也。工，巧也。男巫曰祝。背，倍也。背行，以面鄉外而導之也。篝，薰籠也。縷，綫也。絡，縛也。秦、齊、鄭三國工善爲此也。招具，即謂此上三物，禮所謂“上服”。該，亦備也。

天地四方，多賊姦(古音堅)些。像設君室，靜閒安(古音煙)些。多賊姦，即上文所言虎豹神怪之類。像，死者之形貌。

高堂邃宇，檻層軒些。層臺累榭，臨高山(古音仙)些。網户朱綴，刻方連些。冬有突(要)厦，夏室寒(古音玄)些。川谷徑復，流潺湲些。風光轉蕙，氾(泛)崇蘭(古音蓮)些。經堂入奥，朱塵筵些。邃，深也。檻，楯也；從曰檻，横曰楯。軒，欄板也。層、累，皆重也。無木謂之臺，有木謂之榭。臨高山，言其高出於山上，而下臨其山也。網户，如羅網之狀。朱綴者，以朱丹飾其交綴之處。突，深也。厦，大屋，謂温室也。盛夏暑熱，則有洞達陰堂，其内寒也。流源爲川，注谿爲谷。徑，過也。復，反也。氾，摇動貌。崇，高也。西南隅謂之奥。鋪陳曰筵。言風自蘭蕙之間，經由堂中，以入於奥，與承塵筵席之間也。

砥室翠翹，挂曲瓊(古音强)些。翡翠朱被，爛齊光些。蒻阿拂壁，羅幬(儔)張些。纂組(祖)綺(啟)縞(杲)，結琦(奇)璜些。砥，礪石也。穀梁云:“天子之桷,斵之礱之,加密石焉。”言以細石磨之也。翹,鳥尾長毛也。挂,縣也。曲瓊,玉鉤也。翡,赤羽雀。翠,青羽雀。蒻,蒻席也。阿,曲隅也,以蒻飾之。拂壁,淨壁也。幬,帳也。纂組,綬類。綺,文繒也。縞,細繒也。言幬帳之類用綺縞,又以纂組結束,玉璜爲飾也。

室中之觀,多珍怪(古音記)些。蘭膏明燭,華容備些。二八侍宿,射(亦)遞代(古音地)些。金玉爲珍,詭異爲怪。蘭膏,以蘭香煉膏也。華容,謂美人也。二八,二列也。大夫有二列之樂,故晉悼公賜魏絳女樂二八,歌鍾二肆也。射,厭也。遞,更也。意有厭倦,則使更相代也。

九侯淑女,多迅衆(古音宗)些。盛鬋(翦)不同制,實滿宫些。九侯淑女,設言商九侯之女,人之紂而不喜淫者也。迅,過也。淑女多過於衆人。鬋,鬢也。制,法也。盛飾理鬢,其制不同,皆來充後宫也。

容態好(如字)比,順彌代(古音地)些。弱顔固植,謇其有意些。順,柔順相代也。固植,有守也。弱而有守,所以有意也。

姱容修態,絙(亘)洞房些。娥眉曼(萬)睩(禄),目騰光些。絙,竟也。曼,長而清貌。

靡顔膩理,遺視矊(綿)些。離榭修幕,侍君之閒(古音玄)些。靡,緻也。膩,滑也。遺視,竊視也。矊,邈也。

翡幃翠帳,飾高堂些。紅壁沙版,玄玉之梁些。沙,丹沙。玄玉,黑玉也。

仰觀刻桷,畫龍蛇(古音陀)些。坐堂伏檻,臨曲池(古音柁)些。芙蓉始發,雜芰荷些。紫莖屏風,文緣波些。文異豹飾,侍陂陁些。軒輬(涼)既低,步騎羅些。屏風,水葵也,生水中,莖紫色。文緣波,言葵之文采,緣波而生。其侍從之人,皆以豹文爲飾,從君遊陂陁之中。軒、輬,皆輕車。低,屯。徒行爲步,乘馬为騎。羅,列也。

蘭薄户樹,瓊木籬些。魂兮歸來!何遠爲(古音怡)些?草木叢生曰薄。瓊木,木之美者。言蘭薄當户,又以嘉木爲籬落也。何遠爲,言何以遠去爲哉?

室家遂宗,食多方些。稻粢(咨)穱(捉)麥,挐(枷)黄粱些。太苦醎(咸)酸,辛甘行(古音杭)些。肥牛之腱(徤),臑(儒)若芳些。和酸若苦,陳吴羹(古音郎)些。胹(而)鼈炮(袍)羔,有柘(蔗)漿些。鵠酸臇(徂兖)鳧，煎鴻鶬些。露雞臛(霍)蠵(攜)，厲而不爽(古平聲)些。室家，宗族也。宗，尊也。言君既歸來，則室家之衆，皆來尊之，爲之設食，其方法多端也。稻，秔、穱二米也。粢，稷也。穱，擇也。穱麥，稻處種麥，而擇取其先熟者也。挐，糅也。黄粱，出蜀、漢，(兩)[商]、浙間亦種之，香美逾於諸粱，號爲竹根黄。言此數種之米，相雜爲飯。大苦，豉也。辛，謂椒薑。甘，謂飴蜜。腱，筋頭也。臑，熟爛也。若，謂杜若，用以煮肉，去腥而香也。若苦之若，則訓作及。吴羹，吴人工作羹也。胹，煮也。羔，羊子也。炮，合毛裹物而燒之也。柘，藷蔗也。言取藷蔗之汁，爲漿飲也。酸，以酢醬烹之爲羹也。臇、臛，少汁也。鳧，野鴨也。鶬，鶬鶴也。露雞，露棲之雞也。有菜曰羹，無菜曰臛。蠵，大龜之屬也。厲，烈也。爽，敗也。其味清烈不敗，老子曰："五味令人口爽。"

粔(巨)籹(女)蜜餌，有餦餭些。瑶漿蜜(蜜)勺，實羽觴些。挫糟凍飲，酎(紂)清涼些。華酌既陳，有瓊漿些。歸反故室，敬而無妨些。粔籹，環餅也，吴謂之寒具，以蜜和米麪煎熬作之。餌，擣黍爲之，方言謂之"餻"者也。餦餭，餳也，以糵熬米爲之，亦謂之飴，此則其乾者也。瑶漿，漿色如玉者。蜜，見禮經，通作冪，以疏布蓋尊也。勺，挹酒器也。實，滿也。羽觴，飲酒之器，形似有羽翼。言舉冪用勺酌酒而實爵也。挫，捉也。凍，冰也。酎，醇酒也。言盛夏則爲覆甓乾釀，捉去其糟，但取清醇，置之冰上，然後飲之，酒涼適口也。酌，酒斗也。言君魂歸反所居故室，子孫承事恭敬，亦何不可?

肴羞未通，女樂羅些。敶鍾按鼓，造新歌些。涉江采菱，發揚荷(當作阿)些。美人既醉，朱顔酡些。娭光眇視，目曾波些。魚肉爲肴，致滋味爲羞。未通，謂食品未進，而樂已先陳。按，猶擊也。涉江、采菱、楊阿，皆楚歌名。娭，戲也。眇，眺也。曾，重也。

被文服纖，麗而不奇(音觭)些。長髮曼鬋，豔陸離些。文，綺繡。纖，精細也。奇，如"李廣數奇"之奇;不奇謂有偶也。陸離，豔貌。

二八齊容，起鄭舞些。衽若交竿，撫案下(古音虎)些。竽瑟狂會，搷(田)鳴鼓些。宫庭震驚，發激楚些。吴歈(俞)蔡謳，奏大吕些。鄭舞，鄭國之舞。衽，衣襟也。言舞人迴轉衣襟，相交如竹竿。然乃以手撫案而徐行也。竽瑟，吹竽彈瑟也。狂，猶猛也。搷，急擊也。激楚，歌舞之名，即漢祖所謂楚歌、楚舞也。吴、蔡，國名。歈、謳，皆歌也。大吕，律名。

士女雜坐，亂而不分些。放陳組纓，班其相紛些。組，綬也。纓，冠系也。

鄭、衛妖玩，來雜陳（古音田）些。激楚之結，獨秀先些。激楚之結，言歌雜曲者，以激楚結之，獨秀異而出衆也。舊注以結爲頭髻者，非。

箟（昆）蔽（庇）象棋，有六簙（博）些。分曹並進，遒相迫（古音薄）些，成梟而牟，呼五白（古音博）些。箟，竹名。蔽字從竹。博，箸也。博雅云："投六箸，行六棋。"故爲六博也。言宴樂既畢，乃設六博以箟簬作箸，象牙爲棋也。曹，偶也。遒，亦迫也。投箸行棋，轉相遒迫也。倍勝爲牟。五白，博齒也。言己棋已梟，當成牟勝，故呼五白，以助投也。

晉制犀比，費白日些。鏗鍾摇簴（巨），揳（甲）梓瑟（古音失）些。晉制犀比，謂晉國工作博、棋、箸，比集犀角以爲雕飾。費，耗也。費白日，言博者争勝不已，耗損光陰也。鏗，撞也。摇，動也。簴，懸鍾格。揳，撫也。梓瑟，梓木爲瑟也。

娱酒不廢，沈日夜（古音掖）些。蘭膏明燭，華鐙錯些。不廢，猶言不已也。沈，沈湎也。錯，置也。

結撰至思（去聲），蘭芳假（古音故）些。人有所極，同心賦些。酎飲盡歡，樂先故些。魂兮歸來！反故居（古音倨）些。撰，述也。假，大也。謂結思爲詞以相樂，如蘭芳之大也。極，竭思也。人各極竭思爲同心之賦樂。先故，謂歡樂先於故舊，以見魂之當歸也。

亂曰："獻歲發春兮，汩（聿）吾南征。菉蘋齊葉兮，白芷生。二句韻。獻歲，言歲始來進也。

路貫廬江兮，左長薄。倚沼畦瀛兮，遥望博。二句韻。貫，穿過也。廬江、長薄，皆地名。東行出其右也。倚，依也。沼，池也。畦，猶區也。瀛，池中也。依已成之沼，而復爲瀛也。

青驪結駟兮，齊千乘（平聲）。懸火延起兮，玄顔烝。二句韻。此以下盛言畋獵之樂。純黑爲驪。結，連也。四馬爲駟。懸火，懸燈也。玄，天也。顔，色也。言獵則懸燈林中，其火延及，燒於野澤。上烝玄天，使天赤色也。

步及驟處兮，誘騁先。抑騖若通兮，引車右還（音旋）。與王趨夢兮，課後先。步及驟處，步行而及驟馬之處，其走疾也。誘，蓋爲先導而馳騁，以先誘獵衆，若儀禮射儀之有誘射也。若，順也。止馳騖，使順而通行，引車右轉，以射獸之左也。夢，澤名。楚有雲、夢：雲在江北，夢在江南。

君王親發兮，憚青兕。朱明承夜兮，時不可淹。皋蘭被徑兮，斯路漸（古音潛）。兕，似牛，一角，青色，重千斤。言王親發矢以射，而兕恐懼也。朱明，日也。承，續也。淹，久也。日夜相承，猶恐時不得淹也。皋，澤也。被，覆也。徑，路也。漸，没也。春深則草盛，水生而路没也。

湛湛江水兮，上有楓（古平金切）。目極千里兮，傷春心。魂兮歸來！哀江南（古音寧）。楓，木似白楊，葉圓而岐，至霜後葉丹可愛。目極千里，言湖澤博平，春時草短，望見千里，令人愁思也，魂可不歸而哀江南乎？此句含不盡之意。

題招魂

招魂作於屈原既死之後，張鳳翼之言是也。今觀其詞云："去君之恒幹。"又曰："像設君室。"夫苟未死，何云去幹？又何云設像也？玉愍其師沈於汨羅，其魂必散於天地四方矣。故託巫陽招之，無非欲其魂之反也。其危苦傷悼之情，可想矣！然敘怪誕，侈荒淫，俱非實義，直至"亂曰"數語，乃寫其本色。意以原之南征，值王之畋獵，欲引之通途，而王方射兕淹留也。以致道途荒穢，不可以歸。江水草木，極望傷心，此江南之可哀者也！原生而惓惓楚國，死而不動心於危鄉乎？故以哀江南終之。夫魂之歸以哀江南，則所謂入脩門，反故居者，皆不足爲喜樂矣。是此篇之作，悲其師之不用，痛其國之將亡，而託之招魂。意謂外有怪誕，内有荒淫。怪誕暗指張儀輩之變詐吞噬，荒淫則楚之所以亂也。舊注皆未之及，愚故揭而章之，以見玉之用心，婉而實深，緩而實切。先自處於無罪之地，而後微談以冀人之曉也。悲夫！悲夫！

高唐賦

昔者，楚襄王與宋玉遊於雲、夢之臺，望高唐之觀，其上獨有雲氣。崒兮直上，忽兮改容，須臾之間，變化無窮。王問玉曰：

"此何氣也?"玉對曰:"所謂朝雲者也。"王曰:"何謂朝雲?"玉曰:"昔者,先王嘗遊高唐,怠而晝寢,夢見一婦人曰:'妾巫山之女也,襄陽耆舊傳曰:"赤帝女姚姬,未行而卒,葬於巫山之陽,故曰巫山之女。"先王,楚懷王也。

爲高唐之客,聞君遊高唐,願薦枕席。'王因幸之。去而辭曰:'妾在巫山之陽,高丘之岨,旦爲朝雲,暮爲行雨,朝朝暮暮,陽臺之下(古音虎)。'旦朝視之,如言,故爲立廟,號曰朝雲。"王曰:"朝雲始出,若何也?"玉對曰:"其始出也,晱(隊)兮若松榯(音時)。晱,茂貌。榯,直豎貌。

其少進也,晣兮若姣姬。揚袂鄣日,而望所思。忽兮改容,偈兮若駕駟馬,建羽旗。晣,白也。姣,美也。偈,舉也。言雲之色,變化如此。

湫兮如風,淒兮如雨。風止雨霽,雲無處所。"王曰:"寡人方今可以遊乎?"玉曰:"可。"王曰:"其何如矣?"玉曰:"高矣顯矣!臨望遠矣!廣矣普矣!萬物祖矣!上屬於天,下見於淵。珍怪奇偉,不可稱論。"王曰:"試爲寡人賦之。"玉曰:"唯唯。"

惟高唐之大體兮,殊無物類之可儀(古音擬)比。巫山赫其無疇兮,道互折而層累(古音里)。登巉巖而下望兮,臨大阺(池)之稸水(古音洗)。儀,像也。赫,盛貌。疇,匹也。互,曲也。層累,重疊也。巉巖,山高峻處。阺,以瀦畜水也。稸,與畜同。

遇天雨之新霽兮,觀百谷之俱集。濞(譬)洶洶(去聲)其無聲兮,潰淡淡而並入。濞,水暴至聲。洶,洶涌也。潰,水相交過也。淡淡,平滿貌。天雨初晴,百谷之水,並入蓄水之所也。

滂洋洋而四施兮,蓊湛湛而不止。長風至而波起兮,若麗山之孤畝(古音米)。蓊然,聚貌。湛湛,深貌。弗止,謂不常靜。麗,著也。風吹波起,如孤畝之附山。

勢薄岸而相擊兮,隘交引而卻會(古音係)。崪中怒而特高兮,若浮海而望碣石(古音試)。言水之勢,既薄岸而相激,至迫隘之處,其流交引而卻相會也。兩浪相合,聚激而中高,如海邊之望碣石也。碣石,山名。

礫（歷）硍（狠）磥（壘）而相摩兮，巆（轟）震天之磕磕（古音記）。巨石溺溺之瀺（讒）灂（卓）兮，沫（末）潼潼（同）而高厲。礫，石也。硍磥，衆石貌。相摩，言水觸石，自相摩盪也。巆、磕，皆石相摩之聲。溺溺瀺灂，石在水中出没之貌。沫潼潼，水高起貌。厲，起也。

水澹澹而盤紆兮，洪波淫淫之溶潏。奔揚踊而相擊兮，雲興聲之霈霈（古音檗）。澹澹，水摇也。紆，回也。淫淫，去遠貌。溶潏，猶蕩動也。水相擊，踊波如雲起。霈霈，水聲也。

猛獸驚而跳駭兮，妄奔走而馳邁（古音厲）。虎豹豺兕，失氣恐喙（古音係）。鵰鶚鷹鷂，飛揚伏竄（古音砌）。股戰脅息，安敢妄摯？鷂，鷙鳥。禽獸聞水聲，皆驚駭奔竄。股戰，猶股栗也。脅息，猶喘息也。摯，執也。

於是水蟲盡暴（僕），乘渚之陽。黿鼉鱣鮪，交積縱横（古音黄）。振鱗奮翼，蜲蜲（煨）蜿蜿（宛）。中阪遥望（平聲）。水蟲、魚鱉之屬，驚而陸處。暴，曬。翼，魚鬣也。蜿蜿，屈曲之貌。皆失勢，去水相望於中阪之上。

玄木冬榮，煌煌熒熒。奪人目精，爛兮若列星。曾不可殫形。煌煌熒熒，草木光也。

榛林鬱盛，葩華覆蓋（古音記）。雙椅（倚）垂房，糾枝還會（古音係）。徙靡澹淡，隨波闇藹（古音意）。東西施翼，猗狔豐沛（古音檗）。椅，桐屬也。垂房，花作房生也。糾枝，枝曲下垂也。還會，謂相交也。徙靡、澹淡，言木枝動摇於水波之上，相爲掩映。東西施翼，謂枝兩向施布，如鳥翼然。猗狔，柔弱貌。豐沛，多也。

緑葉紫裹，朱莖白蒂。纖條悲鳴，聲似竽籟（古音利）。清濁相和，五變四會（古音係）。感心動耳，迴腸傷氣。孤子寡婦，寒心酸鼻（避）。長吏隳（灰）官，賢士失志。五變，五音之變。四會，謂四方之聲與之相會合，能迴轉人腸，傷損人氣，使若孤寡之悲悽，隳官失志之感慨也。

愁思無已，歎息垂淚。登高遠望，使人心瘁。盤岸巑（攢）岏（完），振陳磑磑（古音葵）。磐石險峻，傾崎崖隤。巖嶇參差，縱横相追。巑岏，鋭山也。振，起也，陳，列也。磓磓，高貌。隤，墜也。相追，勢若逐也。

陬互横牾，背穴偃蹠。交加累積，重疊增益。陬，山角也。牾，逆也。穴，深處。蹠，徑也。言山之横逆，皆深穴而塞人徑，石又交加相累，重益其高。

狀似砥柱（古音祖），在巫山之下（古音虎）。二句韻。

仰視山巔，肅何芊芊。二句韻。

炫燿虹蜺（五結），俯視崝（峥）嶸。窐（圭）寥窈冥，不見其底。虚聞松聲，傾岸洋洋。立而熊經，崝嶸，高峙貌。窐寥，空深貌。岸既將傾，水流又迅，故立者恐懼，如熊攀樹而身傴僂。

久而不去，足盡汗出（古音赤）。悠悠忽忽，怊悵自失。久立恐懼，流汗至足。

使人心動，無故自恐。賁、育之斷，不能爲勇。孟賁、夏育，亦失其勇。

卒愕異物，不知所出。縰縰（徙）莘莘，若生於鬼，若出於神。狀似走獸，或象飛禽。譎詭奇偉，不可究陳。卒然復有警愕之怪物，不知所從來。縰縰莘莘，衆多貌。

上至觀側，地蓋底平。箕踵漫衍，芳草羅生。秋蘭芷蕙，江蘺載菁（精）。青荃射（夜）干，揭車包并。山形如簸箕之掌而寬大，其上芳草羅列而生。諸皆草名。包并，叢生也。

薄草靡靡，聯延夭夭（古音倚）。二句韻。薄草，叢也。靡靡，相依倚貌。夭夭，美貌。

越香掩掩，衆雀嗷嗷。雌雄相失，哀鳴相號（平聲）。越香，謂香氣超越。掩掩，香氣貌。

王雎鸝黄，正冥楚鳩。姊歸思婦，垂雞高巢（古音稠）。其鳴喈喈，當年遨遊。更唱迭和，赴曲隨流。皆鳥名。姊歸，因婦人思歸而得名，故云思婦。高巢，其巢高也。赴曲者，鳥之哀鳴有同歌曲，故言赴曲。隨流者，隨鳥類而成曲。

有方之士，羨門高谿。上成鬱林，公樂聚穀。方，法術也。舊注："仙人有羨門高誓。谿，疑是誓字。"愚謂谿字不韻，應作谷，與穀韻。上成等，張銑曰:"皆古之名術士。"

進純犧,禱琁室;醮諸神,禮太乙。傳祝已具,言辭已畢。純犧,謂純色犧牲也。禱,祈神也。琁室,以玉飾室也。醮,祭也。諸神,百神也。太乙,天神。祝,告神辭也。

王乃乘玉輿,駟蒼螭,垂旒旌,旆合諧(古音奚)。紬(抽)大弦而雅聲流,洌風過而增悲哀(古音噫)。於是調謳,令人惏(凜)悷(吏)憯(慘)悽,脅息增欷。駟蒼螭,謂以螭龍爲駟也。合諧,旌旆相和之貌。紬,引也。言引大樂之弦,使雅聲流暢也。洌風,寒風也。

於是乃縱獵者,基趾如星,傳言羽獵,銜枚無聲。弓弩不發,罘(浮)罕(罕)不傾。涉漭漭,馳苹苹。罘罕,網也。傾,猶施也。漭漭,水廣遠貌。苹苹,草聚生貌。

飛鳥未及起,走獸未及發(古音歇)。彌節奄忽,蹄足灑血(古音絝)。舉功先得,獲車已實。彌節,猶駐節也。奄忽,少時也。言鳥獸未及飛走,少時而蹄足之上,皆已灑血也。獲車,載獵所得獸車。舉其先得者,其車已滿矣。

王將欲往見之,必先齋戒。差時擇日,簡輿玄服(古音逼)。玄服,法服也。簡輿,車脩法服。

建雲旆,蜺爲旌,翠爲蓋(古音記)。風起雨止,千里而逝。蓋發蒙,往自會(古音係)。風雨,言疾也。王至廟,如發其蒙,自與神會也。

思萬方,憂國害;開賢聖,輔不逮。開導賢聖,使之進用其謀猷,以輔己不逮。此陳諫於王也。

九竅通鬱,精神察滯(古音帶)。延年益壽千萬歲。凡人九竅患精氣鬱滯,今得人佐理,則九竅通暢,精神明爽,得以察去其滯,故延年益壽。此言不必往遊之意,而諷以憂國用賢矣。

題高唐

按高唐賦,始敘雲氣之婀娜,以至山水之嶔巖激薄;猛獸、鱗蟲、林木、詭怪,以至觀側之底平。芳草、飛禽、神仙、禱祠、謳歌、畋獵,匪不畢陳,而終之以規諫。形容迫似,宛肖丹青。蓋楚詞之變體,漢賦之權輿也。子虛、上林,實踵此而發揮暢大之耳!矧其通篇閒雅,委婉舒徐,令人且悲且愕,且歌且謡。是亦風人之極思，而其末猶有深意：謂求神女與交會，不若用賢人以輔政，其福利爲無窮也。三山顔達龍曰："宋玉高唐賦之醜者，不知何所見而云然。"

神女賦

楚襄王與宋玉遊於雲、夢之浦，使玉賦高唐之事。其夜玉寢，夢與神女遇，其狀甚麗。玉異之。明日，以白王。張鳳翼曰：乃玉夢，非王夢也。舊作王夢，則於下"若此盛矣"處不通；且白也，應體貼未有君白臣之理。今改正。

王曰："其夢若何？"玉對曰："晡夕之後，精神怳忽，若有所喜(古去聲)。紛紛擾擾，未知何意。目色髣髴，乍若有記。見一婦人，狀甚奇異。寐而夢之，寤不自識(音志)。罔兮不樂，悵爾失志。於是撫心定氣，復見所夢。"王曰："狀如何也？"玉曰："茂矣！美矣！諸好備矣。盛矣！麗矣！難測究矣。上古既無，世所未見。瓌姿瑋態，不可勝讚(古音薦)。其始來也，耀乎若白日初出照屋梁；其少進也，皎若明月舒其光。須臾之間，美貌横生。爗兮如花，温乎如瑩。瑩，玉色也。

五色並馳，不可殫形。詳而觀之，奪人目精。其盛飾也，則羅紈綺繢盛文章，極服妙綵照萬方。振繡衣，被袿(圭)裳。穠不短，纖不長。步裔裔兮曜殿堂。忽兮改容，婉若游龍乘雲翔。嫷(妥)被服，倪(脱)薄裝。嫷，解也。倪，脱也。

沐蘭澤，含若芳。性和適，宜侍旁。順序卑，調心腸。"卑，弱也。言性靈和適，心腸調順，宜侍於君之旁也。

王曰："若此盛矣，試爲寡人賦之。"玉曰："唯唯。"

夫何神女之姣麗兮，含陰陽之渥飾。被華藻之可好兮，若翡翠之奮翼。渥飾，謂穠豔。含，猶言鍾也。

其象無雙，其美無極。毛嬙鄣袂，不足程式；西施掩面，比之無色。近之既妖，遠之有望。骨法多奇，應君之相。視之盈目，孰者克尚。私心獨悦，樂之無量。交希恩疏，不可盡暢。

他人莫覩,玉覽其狀。其狀峩峩,何可極言?貌豐盈以莊姝兮,苞温潤之玉顔。眸子炯其精朗兮,瞭多美而可觀。眉聯娟以蛾揚兮,朱脣的其若丹。素質幹之醲實兮,志解泰而體閒。既姽嫿(獲)於幽靜兮,又婆娑乎人間。解泰,尚素也。體閒,安舒也。姽,閒也。嫿,靜好也。

宜高殿以廣意兮,翼放縱而綽寬。動霧縠以徐步兮,拂墀聲之珊珊。望余帷而延視兮,若流波之將瀾。奮長袖以正衽兮,立躑躅而不安。澹清靜其愔嫕(意)兮,性沈詳而不煩。澹,靜貌。愔,和也。嫕,柔順也。不煩,靜也。

時容與以微動兮,志未可乎得原。意似近而既遠兮,若將來而復旋。褰余幬(儔)而請御兮,願盡心之惓惓。懷貞諒之潔清兮,卒與我乎相難。陳嘉辭而云對兮,味芬芳其若蘭。精交接以來往兮,心凱康以樂歡。神獨亨而未結兮,魂煢煢以無端。含然諾其不分兮,喟揚音而哀歎(平聲)。頩(并)薄怒以自持兮,曾不可乎犯干。亨,通也。結,諧也。頩,色也。持,守也。顔色含怒,竟自持守,不可以非禮犯之。

於是摇珮飾,鳴玉鸞。整衣服,斂容顔。顧女師,命太傅。歡情未接,將辭而去。遷延引身,不可親附。似逝未行,中若相首(古音狩)。目略微眄,精彩相授。志態横出,不可勝記。意離未絶,神心怖覆(古音阜)。禮不遑訖,辭不及究。怖覆,謂恐怖而反覆也。

願假須臾,神女稱遽。徊腸傷氣,顛倒失據。闇然而冥,忽不知處。情獨私懷,誰者可語(去聲)?惆悵垂涕,求之至曙。

題神女賦

張鳳翼曰:"此乃玉夢,非王夢也。舊作王夢,則於下'若此盛矣'處不通,且白字,應體貼未有君白臣之理。愚謂白字,對字,俱不宜屬之君。"張之言是也,然此皆其小者。讀此賦必明作者之意,苟得其意,則爲玉夢無疑。或問作者之意,曰:諷也。或問:"好色之賦。目欲顔而心顧義,是之謂諷,今此无有,何以为諷?"曰:"彼之諷,在词之中;此之諷,在詞之表。"或問:"何以?"曰:"楚襄聞先王之夢巫山女也,徘徊眷顧,亦冀與之遇。玉乃託夢言之。意謂佳麗而不可親,薄怒而不可犯,亟去而不可留,是真絶世神女也。彼薦枕席而行雲雨,無乃非貞亮之潔清乎?王之妄念,可以解矣。是玉之所爲諷也。"嗟夫!不特夢寐神女爲然,物有貞而不可覬,事有淫而不可成者,皆此類也。玉之辭誠婉,而其意誠規。愚病從來讀者未察,故表出之。若夫洛神之賦,徒誇窈窕而寄悲思,匪有關於世教也,君子又奚取乎?

風賦

時襄王驕奢,故玉作此賦,以諷之。

楚襄王遊於蘭臺之宫,蘭臺,臺名。

宋玉、景差侍。有風颯然而至,景差,亦楚大夫。颯然,風聲也。

王乃披襟而當之,曰:"快哉,此風!寡人所與庶人共者邪?"披衣當風,快其涼也。

宋玉對曰:"此獨大王之風耳,庶人安得而共之!"王曰:"夫風者,天地之氣,溥暢而至,不擇貴賤高下而加焉。今子獨以爲寡人之風,豈有説乎?"宋玉對曰:"臣聞於師,枳句(鉤)來巢,空穴來風。師,屈原也。枳,木名。句,謂多屈曲可以爲巢,故鳥多巢之。空穴,謂門户之穴,可以通氣,故風多從之。

其所託者然,則風氣殊焉。"雖同託空穴,其於清濁亦殊矣。

王曰:"夫風,始安生哉?"宋玉對曰:"夫風生於地,起於青蘋之末,侵淫谿谷,盛怒於土囊之口(古音苦),緣太山之阿,舞於松栢之下(古音虎)。飄忽淜滂,激揚熛怒(古上聲)。耾耾(宏)雷聲,迴穴錯迕。蹷石伐木,梢殺林莽(古音姥)。土囊,谷口也。淜滂,風擊物聲。熛,火飛也。耾耾,風聲。迴穴,風不定貌。錯迕,雜錯交迕也。蹷,動也。梢,剽也。風之盛也如此。

至其將衰也,被麗披離,衝孔動楗(健),眴(絢)渙粲爛,離散轉移。移,與離韻。被麗,披離,回散之貌。楗,拒門也。言風之將輕,衝穴動門而已。

故其清涼雄風，則飄舉升降（古音洪）。乘淩高城，入於深宫（宫，降韻）。邸華葉而振氣，徘徊於桂椒之間，翱翔於激水之上（古音常）。將擊芙蓉之精，獵蕙草、離秦蘅（古音杭）、概新夷、被稊（梯）楊，迴穴衝陵，蕭條衆芳。然後徜徉中庭，北上玉堂，躋於羅帷，經於洞房，迺得爲大王之風也。邸，觸也。精，與菁古字通。獵，歷也，秦，秦芑。蘅，杜蘅。新夷，一名留夷。稊者，楊之秀也。言雄風之起，陵越翱翔於城水之上，而邸觸香木芳草也。徜徉，猶盤旋不定也。躋，升也。經，入也。此乃大王之風。

故其風中人，狀直憯悽惏慄（厲），清涼增欷[①]（去聲）。"二句韻。憯悽惏慄，寒貌。其清涼使人歎美。

王曰："善哉論事！夫庶人之風，豈可聞乎？"宋玉對曰："夫庶人之風，塕（一孔）然起於窮巷之間，堀堁（課）揚塵。勃鬱煩冤，衝孔襲門（古音民）。塕，風起之貌。堀，突也。堁，塵也。勃鬱煩冤，風廻旋之貌。襲，入也。

動沙堁（謳）、吹死灰（古音虚）、駭溷濁、揚腐餘，邪薄入甕牖，至於室廬。堁，沙堆也。腐餘，臭也。

故其風中人，狀直憞（音墜）溷鬱邑，毆（驅）温致濕。中心慘怛，生病造熱，中脣爲胗，得目爲蔑，啗（噉）齰（側）嗽獲，死生不卒。此所謂庶人之雌風也。"憞，惡也。溷，亂也。鬱邑，憂也。惡風中人如此，毆温濕之氣而來，令人生病。寒風則生熱。胗，脣傷。蔑，目疾。啗齰嗽獲，中風口動之貌。風疾既甚，言死而未即死，言生而又有疾，故曰不卒。風以雌雄分，其言使之然也，知其雄而不侈，知其雌而不忘，斯善矣。此所謂諷也。

題風賦

夫風豈有雌雄？人自雌雄耳。以雌雄之人，而當天風之飄颯，判乎，其欣喜悲戚之不相侔也。則謂風有雌雄亦可，抑不特風，雪、月、雨、露，莫不皆然。喜

① 文選在"增欷"之下有"清清泠泠，愈病析酲。發明耳目，寧體便人，此所謂大王之雄風也"几句。

心感者，撫景而興懷；悲心感者，觸處而揅涕。何者？情能變物，而物不能以變情也。昔京都貴人聚而夜飲，襲貂衣，圍紅爐，相與言曰："冬已深矣，煖而不寒，氣候之不正也。"其僕隸凍不能忍，抗聲答曰："堂上之氣候不正，堂下之氣候甚正。"聞者皆爲之一噱。人君苟知此意，則加志窮民，又烏能已！故宋玉此賦，大有裨於世教也。

登徒子好色賦

假辭以爲諫。

大夫登徒子侍於楚襄王，短宋玉曰："玉爲人體貌閑麗，口多微辭，又性好色。願王勿與出入後宫。"王以登徒子之言問於宋玉。玉曰："體貌閑麗，所受於天也；口多微辭，所學於師也；至於好色，臣無有也。"王曰："子不好色，亦有説乎？有説則止，無説則退。"玉曰："天下之佳人，莫若楚國；楚國之麗者，莫若臣里；臣里之美者，莫若臣東家之子。臣東家之子，增之一分則太長，減之一分則太短；著粉則大白，施朱則大赤。眉如翠羽，肌如白雪；腰如束素，齒如含貝。嫣然一笑，惑陽城，迷下蔡。然此女登牆闚臣三年，至今未許也。登徒子則不然，其妻蓬頭攣耳，齞(彥)脣歷齒，旁行踽(雨)僂(縷)，又疥且痔。登徒子悦之，使有五子。王孰察之，誰爲好色者矣？"是時，秦章華大夫在側，因進而稱曰："今夫宋玉盛稱隣之女，以爲美色愚亂之耶？臣自以爲守德，謂不如彼矣。章華大夫，楚人入仕於秦，時使楚，因聞玉之言，故疑其不免爲所惑亂者。臣則所守者德，不若是矣。此亦玉假託之之辭。

且夫南楚窮巷之妾，焉足爲大王言乎？若臣之陋，目所曾覩者，未敢云也。"王曰："試爲寡人説之。"大夫曰："唯唯。"

"臣少曾遠遊，周覽九土，足歷五都。九州之土，五方之都。

出咸陽，熙邯鄲，從容鄭、衛、溱、洧之間。熙，戲也。溱、洧，鄭二水名。

是時向春之末，迎夏之陽。鶬鶊喈喈，羣女出桑。此郊之姝，華色含光。體美容冶，不待飾粧。臣觀其麗者，因稱詩曰：'遵大路兮攬子祛(古音顧)，贈以芳華辭甚妙(古音暮)。'於是處子怳若有望而不來，忽若有來而不見。意密體疏，俯仰異觀(去聲)；含喜微笑，竊視流眄。處女，未嫁者。言若有相望，而守禮不來，情意已密，而形體疏遠。

復稱詩曰：'寤春風兮發鮮榮，絜齋俟兮惠音聲。贈我如此兮，不如無生。'處子稱詩以答大夫。寤，見也。言見春發榮，乃先齋戒，以待惠我好音，而今贈我大路之詩，我則不如無生。言不受也。

因遷延而辭避。蓋徒以微辭相感動，精神相依憑。目欲其顏，心顧其義(古音俄)。揚詩守禮，終不過差(古音磋)。故足稱也。"

於是楚王稱善。宋玉遂不退。宋玉於隣女之窺，而三年不許，亦顧義之意也。

題登徒子好色賦

夫别嫌明微，賦之文也；委婉冲融，賦之讓也；陰陽順理，賦之貞也；超脱清和，賦之雅也；發乎性情，而止乎禮義，賦之本也。五者備，賦乎！賦乎！愚讀宋玉登徒子賦曰："玉好色，勿與出入後宫。"何其野而不文？至"所受於天"，"所學於師"，何其誇而不讓？"登牆相窺"，何其淫而不貞？俚及"疥痔"之談，何其鄙而不雅？及至卒章，"以微詞相感動，精神相依憑。目欲其顏，心顧其義。揚詩守禮，終不過差"。則作而歎曰："美哉！得其本乎！是不可以枝葉而棄其靈根也。"於是斷自章華大夫以下而熟誦之。

屈宋古音義跋

夫古今聲音，必有異也，故以今音讀今，以古音讀古，句讀不齟於脣吻，精義自繹於天衷，確乎不可易之道也。自唐以來，皆以今音讀古之辭賦，一有不諧，則一曰叶，百有不諧，則百曰叶。借叶之一字，而盡該千百字之變，豈不至易而至簡，然而古音亡矣。古音既亡，則昔人依永諧聲之義泯；泯於後世，不可謂非闕事也。吴才老、楊用修有志復古，著韻補、古音叢目諸書，庶幾卓然其不惑。然察其意，尚依違於叶音可否之閒，又未嘗會稡秦、漢之先，究極上古必然之韻。故其稽援雖博，終未能頓革舊習，而詩、易、辭賦，卒不可讀如故也。余少受詩家庭，先人木山公嘗曰："叶音之説，吾終不信。以近世律絶之詩，叶者且寡，乃舉三百篇，盡謂之叶，豈理也哉？然所從來遠，未易遽明。爾豎子他日有悟，毋忘吾所欲論著矣。"余於時默識教言，若介於胸臆，故上綜往古篇籍，更相觸證。久之，豁然自信也。獨弱侯先生論與余合，抑何其寥寥乎！近有搢紳不知古音者，或告之曰："馬古音姥。"渠乃呼其從者曰："牽我姥來。"從者愕然，座客皆笑。夫用古於今，人之笑也；則用今於古，古人之笑可知。故自叶音之説以來，賢聖之咥然於地下也久矣。余不得不力爲之辯。暢吴、楊之旨，洗今古之陋，實余干鬲所拳拳矣。惜著論也晚，未及報命於先人，又筆力短淺，不足以發余之弗克，負荷罪矣夫！

萬曆甲寅春人日，陳第書於江心寺之浩然樓。

索　引

説　明

一、索引分拼音索引和筆畫索引兩種。收入毛詩古音考、屈宋古音義二書所出現的字頭。拼音索引，按現代漢語普通話的讀音；排列方法，依漢語拼音字母的順序。筆畫索引，按常規計算筆畫數，依次排列，不考慮部首。

二、重復出現的字排在一起，並依次注出頁碼。

三、補出毛詩古音考總目遺漏字，並注明“原毛詩總目缺”（爲方便起見，此處毛詩古音考簡稱毛詩）。

四、修正毛詩古音考總目之誤排字，並注明“原毛詩總目誤爲某”。

拼音索引

筆畫索引

二畫

三畫

四畫

五畫

六畫

七畫

八畫

九畫

十畫

十一畫

十二畫

十三畫

十四畫

十五畫

十六畫

十七畫

十八畫

十九畫